라이프니츠의
바로크 기획과 동서비교철학

LEIBNIZ AND

COMPARATIVE

PHILOSOPHY

라이프니츠의
바로크 기획과 동서비교철학

배선복 지음

KSI 한국학술정보(주)

　우주의 역사는 과학적으로 약 137억 년 전으로 거슬러 올라가지만, 바로크 철학의 역사는 기껏해야 400년 전 역사로 올라간다. 서양철학의 사유의 역사는 그보다 더 올라간 탈레스에서 비롯되지만, 라이프니츠는 17세기 바로크 시대에 인류의 사유역사에 획기적인 전환을 도모한 철학자이다. 현대프랑스 구조주의 철학자 들뢰즈는 라이프니츠의 이러한 면모에서 바로크 기획을 세웠다. 그 기획이란 영국 경험론과 대륙의 합리론을 그의 모나드 철학에서 유화시키려는 기도를 의미한다. 모나드란 라이프니츠 철학을 특징짓는 사유운동이다. 그의 기도는 성공하지는 않았지만 현대철학의 한 모퉁이에 사건적 사유에 여백을 주기에 충분하였다. 근대서양의 양대 사유의 대립은 오늘날까지도 엄연하게 존속되는 학술발표나 저널에서 일어나는 사유전쟁의 실재이다.

　들뢰즈는 자신이 살고 있는 파리에 즐비하게 널려 있는 바로크 건축양식에 접혀 있는 주름을 보며 라이프니츠 철학을 이해하고 해

석하였다. 철학이 건축과 같다는 생각은 희한한 발상이지만 매우 독
창적인 요소가 있다. 우리 문화재 가운데 바로크 건축양식으로 고유
하게 있는 것은 거의 없지만 유럽에는 도시마다 흔적이 남아 있다.
바로크 건축양식은 봉건군주국가와 기사계급사회가 전 세계를 무대
로 기독교선교에 힘쓰면서 식민국가 건설에 열을 올릴 때 자신들의
위계에 정치적 역량을 과시하기 위하여 생긴 것이다. 우리에게는 바
로크 문화 접촉기회가 없었고 서양과는 다른 문화적 바탕에 서 있
다. 기껏해야 르네상스와 바로크풍이 결합된 서울역 건물에서나 그
문화적 주름을 감상할 수 있을 따름이다.

　들뢰즈는 이층으로 된 바로크 건축양식에서 라이프니츠의 모나
드 철학을 보았다. 이 집에는 정신과 물체, 몸과 마음, 신체와 영혼
이라는 이분구조의 사유형식이 반영되어 있다. 아래층은 어두운 바
닥에 온통 얽히고설킨 미구분의 질료의 구역을 갖고, 창문이 없는
위층에는 밝고 투명한 영혼이 아래층으로 연결되는 줄을 갖고 있다.
위층에서는 아래층으로 중력이 작용하고, 아래층에서는 위층으로
영적인 상승을 한다. 현으로 이어진 위층에서는 아래층의 신호를 받
아 마치 음악회의 오케스트라처럼 멜로디를 연주한다.

　들뢰즈는 라이프니츠가 은광광산의 이사로 활동하며 얻은 결과
를 바탕으로 집필한『지구의 역사』라는 글에서 자연사물은 처음 생
길 때 이미 주름이 잡혀서 생겨났다는 점에 주목한다. 오늘날 우리
가 살고 있는 삶과 자연의 세계에는 무수하게 많은 주름이 무한하
게 이어져 얽혀 있다. 주름의 개념은 정보의 민감성이 두드러진 표
피에서 시간과 장소를 뛰어넘는 지구적 역동성을 반영한다. 이러한
문맥에서 지각과 통각을 의식하는 모나드는 고정된 경계와 한계를

뛰어넘어 고정된 경계와 한계를 갖는 시간과 공간을 품고 있다. 시간과 공간이 모나드 안에 들어 있다. 주름을 통한 모나드론의 철학적 접근은 적어도 우주역사의 초기 단계까지 거슬러 올라가는 천체물리학의 작업보다는 훨씬 더 쉽게 이해될 수 있다.

그러나 들뢰즈가 분석하였던 바로크 주름이란 오직 유럽에만 한정되지 않았다. 당대의 주름은 중국을 오간 조선의 연행사의 행장에서도, 여러 해를 마카오에 머물다 중국본토를 건너 북경에 막 들어선 서양선교사들의 보따리에도, 배편으로 수개월 혹은 해를 넘기며 소식을 전해오던 이들의 편지행랑에도 있었다. 로드리게에게 정두원이 선물로 받은 천리경, 자명종, 천문도표, 소현세자가 아담 샬로부터 받은 해시계에서도 들뢰즈가 말하는 의미의 주름이 있었다. 현대의 많은 한국역사학자들은 이러한 문화적 주름의 의미를 "서학"이라는 이름으로 해석해 온 것이 사실이다. 라이프니츠는 프랑스 파리에서 초연이 되었고 나중에 독일에서 본 빠삐뿌에의 드라마 <달의 황제>에서 나오는 "여기서나 저기서나 다 똑같아요"라는 대사를 여러 차례 인용하면서 동서양의 국지적 차이를 모나드 지각이동 시리즈에서 파악하였다.

이러한 이유에서 나는 들뢰즈의 바로크 기획에서 주름의 이러한 제한된 시각을 확장하기 위하여 동서비교철학이라는 개념을 제안하였다. 그리고 라이프니츠의 바로크 기획을 제대로 평가하기 위해서는 라이프니츠와 바로크 귀족여성들과의 사상적 교류와 편력, 그리고 케임브리지 여성철학자들과 교류에 대한 문화철학적 의미를 다루어야 한다고 생각한다. 당시 바로크 과학의 연구성과는 라이프니츠가 바로크 귀족여성들과의 살롱철학 토론장에 깊숙한 영향을 미쳤으며, 여기서 여성독자를 위한 대중 버전으로서 모나드 철학의 골격이 형성되었으리라는 것이 내가 말하려는 바이다. 들뢰즈는 철학이 여성적으로 되어야 한다고 하였는데, 이미 라이프니츠는 여성적 철학을 실행하였고 나는 그 점을 부각시키고자 한다.

라이프니츠에게서 동서비교철학은 동시비교철학이다. 동서비교철학은 공간에 대한 철학적 접근이나, 동시비교철학은 시간에 관계하는 형이상학적 접근이다. 모나드에서 공간은 여럿이 함께 서로 맞닿아 있는 공존질서인 반면, 시간은 잇대어 있는 부분들의 앞서거나 뒤서는 계기의 질서이다. 들뢰즈가 바로크 건축양식에서 라이프니츠의 모나드 철학을 해석하였을 때, 라이프니츠는 1690년경 2년가량의 남유럽 여행을 하면서 여행철학을 하였다. 그 결과가 예수회중국선교사들과의 만남이었고, 이런 연유로 유럽과 한국이 사상적 대화의 싹을 열게 되는 사건존재론적 계기가 형성되어 동서가 존재론적으로 연결되었다고 본다. 라이프니츠는 이진법과 주역의 상징체계의 이진법 구성의 논리 형이상학적 동일성에 관심을 가졌고, 이것은 오늘날 디지털 문명의 근원이 되는 사건이 되었다. 복희씨가 오늘날 디지털 문명의 선구자이고, 라이프니츠는 그 문명의 근원을 밝혔고, 이래저래 동서비교철학은 동시비교철학이다.

들뢰즈의 바로크 기획은 1980년대 후반에 탈근대성의 도전을 비밀리에 숨겨놓고 시작되었다. 그것은 2차 세계대전에서 독일군에 점령당한 프랑스의 레지스탕스가 다시 트로이 목마가 되어 독일의 고전철학의 전통 안에 들어가 고전적 사유체계의 해체를 선언하는 전략이다. 근대성이 현대인의 자신감과 자긍심을 불러일으킨 정신적 유산이었다면, 탈근대성은 지울 수 없는 오만과 독선, 회한과 좌절과 무능력을 경험하게 한 문제를 낳았다. 일본의 히로시마 원폭의 경우만 하더라도 일본에는 패배와 항복의 좌절을 가져다주었지만 한국에는 승리와 희망의 광복을 주었다. 동일한 이성이 이와 같은 복합성을 드러내는 데에는 근대성의 탄생을 둘러싼 자기 정당성과 자기 보존의 논리가 있기 때문이다. 이 점에서 나는 근대성과 탈근대성에서 말이 많은 이성개념에서 독일에서 탈근대성 문제에 도전한 균터 안더스, 곳하르트 균터, 한나 아렌트, 불르멘베르크, 휼스만 등의 논의를 도입하였다. 하이데거나 비트겐슈타인, 혹은 러셀이나 프레게 같은 거장들보다는 약간 지난 세대에 속한 이들은 거의 비슷한 시기에 주로 프랑스의 후기구조주의 사상가들의 인맥과 맥락에서 주고받은 들뢰즈의 탈근대성 논의와는 색다른 문제 제기를 하였다. 같은 맥락에서 우리나라에서는 열암 박종홍이 있고, 조요한, 최명관 같은 철학자의 사유활동이 대비되었다. 근대성과 탈근대성이 국지적 땅으로부터의 일탈을 구가한다는 전제로부터 고유한 사유지점을 뛰어넘기 작업이었다면, 일찍부터 일제와 한국동란을 경험한 우리의 선배철학자들도 들뢰즈와 비슷한 체험으로 탈근대성 문제의식에 직면하였다.

　국내 철학학계에서는 라이프니츠 철학의 중요성을 인식하거나 그의 철학의 핵심적 내용을 이해하고 있는 학자들이 상대적으로 적다. 철학, 수학, 문화, 역사, 물리학, 자연과학, 기술, 컴퓨터, 예수회 중국선교사들과의 서신교환기록, 법학, 정보과학기술 등 다양한 분야에 라이프니츠가 끼친 영향이 크지만 이에 대한 연구기반이 척박하다. 나는 적어도 실학이 생겨난 이래로 근대사상을 논의하려고 한다면 라이프니츠 철학을 붙잡고 씨름하여야 한다고 생각한다. 현재

한국연구재단이 주관하고 대학의 연구기관에서 인문 한국 사업이라는 명목으로 수행하는 동아시아학이나 중국 근대성 관련 사업에서도 라이프니츠 철학의 중요성이 동일하게 강조되어야 한다. 데카르트나 스피노자나 흄 혹은 칸트에서 한국에 대하여 들을 수 있는 말은 전무하다. 하이데거에서도 동양사유는 철학이 아니다. 하지만 라이프니츠는 한반도를 극동이라고 부르고 서양을 극서라고 부른 바로크 시대의 지리학적 표시방식에 따라 한국에 접근하였다. 오랫동안 인류문명이 진보하면서 동방과 서방을 갈라온 관습적 지칭방식에 따를 뿐 본질적으로 어디를 동서라고 부를 만한 철학적 근거가 있었던 것은 아니다. 이 점에서 라이프니츠는 언제 어디에서 무엇으로 누구와 비교를 하여야 할 것인가를 결정하는 동서와 동시비교철학을 하였다. 경험론과 합리론은 이러한 비교의식을 통하여 자기들만의 고유한 사유지평을 열어갔고, 여타의 삼자배척의 원리를 적용하여 한국적 담론이 비집고 들어갈 여지가 배제되었다. 이로써 철학이라는 명칭을 사용하는 철학을 위한 연구주체가 자신의 고유담론을 배타적으로 칸막이 치고 누가 누구인지를 구분 못하는 처지에 이르렀다.

만인을 위한 것이면서도 어느 누구를 위한 것도 아닌 담론에서 새로운 모더니티 체험을 제시한 니체에 따르면, 사람들은 긴 방랑 끝에 견고한 사유의 성채에 이른다. 성벽 길에는 어느 누구도 끝까지 가보지 않은 영원히 서로 모순되는 두 길이 나있다. 하나는 미래를 향하고, 다른 하나는 과거를 돌아본다.

이 두길은 무한직선의 영겁회귀의 길이다. 두 길 앞에서 누구라도 순간과 지금을 체험한다. 순간과 지금은 과거와 현재가 겹쳐지는 시간이다. 순간은 순간적 명증성이지만, 더 이상 어떤 다른 체험을 지시하지 못한다. 순간은 주어진 경계를 넘지만, 더 이상의 지금은 아니다. 순간은 단절과 연속이 일어나는 현재의 한계경험이다. 니체의 성벽그림은 해변에서 바다를 조망하는 현재시계(視界)의 한계체험이다. 모더니티에서 포스트모더니티, 사건존재론에서 동서존재론, 동서비교철학에서 동시비교철학에로의 이행과정은 순간과 지금이 주는 현재 한국철학의 한계경험이다.

이 책은 2008년도 정부재원으로 교육과학기술부 산하의 한국연구재단의 기초연구지원 사업 CKRF 327-2008-2-A00227)의 지원에 의하여 집필되었다. 이 동서비교철학의 주제를 선정해주신 심사위원들과 한국연구재단의 지속적인 관심과 사후평가에 감사드린다.

2012년 2월 15일

배선복 씀

:: CONTENTS

제6장
동시 & 동서비교철학

제7장
상호문명세계

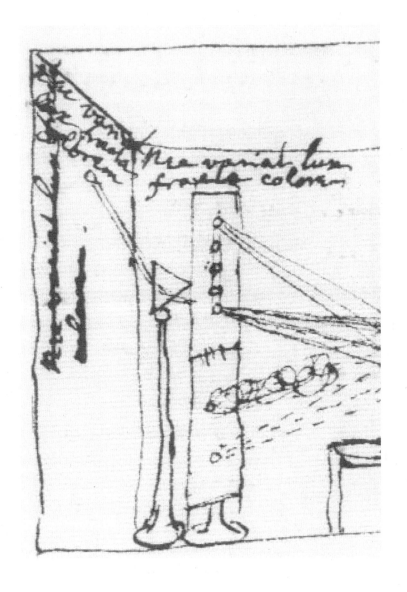

NOVA METHODVS PRO MAXIMIS ET MI.

nimis, itemque tangentibus, quæ nec fractas, nec irrationales quantitates moratur, & singulare pro
illis calculi genus, per G.G. L.

SIt axis AX, & curvæ plures, ut VV, WW, YY, ZZ, quarum ordi- TAB. XII.

제 1 장

들어가기

α ux eodem modo in hoc calculo tractari, ut y & dy, vel aliam literam indeterminatam cum sua differentiali. Notandum etiam non dari semper regressum a differentiali Æquatione, nisi cum quadam cautione, de quo alibi. Porro *Divisio*, d—vel (posito z æqu. $\overset{p}{)}$ dz æqu.

$$\frac{\dagger\, \nu\, dy \dagger y\, d\nu}{yy} \qquad\qquad \overset{p}{y} \qquad\qquad \overset{p}{y}$$

Quoad *Signa* hoc probe notandum, cum in calculo pro litera substituitur simpliciter ejus differentialis, servari quidem eadem signa, & pro †z scribi †dz, pro–z scribi--dz, ut ex additione & subtractione paulo ante posita apparet; sed quando ad exegesin valorum venitur, seu cum consideratur ipsius z relatio ad x, tunc apparere, an valor ipsius dz sit quantitas affirmativa, an nihilo minor seu negativa: quod posterius cum sit, tunc tangens ZE ducitur a puncto Z non versus A, sed in partes contrarias seu infra X, id est tunc cum ipsæ ordinatæ

N n n 3   z decre-

1. 개요

　17세기 근대성(Modernity) 논의란 주어와 세계 그리고 언어를 주제로 르네상스와 단절을 도모하면서 근대세계로 진입하려는 일련의 사상활동을 말한다. 르네상스에는 근현대를 살아가면서 고대정신의 부활로 새로운 이상향을 지향하는 삶의 일대전환이 일어났다. 르네상스가 고대 희랍과 로마의 서유럽 인문정신의 부활을 기치로 지중해적 세계관에서 대서양을 향한 발돋움을 하였다면, 17세기는 대서양을 넘어 희망봉을 돌아 인도양으로 들어서면서 전 지구적인 향방으로 동아시아 문명세계와의 만남을 담고 있다. 그 첫 글쓰기는 전적으로 의심할 수 없는 확실성을 요구하는 데카르트(R. Descartes)의 1637년 『방법서설, Discours de la methode』[1]에서 나왔다. 데카르트 이

■

1) K. Albert, *Descartes und die Philosophie der Moderne*, Wien, 2000. 르네 데카르트, 『방법서설』, 이현

후 이성의 확실한 기초에서 명증의 인식을 세우려는 근대역사는 정신적 주어의 힘의 역사로서 성장하였다. 근대역사는 누구나 새로운 힘의 역사를 쓰려는 자에게 영예의 면류관이 돌아가는 정신사이다. 이러한 정신사는 15세기 중반부터 시작되어 200년간에 걸친 17세기의 과학혁명으로 초석이 놓였다. 그때 이래로 지금까지 인류의 정신 활동은 동일한 사유활동과 힘으로 자연과 세계를 형성해 왔다. 데카르트를 거쳐 뉴턴에 이르러서 완성되는 과학혁명은 양적으로 증명될 수 없고 합리적으로 근거를 줄 수 없는 모든 것을 몰아내었다. 새로운 과학세계는 하나의 직선적인 원인-결과의 사고를 통하여 '객관적'으로 이해되는 자연만을 받아들였다. 인간의 본질도 자연과학적 법칙성으로 설명되고 분석되었고, 인간은 만물의 척도로 자연을 넘어 모든 것을 파악하고, 이해하고, 계산하는 주어가 되었다.

근대성 논의는 자연과 인간에 대한 사유체계의 중심에서 흔들리지 않는 주어와 그의 외부세계에 대한 확신에 기초한다. 그러나 19세기 후반부터 시작한 포스트모더니즘의 흐름과 20세기 후반의 탈근대성 논의(Post-Modernity)는 데카르트의 사유체계와 그에게서 비롯되는 역사적 흐름의 뛰어넘기와 가로지르기로 도전하였다.[2] 프랑스 철학은 후기구조주의(Post-Structuralism)를 표방하면서 탈근대성 논의제기의 도화선(導火線)을 일으켰다.[3] 후기구조주의는 20세기 중

■

　복 옮김, 문예출판사, 2011.

2) H. Ebeling, *Das Subjekt in der Moderne, Rekonstruktion der Philosophie im Zeitaltert der Zerstoertung*, Hamburg 1993, J. Goldstein, *Nominalkismus und Moderne, Zur Konstitution nruzeotlicher Subjektivitaet bei H. Blumenberg und Wilhelm von Ockham*, Freiburg/Muenchen 1998.

3) 후기구조주의란 포스트모던 개념과는 혼용되지 말아야 하는 소위 '프랑스 학파' 라고 불리는 프랑스 철

엽에 남미의 열대원주민의 삶의 방식의 분석에서 출발한 구조주의 (structuralism) 사유의 검열과 재정의를 통하여 대륙철학에 새로운 바람을 일으켰다. 모더니티에 대한 반성인 포스트모더니즘 철학이 대륙철학의 전통에 대한 광범위한 비판을 주도하였지만, 좁은 의미의 파리를 중심으로 일어난 후기구조주의는 독일 고전철학에 대한 반기와 고전이성의 해체를 요구한다. 후기구조주의는 특징은 통일적이고 경계를 갖는 주어의 존재를 거부하고, 이성이 자연법칙같이 그들의 고유한 사유과정을 해명할 수 있다고 생각하는 점을 부인한다. 이성과 이성의 과학은 객관적이고 신빙성 있는 보편적인 지식의 정초를 양도할 수 없을뿐더러, 이성사용을 통하여 획득된 진리도 우리의 사고와 자연세계의 구조에 대한 불변의 실재를 양도하지도 않는다고 본다. 그래서 이성이 나의 우연적 존재에 대하여 독립적이고, 선험적이고 보편적 특질을 갖는 점을 거부한다. 후기구조주의는 이성이 지식자체를 획득하는 방법에 있어서, 결과적으로 인류복지에 봉사하지도 않는다고 주장하므로, 합리주의 사유전통에 깊은 충격을 던져주었다. 후기 구조주의는 서구사유전통의 해체를 선언하면서도 그 이후의 대안적 사유에 대한 전망을 제시하지 못하고 있다.

대륙의 사상가들은 흄(D. Hume) 이후, 세계에 대한 급진적 회의주의에 대한 대안으로 사유하는 자아의 의식적 존재를 통하여 근대성

■

학자들의 그룹에 의하여 주도되었다. 들뢰즈, 데리다, 푸코, 이르그레이, 리요타, 바르트, 가타리, 라깡, 크리스티바, 보들레르 등 1960년에서 1980년에 이르기까지 파리를 중심으로 철친하게 뭉친 사상가들로 구성되었고, 1980년대에 국제적인 수용을 획득하기에 이른다. J. Flax, *Postmoderne und Geschlechter-Beziehungen in der feministischen Theorie*, In: *Der Mensch als soziales Wesen, Sozialpsychologisches Denken im 20. Jahrhundert*, Hg. v. Heiner Keupp. 2. A. München: Piper, 1998. pp.262~271.

논의를 구성적으로 방어벽을 쌓았다. 칸트(I. Kant)도 직관에 기초하여 감성과 오성과 이성을 통일하는 주어의 인식도구로 근대주관성의 토대를 세웠다. 헤겔(G. W. F. Hegel)은 근대주관성을 절대정신으로까지 끌어올려서 주관성과 객관성을 통일하는 관념적 주체철학을 확립하였다. 19세기 말 20세기 초 마르크스 공산주의는 또 다른 주어 구성으로 헤겔의 주관적 관념론을 객관적 유물론으로 대치하였다.

근대유럽의 근대성 논의는 차츰 이론과 실천의 양면에서 세계를 해명하고 변화시키려는 이데올로기로 대두하였다. 그 첫 번째 계기는 종교개혁에서 프랑스혁명까지의 자유주의와 민주주의와 민족주의의 갈등과 대립에서이다. 근대주어는 신 앞에 평등한 천부인권을 바탕으로 민주주의를 가치로 받아들여 개인에 대한 국가지배를 주어진 것으로 받아들인다. 하지만, 종교개혁에서 유래하는 국가목적에 대하여서는 개인이 자유를 옹호하므로 자유주의를 주장하였다. 이 때문에 유럽은 30년 종교전쟁을 겪지만, 프랑스 혁명으로 민족구성에 의한 국가통일이라는 지상명령은 개인에게는 민족주의가 이데올로기가 되었다. 근대유럽의 두 번째 근대성 논의는 19세기 말 20세기 초의 마르크스 공산주의를 통하여 모든 주어의 사유지점을 유일한 곳으로 파악한다. 이 논의는 모든 사유가 언제부터(when) 어디(where)에서 온 것에 대한 시점과 출발점이 그때마다(since) 새로운 시작이라는 이데올로기를 만들었다.[4] 오늘날 인류는 양차 세계대전과

---

4) W. Metz, *Unterwegs zum HÖHLENAUSGANG der Moderne–Wider die letzte Ideologie der Postmoderne*, Universitaet Freiburg Wintersemester 2009/2010, pp.203~225.

20

홀로코스트를 겪으면서 철학의 종언이나 주어의 죽음이라는 선언은 더 이상 낯선 구호에 그치지 않게 되었다. 이름 없는 개인들은 국가의 경계를 넘어 이동하며 그때마다 새로운 삶과 사유의 경계를 형성하고 있다. 세계는 지역적으로 다변화되었다. 포스트모더니즘 이후, 데카르트가 말하였고 라이프니츠가 예견하였던 현재 '세계체계'[5]의 헤게모니의 정상은 더 이상 올라가거나 알아볼 필요가 없는 곳이 되고 말았다. 우리가 경험하는 근대성 이데올로기는 이슬람근본주의에서나 볼 수 있게 된 진귀한 현상이 되었다.[6] 근대성 논의는 여전히 동시비교철학적 사유지평으로 우리에게 다가와 있다.

근대성 논의는 우주, 선험적 신, 전통과 제도 등 그들 능력에 앞서 주어져 새로 만들 필요가 없이 존재하는 것을 자명한 것으로 여겼던 고대인에게는 일어날 수 없는 문제였다. 하지만 근대인은 스스로 법칙을 주고, 스스로 그의 역사를 만들어가는 역사를 선택하였다. 그러나 근대인은 이런 믿음이 지배하는 곳에 어떻게 삶의 짐을 스스로 벗어나야 하는 줄을 몰랐다. 주관성의 힘의 증식으로 자연과학기술이 발달하였지만, 새로운 무능의 체험이 근대주어에게 수반되

---

5) 라이프니츠는 1697년 『최신중국학』에서 당시에 유럽과 지리적 경계로 부각되는 러시아와 중국의 부상을 주목하였고, 『동아시아 철학에 대한 두 서한』에서 데카르트가 말한 '현재의 세계체계'를 서양의 과학기술과 동양의 도덕이 함께 나가는 지식체계의 조화를 주장하였다.

6) 메츠는 서방의 포스트모던은 토마스 신도, 루터의 신도, 칸트의 도덕법도 모르고, 인간은 타자에 대한 반대규정으로 이질적으로 처신하므로, 서방문화는 성 제일주의와 남근 중심주의로 미끄러져 들어갔다. 데리다에 따르는 서양 형이상학의 근본모습을 고찰하면, 근대의 광기는 포스트모던 광기로 넘어서 진행되고, 성 제일주의는 매일매일 모든 미디어와 채널에서 거침없이 인간을 능멸하고, 여성비하로 진행된다. 그래서 이슬람과 이슬람근본주의가 포스트모던의 반대 이데올로기가 되었다. 이 이데올로기는 서양 포스트모더니즘의 성 혁명의 반대 극에 처하면서, 자유방임의 성 자유에 대하여 여성의 외적인 정조를 강조하는 근본주의 길을 간다. 이로써 남근 중심주의에 반하는 서양 페미니즘과 마초 이슬람주의의가 포스트모더니즘의 메달의 양면을 각인하고 있다.

었다. 순수사유의 역사에서 사유주어의 자신감은 도리어 무능의 체험으로 돌아오면서 사유의 중단이나 종언이라는 위기가 근대성 논의를 부추겼다.

20세기 초 베버(M. Weber)의 이성 목적합리성의 세계지배나, 20세기 중반 아도르노/호르크하이머(Adorno/Horkheimer)의 계몽변증법에서도 주어의 무능체험이 일어났다. 20세기 후반 하이데거(M. Heidegger)에게서 근대주어로서 인간의 현 존재란 세계 내 존재의 던져짐, 아렌트(H. Arendt)에서는 살아 있는 활동적 힘(vita activa)의 상실, 안더스(G. Anders)에서는 인간이 골동품(骨董品)이 되었다. 근대인 스스로 일으킨 근대성은 그 자체로 시작도, 무로부터의 창조도 아니다. 아버지에 반대하는 아들의 필연적 항거도 아니다. 근대인은 헌법을 만들고, 스스로 관련된 경계를 만들고, 그러한 경계가 다시 스스로 세워지고 무너지는 것을 보고 좌절하고, 낙담하였다.

근대사유가 유럽사유 전통에만 국한되어서 그 자신으로부터의 돌파구가 없었기 때문에 근대성에 문제가 온 것이라면, 유럽사유 전통 이내에 또 다른 사유의 길을 찾아간 쇼펜하우어(A. Schopenhauer)가 있다. 쇼펜하우어는 칸트의 물 자체를 의지와 표상으로서의 세계로 파악하면서 비유럽철학으로서 인도의 브라만사상과 불교철학을 자신의 인식론에 도입하여, 유럽철학의 정통에서 비켜나가는 사유의 길을 모색하였다.7) 쇼펜하우어에 이어 키르케고르(S. Kierkegaard)

---

7) 헤겔 이후에 도달한 마르크스 사회주의는 근대의 두 번째 이데올로기의 형태를 갖는다. 하지만 헤겔 이후에 간주되었던 현실은 진짜 현실이 아니었다. 새롭게 규정한 사유장소가 어디서 왔는지(terminus a quo), 어디로 가는지(terminus ad quem)에 급진적 비판이 일어나기 때문이다. 쇼펜하우어는 현실이 진짜

는 인간의 현 존재를 신 앞의 고독한 단독자로 세우고 삶 자체를 죽음에 이르는 병으로 파악하면서 죽음과 교회에 도전하였다. 실존주의운동과 더불어 프로이드(S. Freud)는 형이상학적으로 무의식의 측면에서 주관성이라는 계몽적 관념을 기각하였고, 하이데거는 전통적인 인격적 주어관념을 현 존재로 대치하였다. 마르크스(K. Marx)와 그의 추종자들은 사유와 존재의 통일에서 자율적 주어관념을 통렬하게 비판함으로써 탈근대성 논의에 근본적인 변혁을 일으켰다. 알튀세(L. Althusser)에서 사회계약의 자유이론의 토대로 가정된 주어는 국가기구에 의하여 이데올로기적 구성의 산물이고, 푸코(M. Foucault)에 따르면, 학생, 병사, 범죄자와 같은 주어구성처럼 주어는 권력의 결과로서 극복되어야 할 비판의 대상이었다. 파이어아벤트(P. K. Feyerabend)에 따르면 "우리 모두가 신에게 가까이 가 있는 불쌍한 개들이다."

근대성 논의는 중세적 사유를 뛰어넘어 홀로서기를 의미하는 것이지만, 근대가 시작되면서 '일탈(逸脫)'은 숙명적으로 주어졌다. 왜냐하면 1453년 코페르니쿠스(N. Copernicus)의 『천체의 회전에 관하여, De revolutionibus』의 출간 이래로 지구상의 삶은 이미 탈지구중심 궤도에서 일반화된 사유패턴으로 살아가야 하였기 때문이다. 사유하는 주어의 외부세계에 대한 근대성의 토대가 지구중심에서 태양중심으로 이동하므로, 인간이 살아가는 지구는 지금까지의 흔들

■
현실이 되지 못한 통찰을 불교의 마하반야의 면사포의 포로에서 니르바나를 경험하게 되는 과정으로 비판하였다. Ibid., p.156.

리지 않는 중심에서 떠돌이별로 전락하였다. 이제부터는 삶의 지반과 뿌리가 흔들린 지구는 더 이상 우주에서 안전한 거점이 될 수 없다.[8] 탈근대의 시도로서 근대의 사유주체도 출발부터가 근대성 논점을 공간적 지역성으로 묶어놓을 수 없었다. 오직 사유주체만이 스스로의 독립적 역사를 만들고 보살피며 합리적으로 살아가야 하였다.[9]

역설적으로 근대성 논의는 사유주체가 사유 자체 이외에 여하한 다른 독립적인 사유의 역사조차를 거부하며 타협 없이 살아가야 하는 메타논의를 받아들여야 하였다. 1598년 프랑스 중서부 뚜렌의 라 에아(La Haye)에서 태어나서 근대성을 최초로 정초한 데카르트일지라도, 청년시절을 보헤미아 전쟁에 참여하다가 1628년에서 1649년까지 네덜란드에서 생활하다가 스웨덴에서 말년을 맞이하였다. 그의 일생 50년에 30년은 조국에서 살았지만 나머지 20년은 네덜란드에서 보냈고 말년은 스웨덴에서 맞이하였다. 이점에서 근대성 논의가 프랑스에서만 일어났고, 탈근대성 논의도 프랑스 철학만의 독창성에 있다고 말하는 것은 폐쇄적인 착각일것이다. 17세기는 프랑스의 루이 14(Louis XIV)세가 절대왕권국가로 패권국가였고, 학문의 세계에서도 그 여파가 주변국가에 영향을 미쳤기 때문에 그렇다고 할 수 있을 것이다. 하지만 데카르트는 사유의 자유를 찾아서 망명(亡

---

8) J. Kepler, *The Secret of the Universe*, Translated by A. M. Duncan, Introduction and Commentary by E. J. Aiton with a Preface by I. B. Cohen, Abaris Book, 1981, p.93.

9) 『星湖僿說』의 이익(李瀷, 1681~1763)도 "나의 궁아(窮餓)가 날로 심하여 졸지에 송곳을 꽂을 만한 땅도 없다"라며, 조선 봉건주의의 위기의식을 반영하였다. 참고: 『한국의 실학사상』, 삼성문고, 1988, 강만길, "李瀷과 星湖僿說" p.132.

命)의 길을 갔고, 그가 추구한 근대성은 동시대의 인물들과 유럽국가들까지 포함하며 전체로서의 동서를 망라하는 지역적 경계를 넘어서는 공통담론(共通談論)의 장이다. 데카르트는 당대에 철학하는 사유지점으로서 이미 프랑스라는 국지적 장소를 넘어섰다. 스피노자의 경우는 자신이 살고 있는 네덜란드의 국지적 장소에서도 시간과 장소를 넘는 영원의 철학(philosophia perennis)을 지향하였다.

근대성은 400년 이래로 유럽지역에서 한 시대를 풍미하는 이즘 혹은 사유유파의 흐름으로, 시간을 경과하면서 다른 대륙지역으로 확산되었다. 근대성은 바로크 사유로부터 중첩으로 쌓여 왕래하며 전 지구적 사유형식으로 발현하였고 발현되었다. 국지적 차별성을 없애버리며 세계를 하나의 공동체로 엮어가는 오늘날 지구화라는 명칭은 17세기 근대성의 다른 명칭일 따름이다.

근대철학의 중심문제의 하나는 참되게 존재하는 실체(substance)가 무엇이냐는 물음이다. 합리론의 데카르트는 이 물음 앞에서[10] 신, 인간, 자연이라고 하였고, 스피노자는 신 즉 자연(Deus Sive Natura)이라고 하였고, 라이프니츠는 모나드라고 하였다. 사물은 그 자체로의 (per se) 존재방식에 따라 실체와 의존적인 방식으로서(per accidens) 구분된다. 하지만, 양자는 본질적으로 동일한 존재의 근본양태 (modus existendi)이다. 바로크 사유를 특징짓는 사유유형은 근대과학이 출발부터 실체를 추구하였다면, 가시적으로 드러나는 실체를 바탕으로 존재의 근본양태를 이루는 근대문명을 만들어냈다. 합리론

---

10) A. Kenny, *The Rise of Modern Philosophy*, Oxford University Press, 2006, p.187.

프로이드의 무의식세계	융의 자아와 집단무의식
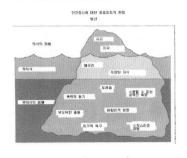	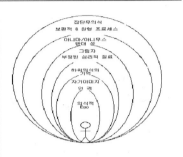

은 경험론적 감각주의를 대안 없는 표류하는 항해로 비유하며 비판하였다. 경험론은 인간의 지식은 경험으로부터 유래하며 인간에게 본래적으로 주어진 본유관념이란 없다고 부정하며 합리론을 반박하였다. 그러나 경험론과 합리론은 서로의 모든 근본가정을 근본적으로 거부하고 반박하였음에도 불구하고 그 자체로서의 근대문명의 발전을 위하여 공동으로 기여하였다. 오늘날 두가지 사유유형은 과학 일만이나 담론공동체에서 공통으로 인정되는 사유이론이기도 하다.

들뢰즈(G. Deleuze)는 데카르트, 스피노자(B. de Spinoza), 로크(J. Locke), 라이프니츠가 활동한 17세기 바로크 시대가 근대성의 배경을 이룬다는 점에 주목하면서, 21세기 유럽사유를 하나로 통일하려는 전략을 세웠다. 들뢰즈는 양대 사유 진영을 유화(宥和)하기 위하여 라이프니츠의 모나드 철학을 붙잡았다. 모나드는 데카르트 방식의 명석 판명한 자의식이 아닌, 투명하지만 흐릿한 명암의 대비를 이루는 밝은 의식과 어둠의 의식 양 측면에서 출발한다. 모나드 인식은 항상 자의식의 밝은 측면만을 보는 것이 아니라 어두운 내면의 측면도 고려하고 있다. 모나드 인식은 20세기에 프로이드에서 무의식으로 재발견되었다. 현대 정신분석학 영역을 개척한 프로이드는 존재의 근본양태를 의식과 무의식으로 보았고, 융(C. Jung)은 존재의 근본양태를 이루는 인간존재의 본질을 의식적인 자아에서 집단무의식으로 구분하였다. 프로이드의 밝은 빛의 명료성과 꿈의 불명료성 사이의 대비는, 융의 주어의 자기규정의 자율과 어두운 집단무의식의 타율에 대비된다. 데카르트 주어는 꿈의 연대를 신뢰하지 않는 의심으로 시작하였으나, 라이프니츠 모나드의 몸의 어두운 지대는 계산하는 합리성의 잠김에서 잃어버린 이성의 위기를 구원하는 보호막으로 존재한다. 데카르트의 명석 판명한 의식의 밝고 투명한 현실에 반하여, 라이프니츠의 모나드 주어의 몸의 의식은 여전히 어둡고 불명료한 지대로 남아 있다. 어두컴컴한 이러한 지대는 자본주의의 발달과 더불어 더욱 명료하게 드러난다.

들뢰즈에 따르면, 오늘날 후기 산업자본주의 상황에 실체추구는 자아의 자유와 욕망의 본질을 극명하게 드러내는 수단이다. 경험론과 합리론의 유화를 위한 전망주의의 분석에 서면, 모나드는 경험으로도 혹은 이성으로도 귀속되지 않는 어떤 것이 왕래할 수 있는 '창'도 '구멍'도 '입구'도 없는 상황에 놓여 있다. 모나드는 외부적인 모델로서 그림을 갖는다. 그것이 빛과 거울과 시선지점과 내부장식이라는 바로크 건축양식시스템이다.[11] 바로크는 1600년대 종교개혁에 반대하는 로마가톨릭교회에서 강력한 지지를 받는 이탈리아 로마에서 시작하여 전 유럽으로 회화, 조각, 건축, 극장 등 다양한 문화영

---

11) 질 들뢰즈, 펠릭스 가따리 지음, 『앙띠 오이디푸스 자본주의 정신분열증』, 최명관 옮김, 1994.

역으로 퍼져나간 문예사조이다. 17세기의 바로크 예술은 방문자에게 영광스러운 권력과 통제의 인상을 심어주는 수단이자 문예 스타일이다. 동서 문명세계가 전혀 미지의 세계관적 차이에서 서로를 만나게 되었을 때 이와 같은 지식배경이 작용하였음을 당연하다. 바로크 예술가들은 종교적 주제에 직접 개입하며 소통하고, 귀족들은[12] 바로크 건축의 극적인 스타일을 추구하였다. 경험 이전과 경험 이후가 회동하고, 몸과 마음이 합일되고, 사유와 존재가 체계적으로 작동되는 사유형태의 질료적 형식을 구현하는 바로크 여성귀족들은 탈근대성의 중심화두로서 모나드를 만났다. 근대성 주어의 뿌리로서 모나드는 유럽전통의 두 사유흐름을 통일하는 전략을 품고 있다. 모나드에는 좁은 의미에서 경험론이나 합리론에서 기대할 수 없는 사유의 경계를 넘어서는 살아 있는 힘이 있다. 들뢰즈는 라이프니츠의 모나드 철학을 소묘하는 방법으로 바로크 건축양식을 거론하였고, 실제로 경험론과 합리론을 통합하는 모나드 집을 구축하였다. 궁극으로 들뢰즈는 모나드 철학을 통하여 모나드를 넘어서는 유목민의 목가적 노마드(nomad) 철학을 완성하기 원했다.[13]

　필자는 말하자면 들뢰즈의 고유한 경험론과 합리론의 유화전략을 평가하고, 들뢰즈가 말하지 못하는 동서양이 만나는 바로크 근대

12) 질 들뢰즈, 『주름, 라이프니츠와 바로크』, 이찬웅 옮김, 제3장 바로크란 무엇인가? pp.54~57.

13) H. Huelsmann, *Nietzsche und Odysseus, Eurozentrismus und Anthropozentrische Differenz*, Muenchen 1990, p.213. 들뢰즈와 비슷한 시기에 휼스만은 그의 『니체와 오디세이, 유럽 중심주의와 인간학적 차이』라는 상기 책에서 다름과 같이 고백한다. "테크놀로지는 벌써 유럽을 떠났다. 이것으로 변경이 있어야 하는 한, 그런 의미에서 우리는 더 이상 유럽에 있지 않다. 우리는 우리로부터 무엇보다 상호 대륙적으로 경험하고 파악한 것으로 남아 있는 하나의 동시성과 하나의 장소 상실에서 살아간다."

성의 신기원에 새로운 방점(傍點)을 찍고자 한다. 들뢰즈 철학을 프랑스라는 지역학에 묶어서 간주하면, 그는 자신이 살고 있는 파리라는 도시 삶 현장의 바로크 건축양식에서 근대성을 고찰하여 모나드 철학을 실현한 셈이다. 비트겐슈타인은 자신이 직접 집을 설계해 지어 모더니티를 표현한 적은 있지만 그의 '비트겐슈타인 집'에서 어떤 새로운 철학을 주장한 것은 아니다. 그 점에서 들뢰즈의 라이프니츠에 대한 철학적 독법은 독특한 것이다. 그가 고찰한 모나드 집은 너무나도 평범하게 상하가 이층으로 이루어진 이층집이다. 필자의 문제의식은 이 집을 올려쳐다만 보지만 말고 좌우로 벌려서 보자는 것이다. 그의 근대성의 문제제기는 그와 동시대의 독일 철학자들이나 한국철학자들의 문제의 의식에 비추어 아주 특별하게 취급될 필요는 없다. 들뢰즈의 바로크 기획이 진정한 목표를 달성하기 위하여서는 모나드 집에 한국에서 가는 또 다른 하나의 주름으로서 라이프니츠의 이진법과 주역의 상징체계의 일치에 관한 구상이 있어야 한다.

들뢰즈의 라이프니츠 모나드 철학의 독법에 결여된 부분이 사실상(de facto)의 문제로서 라이프니츠와 바로크 귀족여성들 및 케임브리지 여성철학자들과의 연관성에 대한 해명이다. 근대철학의 비화처럼, 데카르트의 경우에 그의 말년 철학에 빠질 수 없는 귀족여성이 엘리자베스 공주이다. 라이프니츠의 경우에는, 그녀의 여동생 소피왕비와 그녀의 딸 소피 샤를롯데 왕비가 그 파트너였다. 들뢰즈 자신이 철학은 여성적이 되는 것이라고 보았다면, 그것은 근대철학 탄생의 태생적인 비밀이 바로크 여성귀족들과 여성철학자들의 역할, 그리고 개들의 이성적 능력유무 여부에 대한 질문에 있었을 것이다. 왜냐하면 라이프니츠의 『모나드론』의 전신인 『변신론』은 전

페데리코 바로치(Federico Barocci, 1535~1612)

르네상스에 회화로 재현된 탈지역성의 현장: 아에네이스는 불타는 트로이에서 도망한다

적으로 소피 샤를롯데 왕비를 위한 저작이었고, 프랑스 백과전서파의 베엘이 제기한 개들도 이성적 능력을 구유하고 있는지에 대한 답변의 결과물이었기 때문이다.

나는 라이프니츠의 바로크 기획의 시도를 넘어서 동서철학이 라이프니츠의 이진법과 복희씨의 역의 체계가 하나로 묶어지는 동시비교철학을 제안하려고 한다. 나는 근대성의 출발점과 예측되는 귀착점을 근대 이래의 한국의 사유 지평이 중국인이나 유럽인에 비하여 열등하지 않은 반열에서 동시비교철학을 정초하고자 한다.

2. 우리의 근대성

근대유럽인이 글로벌 선교화라는 삶의 방식에서 합리론과 경험론으로 대립하며 근대사유를 실현한 것은 유럽 특유의 인간성을 반영한 배타적 사유발전의 결과이다.[14] 근대사유는 20세기 초까지 패권적 제국주의와 식민주의 문명을 주도하였고, 국가와 민족의 경계를 가르는 배경지식을 제공하였다. 탈지구중심에서 보자면, 근대사유는 한 번 태어나 어디서 죽는 줄도 모르는 무한공간을 전제하는 이성적 사유주어에 뿌리를 둔다. 이성적 사유주어는 삶과 죽음이라는 언어적 지식은 상호주관적으로 공유한다. 그러나 죽음이 강요된 소통일 때, 죽음은 질적으로 삶과 나누어진다. 삶은 나누어진 사유와 죽음의 반대에서 거듭된 자기이해와 존재 자체의 의식된 통일로 중재된다.[15] 그래서 근대사유의 주어는 삶과 죽음을 의식하지만, 점점 의식도 말도 잃어버린 무능한 주어상실이라는 탈근대성 상황에 이르렀다.

근대사유주어의 무능력은 20세기에 양차 세계대전과 공산주의(共産主義)의 몰락을 겪으면서 뚜렷해졌다. 인간은 스스로 이성적으로 사유하는 주어를 세웠지만, 이성 스스로가 만들어놓은 능력의 테두리에서 인간 스스로가 도구화되었다. 인간은 스스로 자기(自己)를 도구화하여 자신(自身)을 대상화하지만, 거기서 자기자신에 다시 돌아

---

14) A. Kenny, *The Rise of the Modern Philosophy*, Cambridge, 2000.

14) A. Kenny, *The Rise of the Modern Philosophy*, Cambridge, 2000.

15) H. Ebeling, *Das Subjekt in der Moderne, Rekonstruktion der Philosophie im Zeitalter der Zerstoerung*, Hamburg 1993, pp.202~207.

오는 사유주체의 동일성을 찾지 못한다. 그러므로 현대인간은 이성의 무능 앞에서 세계에 대한 사유주체 자체의 객관적 대상화를 포기하였다. 마르크스 유물론자들은 정신과 물질이라는 이원론적 구도에서 인간의 노동소외현상을 발견하였다. 인간이성은 누구나 일한 만큼의 노동대가를 요구하지만, 자본주의사회는 자신이 활동한 만큼의 노동가치에 대한 노동소외를 낳았다. 마르크스주의는 계급의식을 통하여 사회문제를 해결하려고 하였지만, 아도르노는 비판이성의 입장에서 사회 자체를 비진리라 규정하였다. 20세기 초에 프로이드가 일상생활 속에서 자아라고 부르는 깨어 있는 의식의 주체와 정상적 보통의 일상생활 속에는 잠재되어 있는 무의식을 발견하였을 때에도 이와 같은 이성의 한계를 주목하였다.

바로크 근대성의 흐름이 유럽사유 전통에만 한정되었을 때는 무의식의 분석과 이성의 한계라는 극단적 상황에 이른다. 하지만 동아시아 사유가 바로크 근대성을 만나고 바로크 근대성이 동아시아 사유에 다가간 사유흐름에는 또 다른 사유형식이 형성되어 있었음을 주목하게 된다. 바로크 근대성이 동아시아의 사유에 서학(西學)이라는 이름으로 다가가므로, 동아시아 사회에서 실학(實學)이라는 특이한 사유형식으로 습합되는 시간흐름을 경험하였던 것은 더 이상 이야기의 구성이 아닌 이미 역사적 사실이다.[16] 이 실(實)은 근대철학이 추구한 사유의 실체 물음과 동일한 맥락에 있다. 이것은 사유와 연장, 몸과 마음, 정신과 물질 사이(Between)에 참되게 실재하는 존

---

16) 『연세실학강좌 1』 연세국학총서 30, 연세대학교 국학연구원 편, 2003, pp.17~65.

재로서 실체영역에 속한다. 중세 토미즘 이래에 근대인들이 널리 받아들인 실체관은 고등한 이성적 존재자의 영혼(靈魂), 동물의 각혼(覺魂), 그리고 식물의 생혼(生魂)의 구분이었다.[17] 근대인들은 세계에서 참되게 존재하는 실체로서 세계의 참된 실재(實在)에 대한 물음을 전개하였다.

우주에 존재하는 참된 실체추구는 시간과 공간의 제약을 받지 않는 근대사유의 위상의 발로였다면, 실학은 조선의 현실과 동떨어진 사변체계가 아닌 경세치용(經世致用)이나 이용후생(利用厚生) 같은 실질적 가치를 추구하였다. 철학이 각 학문의 연관관계에서 일정한 사유위상을 통합하는 기능으로 작동하였다면, 실학에 몸담았던 조선의 유학자들의 유학의 언어는 철학의 언어였다. 즉, 한문으로 시대와 사회의 문제를 접근하였을 때, 어떤 학문의 목표로 향하여 나갔는가 하는 질문 앞에서 실학자들은 지금의 학문분류의 관점에서 '철학하고 있었다'라고 판단할 수밖에 없다. 철학에서 실체의 문제제기가 참되게 존재하는 존재자의 물음으로 집중하였을 때에는, 학문의 발전에 유기적 연관에서 그 의미가 드러난다. 종전의 유학과 다르게 차별되는 논증을 담는 실학의 사유흐름은 바로크 근대성이라는 외적인 접점으로 마주쳤을 때, 서양철학의 실체문제 제기는 실학이 대응하였던 화두전환(話頭轉換)과 현대한국인의 현실문제와 주체의 사유문제와 무관할 수 없이 맞닿아 있다.[18]

■
17) 마테오리치, 『천주실의』 서울대 출판부, 1999.
18) 『연세실학강좌 1』, 이을호, "實學槪念構成의 諸要因", p.49.

우리의 근대성 논의는 구체적으로 19세기 말 개항 이후 서방열강 세력이 동아시아 문명사회에 세력을 확장하며 들어왔던 시기를 전후하여 발생하였다. 주변국인 일본은 제국주의로 발흥하였고 종전의 한반도 종주국을 행사하던 청은 몰락과정에 처하였다. 500년 이상 한반도를 다스려온 조선의 봉건적 지배형태에 대한 실학의 주체적 성찰과 반성은 주변적 변동 상황에 역사철학적 대응 없이 경과되었다. 중국 역시 태평천국의 난 이후 영국과의 아편전쟁의 결과로 서양열강에 의하여 점차적으로 분열되면서 나중에는 일본제국주의의 지배에 들어간다. 이점에서 중국은 근대화를 둘러싸고 우리와는 동병상련의 문제의식을 갖는다. 우리는 우리의 체계적인 근대사유의 토대에서 근대화의 도래를 경험한 것이 아니며 토착적인 전통사유에서 근대화를 이식한 것도 아니다. 그 점에서 중국이나 일본도 예외가 아니다. 근대화 논의 자체가 서구의 문제의식의 발로에서 나왔다. 포스트모더니즘에서 주체성 논의는 아프리카나 남아메리카 국가들이 서구열강의 식민주의와 제국주의에 대한 저항에서 자국의 주체성을 요구할 때, 이에 대한 각성과 행동의 결과로서 주체성의 반성작용으로 생겨났다. 우리는 20세기 초반 일본제국주의에 피압박을 당하였고, 국권을 상실하였고, 20세기 중엽에 해방을 맞이하여 나라를 다시 찾았다. 우리의 사유주체와 근대성 문제는 동시에 유럽에서 진행되고 있었던 근대성과 사유주체의 반성적 동향의 갈등적 국면과 맥락이 다르다. 빛이 다시 돌아왔다는 광복(光復)의 의미는 20세기 중반에 인류가 내 놓은 자연과학적 이데올로기적으로 결집된 지식의 역사적 결과였다.

한반도는 1950년대의 한국동란을 거치면서 이데올로기 분열로

반세기 이상을 지리적으로 남북으로 분열되었다. 마르크스 공산주의(共産主義) 이데올로기는 현대중국을 지배하는 이론으로 변질되었고, 한반도의 북쪽에서는 폐쇄적 주체 이데올로기가 지배한다. 우리에게 근대성 논의는 적어도 무기력한 이성에 대한 오만한 주어의 대비로 비추어진다. 많은 지식인들이 월북하였고, 또 많은 지식인들이 월남하였고, 해외에서 탈경계인으로 지내는 이들도 생겼다. 20세기 후반에 들어서면서 실존주의, 마르크스주의, 현상학, 포스트모더니즘, 프로이드 및 라깡 정신분석학 등의 유파에서 주체성 논의가 있고, 현대일본이나 중국 역시 동일한 범주에서 근대성 논의에 영향을 받는다. 북한에서는 삼대세습의 김씨 일가의 배타적 주어가 있다. 남한에서 대통령이나 장관, 대학총장이나 군의 장군들 혹은 그밖에 수많은 계급의 수위를 차지한 사람들은 한반도에도 주어는 있다고 생각할지도 모르겠다. 김정은이 한반도의 주어라고 생각하는 사람이 있을지도 모르겠다. 그러나 그것은 그 사람의 자유이지 나의 자유는 아니다. 한반도에서 진정한 주체는 무엇인지 불분명하다. 철학하는 자의 사명과 역할은 언제나 개인의 몫이다. 한글을 아는 사람의 철학함은 말과 행동과 글에 있을 때, 우리는 지구상 어디에 있든지 자신이 딛고 선 사유전통의 말과 행동과 글에서 사유법을 구사한다. 영어로 쓰인 외국저자의 글을 읽고, 그 이론을 나름대로 섭렵하고 이에 대한 반박이나 새로운 관점을 부각하여 철학적 문제를 해결했다고 치부할 수도 있다. 하지만 외래사상은 끊임없는 창조과정에 있고, 새로운 사상가나 사조가 등장한다. 어느 순간부터인가 남을 따라가고 쫓아가다 보면 자신도 누구인지 알 수 없고 남도 결국 모르게 남는다. 하지만 우리에게 가까웠던 스승이자 선배철학자의 사유지평을 보면 우리 자신의 고유한 사유지평을 뒤돌아볼 수 있다.

한국에서는 대표적으로 허원(虛原) 최명관(崔明官, 1926~2007)이 데카르트 철학의 학습과 연구로 한국근대성 담론에 근간이 되는 주체적 사유모델을 연구하였다. 그는 동시대의 많은 사람들과 마찬가지로 한국동란(韓國動亂)이라는 전쟁을 경험하면서, 탈북과 월남, 근현대와 탈현대를 철학적으로 사유하며 강의와 저술활동을 하였다. 그는 동시대 많은 세계의 철학자들과 마찬가지로 고대 희랍철학의 고전적 지식을 토대로 근현대에 이르는 각종 사유체계를 섭렵하였고, 영국, 프랑스, 독일의 다양한 사유의 흐름을 수용하였고, 구조주의와 포스트모더니즘에도 깊이 천착하였다. 허원은 학문적 교류를 통하여 철학을 하는 유럽의 대화상대자들에서 당신이 하는 철학의 유형은 무엇이며 철학적 핵심주장은 무엇인가 묻기를 즐겼으며, 궁극적으로 자신은 누구인지를 성찰하였다. 대화상대가 칸트주의자, 마르크스주의자 등으로 끝을 맺을 때, 말하자면 허원은 한국인의 사상, 한국철학자이기를 원한 것 같다.[19)]

허원은 철학은 현실에서 출발하여 현실로 돌아온다는 선배철학자의 이야기를 들으며 철학을 공부하였다고 한다. "해방 전후에 내가 철학공부를 시작할 무렵에 선배철학자들이 자주 하신 말씀 혹은 쓰신 글에서 '철학은 현실에서 출발하여 현실로 돌아와야 한다'고 하셨던 것이 생각난다."[20)] 이 이중인용문은 한국철학사의 주체적 사유지평의 문맥을 이해하는 데 매우 중요하다. 누구에게나 흔한 이해 가능한 사유지평에서 철학의 자기규정을 하고 있다는 점에서 그러하다. 그리고 듣고 또 들으면서 거듭 생각나게 하는 것은 이러한 발화(發話)의 진정한 의중(意中)의 중요성 때문이다. 가령 해방 전후에 '데 칸 쇼'를 해야 철학을 안다고 하였을 때에는, 철학이 데카르트와 칸트 그리고 쇼펜하우어 정도를 알고 있어야 상당한 수준의 철학고지를 점령한 것이라는 의미함축을 한 것과 비슷한 상황이다.

헤겔의 『법철학』 서문에 나오는 이야기로 유명한 이 구절의 인용은, 데카르트에서 헤겔의 죽음까지 그리고 헤겔에서 마르크스까지 근대주어의 의식의 정신적 측면과 물질적 측면의 변증법적 관계를 반영한다. 전통적인 물질적 존재와 비물질적 존재의 관계는 심신문제로 남았다. 그럼에도 불구하고, 이 대립은 현실적으로 주어를 자

---

19) 최명관, 『현실의 구조』 숭실대출판부, 1999, p.320.
20) Ibid., p. 145.

유롭게 하지는 못한다. 의식된 존재는 물질적 존재로부터의 거리두기에서 그저 분리된 존재로 남아 있을 뿐이기 때문이다. 의식존재로서 주어는 그에게 가장 가까이 놓인 존재에게 언어로 전달되지 않는다. 그는 그저 물질적 존재를 그의 반대로서만 파악하는 한에서 이방으로 머문다. 여기서 주어는 질료의 통일로서 이 세계로부터 분리되거나 그로부터 흡수될 수 있지만 그러한 주어는 더 이상 세계를 장악할 수 없다. 20세기 초반에 헤겔의 명제가 일본인과 한국인의 철학하는 사람들의 마음을 울리는 화두가 되었던 한국적 맥락이 동시대의 서양의 조류와 약간은 다른 경로에서 해석될 수밖에 없었던 이유가 여기에 있었다.

허원의 스승세대인 열암 박종홍(1902~1976)과 비슷한 시대를 살아간 독일의 안더스(1902~1992)는 현실적인 것은 사진의 모사에서만 전달된다고 주장하였다.[21] 20세기 초 "세계는 경우들의 총체이다"[22]라는 말로 분석철학적 사유의 신기원을 열어간 비트겐슈타인(L. Wittgenstein, 1889~1951)이 그림은 현실의 모상이라고 하였던 입장을 따른 것이다. 서양에서는 대학에서 철학을 공부하려는 젊은이라면 될 수 있으면 헤겔사유의 잔영을 자신들이 살아가는 사유현실에서 떨쳐버리려고 부단한 노력을 한다. 이 점에서 분석철학도 포스트모더니즘의 들뢰즈도 예외가 아니다. 동양에서 철학하려는 젊은이가 날이 갈수록 공자와 주공을 믿고 나아가 삼황오제를 숭상하려

---

21) J. Castella, "Gotthard Guenther: Innen wie Aussen", in: *Voedenker*, Sommer-Edition 2007.
22) L. Wittgenstein, 『논리철학 논고』, 1.

는 태도와는 대조적이다. 비트겐슈타인에 따라 그림이 현실의 모상
이라면, 안더스에게서 이 그림은 본래 진짜로 체험된 세계의 대치물
이다. 이러한 입장은 세계에 대한 직접인식이 불가능하다는 회의론
을 대변하는 것은 아니다. 그림이 그리는 실재에 대한 정보는 이미
앞서 파악된 판단이다. 그렇기 때문에 안더스는 수용자는 제공된 정
보를 간청하는 만큼이나 그림이 주는 정보를 사용하지 않는다고 지
적한다. 안더스가 주목한 현실세계는 다름 아닌 매일매일(每日每日)
전기로 연결되어 바라보는 텔레비전이 전하는 그림의 현실이다. 텔
레비전은 미디엄이 아닌 현실을 현실적으로 유추하는 수단이다. 텔
레비전은 기계이다. 이제 인간은 텔레비전 앞에서 스스로 표현하지
못하고 주관을 빼앗긴 어린아이가 되었다.[23]

  허원이 현실에서 출발하여 현실로 돌아오는 철학적 파악(把握)은
안더스의 그림에 의한 세계의 대치물로 우리에게 꿈같은 경악으로
다가왔다. 1945년 8월 6일 1시 37분에 태평양 티난 섬에서 B29 전투
기 조정사 클라우드 어덜리(Claude Eartherly) 소령이 '특수폭파 미션
13번'을 수행하였다. 이것은 10개월 동안 준비된 것이다. 7시 9분에

■
23) M. M. Schönberg, *Von der Unmöglichkeit einer Orientierung in der, Fernseh-und Internet-Gesellschaft,*
   Dissertationsschrift der Universität Flensburg, Nordfriesland, 2003. 균터는 1956년 그의 제2의 산업혁
   명시대의 인간영혼을 『인간의 골동품』에서 원폭과 우리의 종말론적 맹목의 뿌리에서 묘사하였다. 균터
   는 인간이 텔레비전을 통하여 세계에 활동적으로 가담하고 체계적으로 존재와 가상을 번갈아가면서 길
   들여져서, 세계는 차츰 세계 판토마가 된다. 대량으로 발생하는 복잡한 사건들은 합당한 모사형식에서
   구성되어 이를 통하여 사건이 된다. 어디에서 현실이 중지하고, 어디에서 가상이 일어나는지의 질문조
   차가 잘못 설정되었다. 라디오, 텔레비전, 판토마의 소비는 '무엇이 현실적이고', '어떻게 실제로
   일어나는지'를 규정하는 사회적 실재가 되었다. 여기서 균터는 인간은 스스로가 제작한 상품의 완전
   성에 종속되어 있고, 인간 스스로 결과로서 표상할 수 있는 것보다 많은 것을 생산할 수 있고, 인간이
   할 수 있는 것은 모두 해버려야 한다는 믿음 때문에 현실이 고쳐지지 않으면 안 된다는 현실개혁 테제
   를 제시하였다.

목표에 도달한 소령은 무선을 쳤고, 8시 15분 4톤의 물건을 떨어뜨렸다. 8만 명에서 20만 명이 죽었다. 수백만 가지 많은 문제를 한꺼번에 해결하였지만 얻은 것보다 잃은 것이 더 많은 이성의 승리였다.

이것은 주어는 없고 대상만 남은 가운데 그림으로 연출된 히로시마 원자시대의 현실파악이자 동시에 현실파괴이다. 여기서 근대성의 주어와 세계의 이성적 동일성의 구성과 해체가 일어난다. 원폭으로 등장한 원자시대에 주어 없는 기술이성(Reason of Technology)은 글로벌 어디에서나 동시 발생적으로 일어나는 계기가 되었다.[24]

24) H. Huelsmann, *Die Technologische Formation*, Berlin 1990.

3. 누구의 근대성

허원의 스승이며 한국철학계의 태두로 알려진 박종홍은 "철학이 한번 주체적 파악(主體的 把握)을 떠나는 순간, 그것은 무용(無用)의 공염불(空念佛)이요, 불모의 사막으로 변할 것이다"라고 말한다.[25] "밖으로 나감과 속으로 들어옴이 서로 다른 것이 아니로되, 이것이 없이 저것이 있을 수 없고, 저것이 무시될 때 이것만이 행세할 수 없다"로 규정한다. 그에게서 주체철학이란 부정을 부정하므로 현실로 재귀하는 부정의 철학이다. 추상적인 표현으로 철학이란 동시에 작용하는 원심과 구심의 두 힘의 현실자각이다.[26] 현실에서 출발하여 현실로 돌아오는 열암-허원의 근대성 문제의식의 제기에서 변증법적으로 보았을 때에도, 우리는 우리에서 출발하여 우리에게로 돌아오는 현실파악에도 많은 차이를 본다. 다문화적 차원에서 우리는 가까이 있는 남을 통하여 근대성을 배우고 익혔고, 멀리 있는 남을 통하여 우리의 자주성을 회복하였다. 하지만, 그 회복된 사유주체가 상호 문화적 관점에서 과연 우리의 것으로 자리 잡았는지에 대하여서는 의문이 많다. 해석학적으로 이해가능성이란 원칙적으로 우리는 우리의 고유한 출처에 제한되는 반면, 동일한 것이 남에게는 미진한 이해로 남을 수 있기 때문이다. 우리의 이성은 장소와 시간

---

25) 『박종홍 철학의 재조명』, 열암기념사업회 엮음, 2003, p.179.

26) 박종홍은 과학적 의미의 원심력과 구심력의 힘으로 지구의 하루(一日) 자전운동이 일어나는 현상의 지각을 철학으로 파악한다. 박종홍은 누구라도 지구자전의 결과로 하루를 지각하려면 무슨 일이라도 어제의 하루를 오늘의 하루(日日新 又日新)와 다르게 하지 않으면 안 된다는 공자의 인문정신에 근거하는 유신(維新)이라는 정치적 이데올로기의 단어를 주조하였다.

을 넘어서 언제 어디에서나 과학기술적으로 실현 가능한 저 기술이 성으로 전환 가능하게 되었다며, 과학자들도 우리도 남도 차별하지 않는 가치중립적인 과학기술을 말하려고 한다. 우리는 우리를 위한 과학을 한다고 한다 하지만 그 사유주체가 누구를 위한 것인지 무엇을 위한 것인지에 대한 물음 앞에 서 있거나 아니면 모르고 서 있는지도 모른다.

안더스에 따르면 히로시마의 원자력은 생각조차 할 수 없는 정도로 인간을 멸절시킬 힘을 보였지만, 히로시마 원폭 투하 이후에 많은 사람들의 철학적 입장을 결정적으로 바꾸었다. 우리를 위협하던 것은 우리 스스로가 제작하고 제작한 것에서 우리는 무능하게 끝났다. 원폭은 지구에 살아가는 인종을 절멸할 수 있기 때문에, 우리는 우리가 할 수 있었던 것을 할 수 없다. 우리를 위협하는 것은 우리가 생산한 마지막 우리이다. 그러므로 우리는 우리가 생산할 뿐 아니라, 생산할 수 있는 마지막 끝물이다. 이것이 근대성의 주어와 대상의 탈경계의 문제이다. 인간이 창조의 주인이 아니라 기술이 주인으로 대두되는 배경에, 누가 마지막 주어로 남는가의 문제는 근대에 생긴 기계와 인간 사이의 유비추론으로 귀속된다.[27]

20세기를 주름잡은 철학자들

| 하이데거 | 들뢰즈 | 조요한 | 안더스 | 박종홍 | 균터 |

자본주의 문명은 주어와 대상 사이의 인물이나 사물이나 상품조차도 양자의 동일성과 차별성을 묻지도 따지지도 않는다. 우리를 우리가 만든 원자폭탄으로 멸절시키고자 하였으면 그 결과는 지배자인 일본인에게는 파멸이고 몰락이지만, 한국인에게는 국권회복이고 광복(光復)이다. 만들어진 원자폭탄이라는 대상에 대하여 주어는 주어에 대하여 더 이상 자기통제와 자기규정을 상실하였고 세계와 자신의 경계를 확정지을 수단이 사라졌다. 현상학적으로 원폭은 무로 끝난다. 해석학적으로 무는 어떤 지식이냐? 존재론적으로 무는 결코 무로 끝나지 않았다. 거기서 어떤 격률을 도출할 수 있으며, 폭탄의 존재는 무엇을 의미하나?

자본주의는 원자폭탄을 목적-수단 범주에 놓을 수 없다. 만약 수단으로 도입된다면 이것은 남을 놀라게 하기 위함이다. 그럼에도 도입되었다면 이는 그의 현존만으로도 전능을 의미한다. 이는 수단과 목적의 범주를 넘어서는 것을 의미할 수 있기 때문이다. 하지만 원폭은 모두를 삼키고 아무도 삼키지 않는다. 우리는 세계를 멸망시킬 힘이 있고 종말론의 주인이 되었다.[28] 하지만 우리는 전능에 대한

27) H. Huelsmann, *Die Technologische Formation*, Berlin 1985. p.40, pp.198~204. 인간이 자연 진화의 끝장에서 최후의 인간학적 차이로 남으려는 것도 테크놀로지의 변형에서 역사의 주인이 되고자 함이다. 인간은 몸의 영양, 옷, 음식과 음료수, 거주하는 곳과 이웃에서 자신의 중심에 서고, 거기서 그가 생각해냈던 것을 조건 짓는 것을 생각해내고, 제 것으로 동화하고 소유로 만든 것은 스스로 교환한다. 세계와 자연은 그 스스로의 해석에 따라 동화되고 동시에 차이로 남는다. 동식물을 먹거리와 의복으로 취하고 노동과 지식으로 넘겨준다. 인간과 자연의 이러한 특수한 차이로 남는 존재론적 장소는 한마디로 무능이다. 나가사키나 히로시마 희생자의 그림은 빼놓고 방의 벽에 걸어놓은 원폭포스터의 원자버섯은 이러한 과거에서 더 이상 미래에 보고 싶어 할 수 없는 트라우마가 되었다.

28) W. Metz, *Unterwegs zum Hoehlenausgang der Moderne, Wider die letzte Ideologie der Postmoderne*, Wintersemester *2009/2010 an der Universitaet Freuburg*, p.127. 근대는 '단칭' 시대구획인 것은 세계를 파괴할 마지막일 수 있는 잠재적 힘을 갖기 때문이다. 원폭은 이미 21세기에도 여전히 새로운 종교적 전체주의의 '특권화된 대상'이다.

인류의 꿈을 부정적으로 챙기고 있다. 자본주의적으로 보자면 인간의 대량학살과정은 노동 분업적 산업생산에 가까이 갔다. 하지만 어느 누구도 나쁜 짓을 하지 않고 있고, 어느 누구도 자신이 하는 일을 알아차리는 전체적인 조망을 못하고 있다. 인간은 이 모든 상황과 내재적 위험을 측정하고 지각하기에 무능해진 것이다.

현대문명사회가 이렇게 된 이유는 안더스에 따르면, 인간은 일정한 세계에 확정되어 살아가도록 되어 있지 않지만 인간은 자신이 스스로 세계를 창조할 일자리를 가져야 하였다. 확정되지 않은 세계에서 일자리를 갖고 살아간다. 세계가 없는 것은 일자리가 없기 때문이다. 인간은 원래 자신에게 없고 스스로 만들 수 없는 세계에서 살았기 때문에, 일자리가 없는 인간에게는 세계가 없다. 안더스의 일하는 인간에 대하여 균터(1900~1984)는 근대성의 주어에 대한 개념인간(concept man)[29]의 담론으로 일자리 인간형을 더욱 진일보 발전시켰다. 우리란 근대과학이 이룩한 과학자와 과학담론의 사회문화적인 지식코드를 공유하는 개념인간이다. 우리란 본받고자 하는 인물의 사유모델의 계승을 통하여 과학적·철학적 사유작업을 이어받는 개념인간이다. 개념인간은 인간이 인간을 수직적으로 닮아가며, 시간 안에서 표본이 되는 인간유형으로 거듭난다. 이로써 개념인간은 시대에 주어진 문화적 창조와 계승을 이어간다. 이러한 개념

---

29) H. Huelsmann, *Die Maske*, Muenster 1985. p.11. 개념인간이란 노동 분업적이고 도구적이고 협업적으로 발전하는 현대사회에 언어와 수단을 만드는 포괄적이고 추상적인 일반성에 도달한 위계적 인간이다. 이러한 추상적 인간이 동일한 인간, 동일한 인류, 동일한 미래와 시간 유한한 공간에서 갖는다. 훌스만에 따르면 이러한 인간은 스스로를 차이에 의하여 규정하며, 이 차이가 기술에서 그리고 기술을 통하여 나타나고 현실적이 된다. 따라서 자연과 기술의 차이는 이 개념인간에 의하여 사라지게 된다.

인간의 전승에 대한 비판적 자각과 이러한 인간상에 대한 최후의 언명의 주어가 곧 포스트모던 주어의 발화상황과 맞닿아 있다.

우리의 근대성은 어느 순간인가부터 경험론과 합리론의 철학사적 대립을 우리 자신이 추구하는 사유패턴의 양자선택의 기로에 세웠다. 그리고 저마다의 철학을 세우려 하는 데에서 그 첨탑을 찾으려 한다. 분석철학과 심리철학을 하면 영어권의 철학을 의미하고, 포스트모더니즘이라 하면 프랑스 후기구조주의를 떠올린다. 과학철학은 상대적으로 이러한 이분법적 사유전통에 초연한 자세를 취한다. 이러한 학문적 접근은 철학과 과학의 본질을 규명하는 데 결코 도움이 되지 못한다. 중요한 것은 구체적으로 인물을 공부하므로 그의 사유세계를 알아가는 일이고, 이런 작업은 철학자들이나 과학자들이 개인적으로 할 수 있는 일이다. 이러한 개인들이 개념인간의 유형으로 자리 잡지 못하는 경험론과 합리론의 선택이란 철학에 대한 무의미한 언어적 유희이다.

철학사적으로 칸트 이전에 흄과 버클리, 라이프니츠와 스피노자, 그리고 데카르트와 로크가 있었지만, 18세기 칸트의 선험적 종합판단은 경험론과 합리론의 대립을 극복하였다. 19세기의 신칸트학파는 칸트가 새로운 사유의 종합을 열었다고 평가하였다. 20세기 후반에는 19세기 신칸트학파의 평가조차도 이제는 역사의 뒤안길로 밀려났다. 19세기 말 20세기 초에 비엔나를 중심으로 시작된 논리실증주의 태동 이후에 분석철학과 현상학의 철학운동으로 이어온 현대철학의 향방은 철학사적 논쟁의 무게에 현실성을 제거하였다. 철학사가 현대 여타의 개인들의 철학활동에도 도움을 주는 위치에 있지 않다면 철학사는 화석화된 고답지대이다. 이 점에서 철학사에 대한 도전은 언제나 복합적이고 비교철학적인 맥락에서 어느 누구에게도 열려 있는 매력적인 영역이다.

들뢰즈는 라이프니츠의 모나드 개념에 합리론과 합리론을 화해시킬 최대치를 보여주는 바로크 몽타주로 자신만의 고유한 철학적 화두를 모나드 집에 집약시켰다. 그는 두 진영으로 대표되는 로크의 경험론적 감각주의와 라이프니츠 합리론의 사유흐름을 통합하는 시도의 출범을 바로크 기획이라고 입안하고, 이 기획이 작동되는 본부를 모나드 집이라고 명명하였다. 합리론과 경험론의 논쟁은 로크가 뉴턴의 고전역학을 추종하면서 데카르트 합리론을 전복하므로 생겨난 사유흐름에서 비롯되었다면, 이 양대 진영 화해의 최대치는 위층과 아래층으로 된 모나드 집이라는 복층의 바로크 구성물의 주름을 통한 표현의 세계에서 경계가 주어진다. 모나드 집이 바로크의 복층 구성물이라는 말은, 전통적으로 철학에서 고찰하던 정신과 물체, 영혼과 물질, 몸과 마음이 거주하는 개념 틀의 상하(上下)구조로 집적(集積)시켜 놓았음을 의미한다. 들뢰즈는 라이프니츠와 로크로 대변되는 대륙 합리론과 영국 경험론이 마주치는 사유의 전쟁터에서 양자를 하나로 묶는 철학사의 정통성 확립을 모나드 집의 상하구조의 집적된 주름에서 찾았다.

본고의 철학적 화두는 들뢰즈의 포스트모더니즘의 문제의식에 모나드 주름을 단지 상하(上下)구조로만 한정시키는 들뢰즈의 바로크 기획을 모나드 좌우(左右)의 사유지평으로 확장하여 근대성과 포스트모더니티를 고찰하는 것이다. 말 건네기의 맥락에서 주목하자면, 들뢰즈의 바로크 기획은 모나드의 사건존재론적 좌우 사유지평을 간과하였다. 그의 기획은 라이프니츠의 유럽근대성 넘어서기를 심각하게 제한하고 있다. 들뢰즈가 몸담고 살아간 포스트모더니즘은 파리를 중심으로 활동하는 철학자구룹의 수직적 발화전통에 서 있다. 이는 그와 동시대의 최명관이나 조금 더 거슬러 올라간 박종홍 같은 철학자에게도 동일한 발화전통을 지니고 있었던 것으로 보인다. 후기구조주의에서 언어란 타자지향적이라는 관점도 있고, 해줄 수 있는 말이 있는 경우, 해줄 수 있는 말이 없는 경우도 있다. 그러나 전반적으로 상호 문화적으로 수평적으로 주고받을 말의 지평을 열어가는 시도는 극히 드물다. 하버마스의 언어소통이론은 높은 수준의 의식을 소유하는 의사소통 참여자 사이에서만 타당한 모델이다. 의사소통 참여자가 그들의 사회적 그룹에서 그들의 귀속성을 조절하고 사회성을 확실하게 하는 적법한 조직을 가질 때, 의사소통 참여자는 세계에서 어떤 것을 소통하려고 해석으로 준비하는 지식의 사전설비를 갖출 수 있다. 하버마스에서 발화작용이란 발화의 수행기회를 동등성으로 간주하는 이상적인 발화상황을 전제로 한다. 그러나 이러한 의사소통구조는 모든 가능한 참여자들에 대하여 하나의 기회의 비례적 분배를 통하여 발화작용을 선택하고 수행하는 데 기여할 수는 있지만 수평적 소통을 생산하지는 못한다.

상호 문화철학적 대화의 길을 선구적으로 열어간 안더스가 1959년 5월 25일 어덜리 소령과 편지를 나눈 것처럼, 우리의 근대성의 철학도 문화의 상대성을 인정하고 꿀 먹은 벙어리처럼 있지 말고 수평적 목소리를 내어야 한다.[30] 이를 위하여서는 수평적 말 건네기

■
30) 상호 문화철학은 원래 뮌스터대학의 훌스만이 1980년대 중반 당시 트리어대학의 아담말에게 인도와

를 허용하는 상호 문화철학적 대화의 용기가 필요하다. 수직적 발화는 말을 받는 자 사이의 위계를 전제하지만, 수평적 말 건네기는 말을 건네고 받는 사이의 대화에 위계를 인정하지 않으며, 상호 독립적인 의사소통구조를 강조한다. 들뢰즈가 구상한 바로크 근대성 주어의 상호 수평적 이해지평에서, 구조적 사유의 같음과 다름을 인정하면 서로의 체계 내에서 의사결정 가능성을 찾아야 한다. 라이프니츠의 바로크 모나드는 고정된 경계와 범위를 지니는 물질적 원자나 시간과 공간에 제약을 받는 국지적 위치를 넘어선다. 그러한 모나드 개념에서는 동서 비교철학적 전망이 가능하다. 세계가 모나드를 품는 것이 아니라 모나드가 시간과 공간의 세계를 품기 때문에, 모나드는 상하위계를 통하여 어제와 합일을 이루며 오늘의 위치와 방향에서 내일의 세계를 머금을 수 있다. 모나드는 좌우로 이어지는 지각이동에 일어나는 사건을 잉태하고 있다. 그렇기 때문에 우리는 현재 우리가 살고 있는 시간과 공간을 상하좌우 모나드 구성물의 집적의 주름을 통하여 찾을 수 있다.

■
유럽을 잇는 사유의 상호대화의 장을 제안하면서 태동이 되었다. 그 후 아담말은 뮌헨대학으로 옮기면서 국제상호문화철학회를 결성하여 대륙 간의 다자문화대화의 철학적 담론을 주도하면서 국제화운동을 전개하였다. 휼스만의 상호 문화철학의 담론제안은 하이데거 이후의 기술의 문제, 슈펭글러나 토인비 같은 세계사이론에 관심을 가지면서 동시 당대의 안더스나 균터의 유럽문명 비판적인 철학적 활동에 자극을 받으면서 유럽철학만으로는 더 이상 미래의 철학적 사유를 단념한 것이 배경이 되었다.

NOVA METHODVS PRO MAXIMIS ET MI.
nimis, itemque tangentibus, quæ nec fractas, nec irrati-
onales quantitates moratur, & singulare pro
illis calculi genus, per G.G. L.

SIt axis AX, & curvæ plures, ut VV, WW, YY, ZZ, quarum ordi- TAB. XII.

제 2 장
근대주어의 모더니티

& ux eodem modo in hoc calculo tractari, ut y & dy, vel aliam literam indeterminatam cum sua differentiali. Notandum etiam non dari semper regressum a differentiali Æquatione, nisi cum quadam cautio-
ne, de quo alibi. Porro *Divisio*, d—vel (posito z æqu.) dz æqu.

$$\dfrac{\dagger v\, dy \dagger y\, dv}{yy}$$

$$\dfrac{\overset{v}{y}}{\,} \qquad \dfrac{\overset{p}{y}}{\,}$$

Quoad *Signa* hoc probe notandum, cum in calculo pro litera substituitur simpliciter ejus differentialis, servari quidem eadem signa, & pro †z scribi †dz, pro--z scribi--dz, ut ex additione & subtra-
ctione paulo ante posita apparet; sed quando ad exegesin valorum venitur, seu cum consideratur ipsius z relatio ad x, tunc apparere, an valor ipsius dz sit quantitas affirmativa, an nihilo minor seu negativa: quod posterius cum fit, tunc tangens ZE ducitur a puncto Z non ver-
sus A, sed in partes contrarias seu infra X, id est tunc cum ipsæ ordinatæ

N n n 3   z decre-

1. 근대주어의 기점

우리가 한반도에 살면서 우리의 사유주어가 언제부터 시작되었는지의 물음은 사유하는 우리 자신의 현재적 주어의 맥락에서 주어진다. 우리가 사유하는 사유역사의 기원은 누적된 역사의 다양한 내기의 전통으로부터 오는 것일 수도 있다. 전통을 뚫거나 넘어서 우리에게 짧거나 길거나 점진적으로 들어와 있는 것일 수도 있다. 일본의 지배를 벗어나기 위하여 항일전선을 형성하고 투쟁한 전쟁의 승리와 패전 대가로 민족의 자존과 독립을 열망하는 주체의 요구대로 관철된 것일 수도 있다. 그러나 들뢰즈의 표현으로는 그것은 사유하는 우리의 영혼에 주름으로 전해지고 있다.[1] 그것은 곧 시간과

---

1) A. Zinsmeister, "Transformation und Faltung", M. LEISCHMANN, U. REINHARD(Hrsg,): *Digitale Transformationen. Medienkunst als Schnittstelle von Kunst, Wissenschaft, Wirtschaft und Gesellschaft,* Heidelberg, 2004.

공간을 품고 있는 모나드에서 온다. 우리가 살아가는 세계의 시간과 공간을 모나드가 이미 품고 있다. 모나드를 통하여 다양한 문명세계로 진입할 수도 있고 다시 우리가 살고 있는 구체적 현실세계로 돌아올 수도 있다. 모나드를 통한 모나드의 시간적 구성은 근대적 바로크 사유주어의 사유기점을 찾는 실마리이다.[2] 그렇다면 언제 누군가에 의하여 모나드를 품는 모더니티의 사유기점이 통과되었으므로, 나에게도 우리에게도 이러한 사유의 실마리를 제공되었을 것이다. 데카르트 사유주어가 모더니티의 문턱을 아무도 모르게 넘어갔다면, 모더니티의 토대에서 포스트모더니티로 이행하는 과정은 해석학적 순환문제에 속한다. 하나의 시대가 다른 시대로 어떠한 권리근거가 이행되었다면, 과거에 속한 시대는 현재의 관점에서 다시 수용될 수 없는, 박제화(剝製化)되거나 화석화된 이야기에 불과하다. 극복되지 않은 과거는 현재의 관점에서 그렇게 시대구획을 정할 수밖에 없었던 하나의 정당화 과정을 거친다.

불르멘베르크(H. Blumenberg, 1920~1996)는 데카르트의 모더니티가 통상적으로 말하는 중세에서 근대라는 문턱을 어떻게 넘었는지, 넘는 과정에 적법한 절차에 따른 것인지의 문제를 제기하였다.[3] 불

---

2) E. Landgraf, "Beobachter der Postmoderne", in: parapluie no. 6, http://parapluie.de/archiv/generation/postmoderne/issn, 1439~1163.

3) F. Heidenreich, *Mensch und Moderne bei Hans Blumenberg*, Muenchen 2005, pp.166~172. 블르멘베르크는 근대의 탄생조건에 대한 이론을 두 가지 테제로 집약한다. 첫째, 중세가 끝난 정신체계 내에서 인간에게는 창조가 더 이상 믿을 만한 일이 되지 못했으므로 인간의 자기주장에 짐이 부과되었다. 자기주장의 짐은 중세에는 절약되어 있었으나 홉스에서는 이미 무로부터의 창조가 절대적 질서상실로 나타났다. 여기 정치권력은 더 이상 신적 유래에서 적법성을 얻지 못했고, 단지 그들의 업적의 필연성에서 찾았다. 둘째, 중세는 영지주의를 극복하지 못했지만 근대는 영지주의를 극복하므로 근대의 신기원이 분출하였다. 유명론에서는 영지주의 세계 불신의 회귀를 통하여 질서의 상실이 초래되었고, 코페르니쿠스 세계관도 여기에 일정한 역할을 하였다.

르멘베르크는 1960년 그의 『근대의 적법성, Legitimitaet der Neuzeit』 에서 근대적 자기주장의 계몽된 프로그램은 중세를 고도의 불안으로 몰고 간 질서의 상실에 대한 답변으로 보았다. 근대의 위기란 니체의 말을 빌려 "손과 이성이 손상된 믿음"에 기인한다.[4] 할 일이 없거나 예측할 수 없는 신의 활동은 코페르니쿠스 세계의 생성에서 기능적으로는 신의 부재와 동등하게 취급된다. 이러한 질서의 상실이 가능하게 비쳐지기 위하여서는, 신학적 절대주의에 반대하는 이성의 자기주장이 의무적 강요에서 나와야 되는 것이 아니라, 신학적 기능에서 비롯되어야 한다. 그러므로 신앙과 이성의 이중진리는 그때마다 단계별 영역을 보존하기 위하여 적법한 평행선을 만들어야 한다. 이것은 쿠자누스에서는 인간학적 도피선과 신학적 도피선이 대립으로부터의 일치(coincidentia oppositorum)를 가져온다. 데카르트에서는 이것이 신의 믿음이 인식론적 과학적 연관에서 기능화되는 것을 의미하였다.[5] 이러한 이중태도는 파스칼에게서 비난의 대상이었고, 18세기에는 심각한 근대성의 몰지각에 해당되는 것이었다. 18세기 독일 철학자 쇼펜하우어의 아이러니에 따르자면 데카르트가 개척자로서의 위인임에는 불명하지만, 그는 자칭하여 전통과 결별되는 스스로 자기사유를 시작하였기 때문에, '오늘날' 누군가 알아주길 바라는 그의 권위에의 호소는 정말로 '웃기'는 일이라는 것이다. 그의 전체 도그마를 살펴보면 참으로 할 '말'이 없다. 뒤돌아갈

4) Ibid.
5) Ibid., p.177.

수 없는 근대를 새로 시작하겠다는 역사철학적 이념은 합리성의 수행능력을 자유방임한 짓에 불과하다는 것이다.[6]

문제는 이것이다. 올림픽 육상경기에서 참가선수들이 규칙에 따라 시간과 장소를 정하여 대회경기에 참여한다. 누군가 근대를 정하고 그 기점에서부터 근대가 시작되었다면, 누구라도 경기장에서 혼자 뛰어서 1등 할 수도 없고, 모두가 뛰었다면 뒤에 혼자 남을 수도 없다. 그러한 근대성은 이미 역사적(geschichtlich) 접근이다. 하지만 동시대의 많은 새로운 영역의 모습에 비추어 보아 스스로가 새로운 시대철학의 창시자로 자처할 수 있다. 하지만 누구라도 남이 하지 않은 자신만의 첫 번째 일을 시작하였으면 누군가의 알리바이를 필요로 한다. 마치 달나라에 가보기 전까지는 첫 우주인이 없었지만, 누군가 어느 누구도 가보지 않은 미답지(未踏地)에 발을 디디고 섰기에 신기원(Epoche)에 근대가 탄생하였다면, 거기서 발생하는 근대주관성의 탐구는 이미 탈역사적(a-historical)이다.[7]

데카르트 철학의 새로운 시작은 무역사성이다. 사유의 무역사성은 바로크의 정신사적 요구의 필연적 귀결이다. 신기원을 이루는 역사의 휴지(休止) 지점이 이미 자신의 가능성의 조건이거나 그의 필연성이기 때문에 절대적 시작은 무력화된다. 그러나 근대의 기원에 대한 적법성의 요구로서 바로크 사유의 단초의 역사화는 역사적 범

---

6) A. Schopenhauer, *Saemtliche Werke IV*, p.99.

7) 서양철학의 역사와 서양철학자의 사상을 배울 때, 우리가 사유하는 고유한 지점에서 거슬러 올라가서 그 시원을 묻는 것과 마찬가지이다. 코기토의 출발이 이미 내려오는 역사(Geschichte)를 만나는 경우와 거슬러 올라가 거기서 비롯되는 이야기(a-history)는 구분된다.

주에 속한다. 데카르트와 데카르트주의의 새로운 시작을 후기 중세의 신학적 절대주의 역사 안에서 고착하여 달라는 요구에 대한 답변으로서 역사적 적법성을 말한다면, 그것은 역사적 불연속을 향한 의지의 표시이다. 반면에 신학적 절대주의의 요구로서 신의 전능에 대한 후기 중세신학이 '새로운 시작'을 인간적 현실평가의 모든 합리적 상황의 해체로 위협한 것으로 보았다면, 데카르트와 데카르트주의의 새로운 시작은 이러한 역사적 요구에 대하여 자기 규정작용이 아니라, 자기보존의 기초로서 절박한 좌초에 놓여 있는 인간이성의 자기주장으로 역사 안으로 진입한 것으로 간주된다.

우리도 우리의 사유주체의 역사에서 근대의 주관성에 대한 역사적 접근과 탈역사적 접근으로 문제제기를 할 수 있다. 이 두 가지 이중적 사유주체의 사유지점에서 인간학적 질문과 답변이 동일한 지평에 맞닿아 있다. 우리가 우리의 사유주체의 역사를 묻는 작업이 유럽인이 스스로의 사유주체의 역사를 묻는 작업과 동일한 의식의 사유지점에서 출발하지는 않는다. 하지만 사유대상으로서 역사의 신기원이 모든 의식의 고유한 사유지평까지 이어진다면, 모든 근대성 탐문은 역사적이기도 하고 탈역사적이기도 한 이중관점에서 동서사유는 어느 곳에서라도 동시에 만날 수 있다.[8]

■
8) 독일의 부르크하르트(J. Burkhardt)는 근대의 여명은 역사적인 맥락에서 12~13세기에 발아하여 14세기부터 시작된다는 유명한 테제를 제시하였다. 유럽 자체에서 인문학의 신기원의 기점을 어디에서 누구에게로부터 무엇에서부터 찾아야 하는지는 불분명한 것은 아니지만 어디로 가고 있는지에 대하여서는 분분하다. 서로마제국의 몰락 이후에 1,000여 년을 잠든 서유럽문명과 동시에 비잔틴으로 옮겨간 동유럽의 역사가 콘스탄티노플의 함락으로 르네상스를 통하여 부활된 귀결에 근대기점을 어떻게 잡아야 하는지에 대한 물음도 있고, 혹은 수천 년 이상 동아시아 문명권에서 서유럽문명과 교류하면서 17세기 이래의 동서문명과의 만남으로 귀결되는 상호 문화적 근대성은 어떻게 정립되어야 하는지의 물음도 있다.

근대의 기점에 대한 문제제기는 현대가 근대 이후에 계속되어야 하든가 혹은 급진적으로 가거나 혹은 해체되어야 한다는 '탈근대' 논의와 맞물려 있다. 현재의 관점에 따라 시대구획을 엄격히 보려면, '탈근대'라는 지칭도 '근대'가 우리가 서 있는 시기에서 가까운지, 아니면 '원래'의 시점에서 벗어나 더 뒤에 놓여 있는지에 달려 있다.[9] 이성의 자기정체성의 전경(前景)은 어떻고 후경(後景)의 규정은 어떠한지를 상론하여야 할 이유가 바로 현재 우리가 서 있는 정신적 입장에 달려 있다.

데카르트 스스로가 이해한 철학의 신기원으로 모더니티의 접점에서 근대가 시작되었던 시점의 시대구획은 두 가지의 근대주관성의 형성조건과 맞물려 있다.[10] 이 부분이 18세기로부터 정조준된 것이라면, 그것은 르네상스의 탈지구중심 개념에서 스스로를 정당화할 수 있는 자격을 갖는다. 르네상스는 우주에서 신과 인간의 지위정립과 자아와 세계, 주어와 대상 사이의 새로운 관계규정을 요구한다. 탈지구중심 때문에 자기보존을 위한 인간의 자기주장으로서 모더니티의 정당성은 어떠한 타자규정으로부터도 확보된 것이 아니었기 때문이다. 지구상의 어느 곳에서라도 자기가 여태껏 살아왔던 거

---

9) G. Krieger, "Metaphysik und konstruierende Vernunft, Zum Verhältnis von Spätscholastik und Cartesischem cogito*" in: *Bochumer Philosophisches Jahrbuch für Antike und Mittelalter* 7(2002), 2002 John Benjamins B. V., Amsterdam.

10) (*Neuzeit*) 오늘날 근대개념은 19세기 후반에 18세기에 통용되던 '새로운 시대'와 거기서 재차 부각된 '최근 시대'를 털어내고 그때부터 동질의 시대를 살아간다는 시대의식으로 각인된 것이다. 이미 스콜라주의와 데카르트주의 사이에 놓여 있는 15~16세기의 르네상스 진공상태의 아포리아를 두고 18세기에 근대사고의 역사적 기원에 대한 논쟁이 일어났다. 르네상스는 고대정신의 회복이라는 기치를 들고 일어났지만 근대로부터 반박을 받아왔고 중세부터 적자취급을 받기에는 너무나 근대에 가까웠다.

주민의 땅에 속한 자기의식조차도 탈중심으로 전환되어야 할 경계에 근대주어의 자각은 어느누구로로부터 어떤 무엇으로 부터도 강요받지 않을 권리를 갖는다. 여기서 발견된 합리성의 전형은 역사의 불연속을 인정하고 동시에 스스로의 역사를 구성하는 자기강화나 자기보전을 향한 근대주관성 형성조건을 찾는 것이다. 이것은 철학사적으로 유명론을 거친 후기 중세의 현실파악의 태도로서[11] 근대의식의 후경에서 나온 것이다.

다른 하나는 근대성의 형성조건을 근대의식의 전경에서 보는 것이다. 17세기 근대세계의 이성구성의 원칙은 스스로 무 앞에서 무로부터 사고작용의 통제적 규정으로 역사도 없이 인식능력의 필연성만을 좇아갔다. 이 길은 신의 절대능력을 시금석으로 들어올린 14세기 유명론이 이끌었다. 이 유명론은 신의 명령과 이성의 자율이라는 양극에서 모순으로부터 자유로운 인식을 16~17세기에 탄생시켰다. 유명론은 인간의 탈중심이 돋보이는 새롭게 부상한 원자론에서 인간의 자유의지 가능성도 신의 의지에서도 구속적 의미를 찾지 않았다. 절대적 신과 유한 이성의 미묘한 양극화가 수반되고 있었을 때, 데카르트는 신의 능력과 더불어 인간이성의 수행능력을 동시에 부각시켰다. 데카르트가 중세와 전면적 단절, 혹은 지속적 연속선상에서 사유활동을 전개하고 있는지에 대한 판단을 이성의 자기주장에 대한 자기의식의 전후경의 맥락에서 규정된다.[12]

---

11) J. Goldstein, *Nominalismus und Moderne*, Freiburg/Muenchen, 1998, p.16.
12) J. Goldstein, p.28.

17세기 근대세계의 이성의 구성원칙은 모든 역사적 중재를 뒤로 하고 주어와 술어 사이를 연결하는 합리성의 주권적 사유의 자기근 거 주기보다는, 처음부터 희망이 없이 타자규정에 맡겨졌다는 견해 가 있다.[13] 구조주의 입장도 인간에게서 이러한 자율적 사유와 이성 적 선택능력을 인정하는 대신에 인간경험과 행동을 다양한 구조에 의하여 파악한다. 이 입장은 이성의 전경에서 주어의 입지조건과 인 간의 사유주체의 자기정체성을 조망한 것이다. 모더니티 발생기점 을 르네상스를 조금 더 올라간 14세기로 올려놓으면 올라간 이성의 전후경의 스펙트럼은 이러한 면모를 보여준다. 이성의 전경에서 보 면 근대의 주관성 형성조건은 오컴과 오컴주의의 모더니즘 운동에 서 주어졌다. 근대주어의 자기보존을 위한 자기주장의 요구는 오컴 과 그의 유명론 운동이 사주한 스스럼없는 중세파괴와 탈중세에서 자연스럽게 발생하였다.[14]

들뢰즈 이외의 많은 동시대 철학자, 불르멘베르크, 안더스 등은 근대의식에서 발원하는 이성의 전후경의 철학사적 스펙트럼에 관심 을 기울였다. 특히 불르멘베르크와 슈미트(C. Schmitt)는 데카르트의 모더니티를 넘어서기 시도에서 근대의 자기주장의 적법성 논쟁을 벌여 크게 세인들의 관심을 불러일으켰다.[15] 불르멘베르크는 자기

■

13) J. Goldstein, pp.25~41. F. Heidenreich, *Mensch und Moderne bei Hans Blumenberg*, Muenchen 2005, p.22.

14) J. Goldstein, pp.85~90.

15) H. Kleinschmidt, *Öffentlichkeit, Legitimität und Sicherheit in der europäischen Tradition des Mittelalters und der Frühen Neuzeit*, R. M. Wallace, *The Legitimacy of the Modern Age*: "The Lowith-Blumenberg Debate in Light of Recent Scholarship, The Legitimacy of the Modern Age", By Hans Blumenberg, trans. Robert M. Wallace, Cambridge: MIT Press, 1986.

주장의 궁핍에서 자기규정의 능력을 요구한 데카르트 철학에서 대하여, 뢰비트(K. Loewith)와 슈미트에 대하여서는 중세와 근대 사이의 불연속 테제를, 하이데거와 논쟁의 선상에서는 연속성 테제를 주장하였다. 불르멘베르크는 인간의 자기이해를 주도하는 근대주어의 자기주장의 적법성은 근대주관성을 자기강화로 해석한 하이데거와는 달리 자기보존을 위한 정당방위의 긴급명령발동과 같은 것이라고 믿었다. 포스트모더니티의 도전이 현대적 관점에서 그 정당성을 보장받을 필요가 있었다면, 모더니티의 도전 역시 바로크주어 탄생의 전후맥락의 이성의 자기보존 및 자기주장의 문제에 정당성을 보장받아야 하였다. 하나의 급진적인 시작으로 새로운 삶을 살아가기 위한 데카르트 주어의 문제제기가 과연 적법했는가 하는 물음(問) 역시 우리의 근대사유의 신기원과 기점을 어디에다 두어야 하는지 물음과 같은 맥락에 있다. 우리의 세계와 이성 역시 데카르트가 발견한 의식과 동일한 의식으로 살아간다고 말하기 때문이다. 우리는 우리의 이성의 세계의 주체성을 조선의 숭명반청(崇明反淸)의 전통에서 찾거나 혹은 유럽의 사유전통에서만 찾으려고 하였을 때에는 한계에 직면한다. 오히려 데카르트가 구성한 모더니티는 라이프니츠를 만나면서 하나의 동서사상의 물줄기로 연결될 때 새로운 해답을 찾을 수 있게 된다. 16세기 조선의 근대성의 발현으로서 퇴계와 율곡의 성리학 체계는 11세기 중국 주희의 성리학을 재구성하는 과정에 생겨났고, 17세기의 라이프니츠를 만나 소통할수 있는 역사를 가질수 있기 때문에 들뢰즈의 모더니티 문제제기를 우리와 유럽의 상호 관심대상으로 삼아야 한다.

들뢰즈는 라이프니츠의 모나드론 해석을 통하여 바로크 사유주체의 역사와 삶의 일대기의 급진적 시점을 근대주어의 사유발생의 기점으로 되돌렸다. 말하자면 불르멘베르크가 지적한 근대인의 삶의 시간과 세계시간 사이의 갭을 메우는 방안을 모나드의 역전된 이미지에서 근대주어의 사유기점을 거슬러 올라가 찾았다. 동서양 근대인은 서로가 역전된 이미지에서 서로를 보았다. 너는 나에게 거꾸로의 모습으로 나는 너에게 거꾸로의 모습으로 꽂혀 살아간다. 개인과 세계는 일정한 근대적 사유기점에서 서로의 이미지로 도출된다. 들뢰즈에 따르면, 각 모나드는 온 세계를 표현하는데, 모나드는 무한의 역전된 이미지, $\frac{\infty}{1}$ 대신 신의 역전된 이미지 $\frac{1}{\infty}$ 을 취한다. 분자의 단일성이 분모의 무한 ∞ 과 결합됨에도 불구하고, 서로 구분되는 변량 $\frac{1}{2}, \frac{1}{3}, ..., \frac{1}{n}$ 의 지식에 이른다. 각 모나드는 세계를 표현하지만 $\frac{1}{\infty}$, 정확한 값을 갖는 세계의 특정한 구역 $\frac{1}{n}$ 만을 표현할 뿐이다. 들뢰즈의 이러한 모나드 이론은 청과 명의 왕조변혁기에 예수회 중국선교사들과 중국과의 동서양 만남이 일어나던 현장에서도, 조선의 사신들이 북경을 왕래하는 여행과정에서도 배경지식이 되고 있었다. 한국에서 서학을 기술하는 철학사가 부재한 이유도 이러한 배경지식에 대한 메타인식이 부재하기 때문이다.

라이프니츠는 배가 물을 가르고 나아갈 때 인과성은 명석한 것에서 애매하게 진행된다는 점을 비유로 들고 있다. 배의 진행속도는 표현원인의 명료성이 증가하면 빨리 달리지만, 배가 도달한 목적의 결과에서 보면 감소하는 것이다. 항구를 떠나 바다 위를 지나가는 배를 보면, 배는 앞으로 빠르게 진행하면 할수록 배의 속도는 치고 나간 출렁이는 물결에 비례한다. 출렁거리는 물결의 표현원인의 명료성은 빠른 배의 속도를 나타내지만, 결과에 비추어 보면 배의 진행원인은 애매한 것이다. 근대주어의 탄생기점을 결정하는 바로크 모더니티의 이중관점도, 한반도의 대한민국에서 근대주어의 모더니티를 구성하는 문제도 모나드 표현의 명석한 인식과 애매한 인식의 이중적 대응에 비례한다. 라이프니츠가 서양인 과학기술과 동양인 도덕이 연합하여 근대세계를 열어가고자 하는 제안도 이러한 모나드이론에 기초하였다.

2. 바로크주어의 긴급명령

코페르니쿠스 개혁으로 탈지구중심 논의의 표준장소로서 더 이상 하늘의 상하(上下)는 없어졌다. 없어진 하늘의 상하에서 근대성 논의의 표준장소가 중심과 변방으로 나누어진다. 이러한 변화된 탈중심세계의 환경 때문에 근대과학은 바로크주어로 하여금 직관의 거부를 강요하게 되었다. 17세기의 모든 과학이론의 귀결로서 바로크주어는 직관을 상실하였다. 1572년 부라헤(T. Brache)가 놀랍게도 새로운 별들이 나타났거나 사라진 것을 확정하였을 때, 바로크주어는 점진적으로 천체의 연장과 거기에 상대적으로 오는 작은 빛의 속도로부터 수렴대상만을 생각하였다.[16]

적어도 후기 중세의 모더니티 흐름을 일으킨 오컴에게는 신의 전능과 인간의 직관에 대한 관계에서 인간이 하늘에 별들을 쳐다볼

---

16) H. Blumenberg, *Die Genesis der kopernikanischen Welt*, Frankfurt am Main, 1996. 널리 주지된 중세의 하늘은—이미 천체에는 거의 고정적으로 확정된 별들이 있다고 전제하였던 바— 한번 쳐다보면 거기에는 뚫고 부술 수 없는 법칙이 경과하면서 불변이면서 황폐화되지 않으면서 결코 종말론적 무효를 누설하지 않는 세계였다.

때, 신은 이 별들이 이미 존재하기를 중지할지라도 하늘에 있는 별을 볼 수 있도록 작용을 가할 수 있었다고 믿었다. 하지만 모세에게서 별들이 무엇이관데 하늘에서 빛나고 땅을 비치는지에 대하여, 이 별들의 존재목적은 우리에게 봉사하고 더 이상 신의 영광을 위한 것이 아니었다. 피카텔라 미란돌라(P. Mirandola)에게 빛나는 성운들은 그들의 탁월성과 고유목적에서 우리에게 그 스스로를 비추는 것이다. 우주에서 인간 중심성의 상실로 바로크주어는 인간에게서 자율적 이성능력을 자연에서는 자연 스스로 생겨난 것을 선취하는 현실개념을 새로 찾을 수밖에 없었다.[17]

바로크 사유주어는 자기보존을 위한 적법성과 새로운 사유발전을 보장하기 위하여 과학과 철학을 필요로 하였다. 과학은 모든 감성적 형상의 인과적 결합에서 적법한 인식영역이 생기는지를 설명하였다. 철학은 경험적 체험에 앞선 가능한 인식을 비판하고 일상생활의 앎과 행동의 실천적 실현을 수행하였다. 관찰자로서 나는 나의 지각작용으로 나의 자각을 내 것으로 만드는 동시에 나 스스로를 지각하는 자로 변경된다. 나는 나의 두뇌에서 모든 세계의 법칙성을 올바로 가공하는 현안의 주체이기도 하지만, 삶의 의미에 아주 중요한 우연적인 작은 단면을 포착하는 개미와 같은 존재이다. 20세기 보어(N. Bohr)에 따르면 과학과 철학은 상보적이다. 주어와 대상은 통일되어 있고, 나타난 가상과 관찰은 상보적이다. 관찰자로서 나는 나의 지위에 대한 과학적 기술의 결정적 전망에 따르더라도 임의변

---

17) Ibid.

경 가능한 내적 연관을 갖는 동일한 인식상태를 상이하게 체험한다.

바로크 과학은 일상 삶의 시간에 새로운 우연성을 가져와 측정될 수 없는 사라진 세계시간의 단면을 드물게나마 들여다볼 수 있게 하였지만 바로크주어는 일찌감치 모든 근대인의 인식론적 관심에서 최소한 그들 삶의 시간에 도달될 수 없는 점을 보게 되었다. 이는 그들 삶의 시간에 인식론적 대상이 자신의 삶의 범위를 필연적으로 넘어선다는 것을 생각할 수 없었던 고대인과 대비된다. 바로크주어는 유명론의 자의적·임의적 신의 절대주의에 대하여 자기보존 이외에는 다른 도리가 없었다. 바로크 주어는 스스로 동일시되는 반성된 주어와 세계 사이에 당면한 중재문제에 스스로 세계와 하나가 되지 못하였다. 따라서 바로크주어는 세계에서 일어나는 사실과 이성 사이의 추상과정으로 특징지어지는 새로운 합리성의 반응으로 스스로 새로운 자립적 정초를 찾고 스스로를 반성적 존재로 자각하는 이외에는 다른 존재가 될 수 없었다.

한자로 인간(人間)이 사람과 사람 사이(間)에 있게 되는 것으로 묘사되는 것도 흥미로운 관찰이다. 바로크주어는 스스로 동일시되는 반성된 주어에서 나와 세계 사이(間)에 자기(自己)를 드러내어(顯示) 놓는다. 바로크주어로서 자기는 자기보전의 물음 앞에 자연의 빛을 더 이상 자기에서 떨어져 있는 빛으로 간주하지 않는다. 그는 자기 자신을 자기주변에 혹은 남으로부터 비치는 것으로 스스로를 이해한다. 인간이 비치는 본질에서 비추는 자가 되므로, 바로크주어는 자기 능력껏 존재영역에서 진리추구를 통하여 밝아지는 존재자로 규정된다. 결국 바로크주어는 스스로 역사를 구성하기 위하여 주어의 자기보존이라는 인간학적 정초를 꾸려가야 하는 해석학적 긴급명령을 접수한다.

홉스(T. Hobbes)에 따르면 바로크주어의 대상으로 인간은 물체세계의 범주에서 동물, 식물들과 비슷하게 간주된다. 자연상태에서 인간은 동물과 비슷한 위급한 상황에 처한다. 자연은 모두에게 모든 것에 대한 권리를 주었다. 우리 모두도 모든 것을 자기의 자기보존과 안정을 위하여 할 수 있는 권리를 갖는다. 홉스는 바로크주어에게 만인은 만인에 대한 투쟁의 정당방어 권리를 국가권력에 이양하는 사회계약을 말한다. 자연상태란 인간은 인간에 대하여 늑대이므로 국가권력만이 유일한 주권자로서 적법한 종교에 대하여 권리와 도덕의 원천으로 자리매김하여야 한다. 반면에 로크에서는 자연상태에 이미 하나의 자연적 권리가 있었다. 이 자연적 권리는 자연권적 자유를 제한하는 권리로 본다. 자연상태는 사람들이 자연권을 업신여기지 않는다면 자유로울 수 있다. 국가형성 이전에도 자연에서 있을지라도 동료 인간을 죽일 권리는 없다. 그러므로 이러한 도덕적 상태를 유지하기 위하여 바로크주어는 사회계약을 필요로 한다고 간주하였다.

농경지대에서 농사지으며 살아가던 사람이 일자리가 생기면서 형성된 도시거리의 거주민으로 살아갈 때, 그들 본래 삶의 지리적 시간경험에서 새로운 현상학적 철거를 경험하는 것이 근대성의 특징이다. 근대인은 고대인의 지구중심 세계관으로부터 태양중심 세계관에로의 이행에 동일한 철거를 경험하였다. 불르멘베르크에 따르자면 근대인은 생활세계의 철거명령, 탈퇴에 대한 현상학 질곡에 놓인 자연의 궁핍과 자기결핍을 알았을 때, 일상생활의 삶의 체험이 그냥 스스로 주어진 세계시간에 속한 것이 아님을 알았다.[18] 그들은 경험의 일반화가 전체현실을 평가하는 것임을 알았기 때문에, 자기 소유에 의한 자기 강화 방안으로서 절대 신 혹은 나쁜 신에 대한 적법한 이성의 자기보존이라는 장치를 요구하였다. 그래서 바로크주어는 여전히 경험으로 주어지지 않는 앞선 약속에 대하여 혹은 경험 이후에라도 지각대상이 그렇게 정렬되어 만들어지도록 구성되는 세계를 준비하였다. 그러나 삶의 일대기의 유미한 의미전환의 급진적 시점에 자기방어권이 발동된다. 더 이상 주어로부터 결론을 내릴 일로 종합되고 범주화되지 말아야 할 지각대상에 직면하였을 때이다. 여기서 바로크 삶의 구조와 관련된 주어는 '역사에서 이해될 수 있는 소여의 기준'에서 주어의 자기보존을 위하여 위급한 상황에 자신을 방어하는 발견의 원칙을 찾아야 하였다.[19]

인간은 역사를 만들지만 신기원은 만들지 못하기 때문에 역사의 신기원의 연대기적(chronological) 문지방 표면에서 바로크주어는 발견의 원칙이라는 새로운 명령권을 접수한다. 그곳은 신기원의 조짐으로 주목되지 않은 한계에서 수임된 사건이나 데이터가 명백하게 결부되지 않은 무풍지대(無風地帶)이다. 여기서 바로크주어는 르네상스가 구가한 고대정신의 부활을 원치 않았고, 전혀 지금까지 가보지 못한 새로운 길을 향한 도전을 하였다. 이것이 바로크주어는 자신 스스로도 그리고 어느 누구에게도 더 이상의 해명을 필요로 하지 않는 합리성이라는 긴급명령이다. 바로크 합리성은 자신이 스스

---

18) H. Blumenberg, *Die Genesis der kopernikanischen Welt*, Frankfurt am Main, 1996.
19) F. Hartmann, *Medienphilosophie*, Wien, 2000. 하르트만은 근대적 주관성 구성의 결정적 조건에서 사고 혹은 계산기로 일정한 인지과정을 기계화하는 문화기술의 도래를 보았다.

로 요구하는 이성의 권위에서 신기원의 근거를 주었기 때문에, 시간 안에서 일어난 절대적 시작은 의도에 따라 스스로 무시간적이다. 후설은 주어의 자기해명과 계몽작용의 근대성을 현상학적으로 주권적·의지적 판단중지 작용(Epoché)으로 규정하였다. 판단중지로서 에포케는 급진적 시작이 일어난 곳으로 후설에게는 근원적 명증성이 주관영역에서 완전히 종결된 곳이다. 그렇기 때문에 불르멘베르크는 후설이 에포케에서 자명한 생활세계의 탈퇴를 선언하였을 때, 시대구획으로서 의식의 신기원(Epoché)이 일어난 접경지대에서 데카르트주의의 탈퇴를 선언하였다.[20]

데카르트가 『성찰』에서 파악한 근대성의 카테고리는 스스로 정초한 절대적 시작으로서 방법적 회의이다.[21] 절대적 시작의 도구로서 회의는 어떠한 상황에서라도 확실하고도 안전한 인식거점을 향하여 어떠한 처음의 조짐이라도 의심될 수 있는 요소들을 배제한다. 이러한 회의는 자신 스스로에게까지도 적용되고 있음에도 불구하고 여전히 처음을 필요로 한다. 과연 그래야 했는지는 더 이상 설명을 필요로 하지 않는 최종심급으로서 합리성의 적법한 요구 때문이다. 여기서 임의의 자의적 군주의 모습으로 비친 신개념과 전능은 인간이성을 위협으로 이끌고 간다. 데카르트는 『성찰』에서 '사악한 신'을 끌어들이면서 절대적 신에 대한 인간의 자기주장이 과연 이성의 적법한 자기보존에서 비롯된 것인지를 묻는다.[22] 이것은 바로크 긴급명령이

■
20) J. Goldstein, *Nominalismus und Moderne*, Freiburg/Muenchen, 1998, p.54.
21) 르네 데카르트, 『방법서설』 2규칙.
22) J. Goldstein, *Nominalismus und Moderne*, Freiburg/Muenchen, 1998, p.16.

개입되는 전 단계의 논의이다. 유명론의 신에 대한 바로크주어의 적법한 자기주장이 인간적 주어로서 마치 그렇게 사주된 저항과 반응으로 보이는 것인지, 새로운 집적 상태를 가정하고 그 뒤에 감추어진 절대의지의 엄호장소로서 자기방어의 임무를 수행하는지의 여부가 그것이다. 예지적으로 상승된 신적 권능을 강조하는 시도는 인간합리성의 급진적 세계화를 사주하는 것처럼 보일 수 있기 때문이다.

데카르트의 사고실험은 둥근 삼각형도 사악한 신에게 존재할 수 있는지 혹은 그러한 존재가 불가능해 보이는지를 알아보기 위한 것이다. 인간인식의 일반적 조건은 스스로 모순되지 않는 것이다. 인간인식의 합리성은 인간의 오성능력의 근본조건을 벗어나면 무너진다. 세계상황에 대한 바로크주어의 자기주장은 정신사적 위기가 처한 급진적 조건에서 이성에게 부과된 자기보존의 형식이다. 나쁜 본질의 전능이 이성의 자율을 끌어올릴 때, 코기토 에르고 줌(cogito ergo sum)은 곧 모든 가능한 속임수에 대한 확실한 인식거점이다. 데카르트 이성은 자신을 불확실하게 하는 신에 대하여 이성을 흩트리는 것이 현안이 아니었기 때문에 라이프니츠는 바로크주어의 완전한 개념으로 근대이성 합리성의 응집과정에 참여하였다.

후기 중세의 위기의 상황은 중세 이래의 절대 신의 이성에 대한 인식론적 후견을 고려하지 않았다. 그 점에서 데카르트는 그의 유명한 확실성의 사고실험에서 나쁜 신을 도입한다. 나쁜 신은 인간에게 설정된 이성요구의 수행에서 주어의 자율을 보증하는 회의주의라는 유명론의 가면을 쓰고 있다. 의심은 결코 이성의 역사적 상황의 훌륭한 임무완수가 아니므로, 바로크주어는 스스로 구성된 어려움에 직면하여 스스로 정한 시작에서 출발한다. 바로크주어는 모든 역사적 설정연관을 피하면서 이성이 급진적으로 보존되는 조건을 그냥 주어지는 대로 수용하는 것이 아니라, 스스로 세워가는 자유를 제시한다. 그러므로 새로운 근대정신 체계 내에서 바로크주어는 인간에게 예견되는 창조논의를 더 이상 신빙성 있게 논의할 수 없게 되었다. 근대의 합리성이 인간에게 자기주장의 짐을 부과하였을 때, 전근대인간에게 절약된 자기주장의 짐의 상태는 바로크주어가 구성한 자기보존이라는 의미생산의 형식으로 이양되었다. 근대주어의 긴급명령을 접수한 바로크주어는 여전히 도상 중의 탈근대화의 의식으로서, 자신과 대상 사이의 매체성의 문제로서 멀어져간 삶의 인생시간과 세계시간 사이의 합치를 위한 모더니티의 숙명적 과제를 위임받았다.

3. 모더니티의 매체

코페르니쿠스 개혁이 가져온 행성궤도의 위치변경에 따른 시차(parallax)현상은 바로크 주어에 새로운 과제를 양도하였다. 하루 일상성은 서로 다른 위치에서 천구의 별들을 관측하는데서 발생하는 시차현상을 안고 살아간다. 어제 보았던 저녁별이 오늘 아침의 아침별이라고 불렀지만 하나의 동일한 별이 언제나 동일한 위치에서 있지 않았다. 그러므로 라이프니츠는 바로크주어와 외부세계대상 사이에 철학과 자연과학의 협동노력으로서 이성의 진리와 사실의 진리를 구분하였다. 현대논리학의 프레게는 이를 의미와 지칭으로 구분하였다. 봄이라는 현상 뒤에는 이성과 사실의 진리가 공존한다.

여기서 별은 보는 것이 중요한 것이 아니라 보인 별의 실재등급을 이성적 확인하는 투영하여 본다(perspicio)는 것이 중요하였다.[23] 바로크주어는 하루(一日)가 주야(晝夜)로 24시간을 갖는 일상성의 단위가 여행기록이나 경험적 보고에 따라 북극 근처에서는 주야의 경우가 달라지고 동등한 규칙이 도처에 통하지 않는다는 것을 알았다.

그렇기 때문에 일상성의 새로운 진리기준으로서 빛 읽기를 통한 구경거리(spectacles)를 창출하여야 하였다. 바로크 자연과학의 발전은 과학실험과 연구를 후원하는 군주들에 의하여 장려되었을때, 과학실험의 결과는 호기심을 자극하는 구경거리가 될 수 밖에 없었다.

뉴턴이 행성은 땅이 사과를 끌어당기는 떨어지는 것과 같은 종류의 힘으로 그들의 괘도를 움직인다고 생각하였을 때이다. 바로크주어의 시 지각 버전 등급의 위치는 더 가감될 필요가 없었다. 도구적 지성에 따라 시 지각 사유대상을 새롭게 정초할 필요가 있었다. 그래서 17세기 바로크주어는 일상생활에서 보고 아는 대상의 사실에서 매일의 새로운 측정방식과 공간관찰로 확장되는 크기를 갖는 세계시간을 이성적으로 장악하기 위한 필수적 생존전략으로서 매체철학의 지배를 강화하였다.[24] 보지 않아도 알고, 알고 있는 사실은 이성적으로 확인될 수 있기 위하여서는 바로크주어는 세계를 문맥화

■

23) JL MARZO, *FROM PARALLAX TO THE SPECTACLE* BY Read at the Parallax Conference, at the Saint-Norbert Arts and Cultural Centre in Winnipeg, Canada, Sept. 1996. Published by the SNACC in 1998.

24) F. Hartmann, *Medienphilosophische Theorien*, 2003, p.294. 문자와 글쓰기가 현존하는 인지적 문화기술적 상황에 인간은 언어적으로 소통하는 본질로만 제한되지 않고, 라이프니츠의 경우처럼 모든 인간의 사고는 기호를 통하여 도달된다. 언어가 나의 세계 혹은 우리의 오성의 거울이라면, 대상세계에 대하여 인지적 매체를 사용하는 바로크주어의 미디어 철학이 시작된다.

하여야 하였다. 이를 위한 도덕적 의무는 인쇄술을 통하여 대상세계와 바로크주어 사이의 매체성이라는 주변정황을 만드는 것이었다. 바로크주어는 자기보존이 신적인 권능에 의하여 지휘되고 있지 않음을 알았기 때문에 무 앞에서 인간 스스로 공작인(homo faber)으로 우연을 관장하며 세계와의 소통으로 미디엄(Medium)을 사용하였다. 광학과 기하학은 투영하여 본다는 행위를 명시적으로 만드는 이론이고 이를 가능하게 하는 바로크 과학기술설비들이 이러한 미디엄의 문화를 일으켰다. 그래서 바로크 시대 인물들은 바로크 과학기술설비에서 생긴 선물들을 갖고 문화의 거울에서 인간을 만나고 문화의 거울을 통하여 인간을 이해하였다. 17세기 이래 중국을 왕래한 조선유학자들, 남인계열의 실학자들, 서양에서 중국에서 활동한 예수회 중국선교사들, 유럽 자국에서 이들과 교류하며 살아간 근대인들은 자명종 시계나 망원경 같은 광학도구와 측정기술로 통하여 바로크 문화를 형성하였다.[25] 아리스토텔레스 자연철학에서는 영혼이 없는 물체의 자연적 장소이동이 절대로 일어날 수 없었지만[26] 바로크 시대에는 세계와 주어 사이(間)의 매질의 전달을 철학을 새로운 과제로 삼았다.[27] 데카르트, 스피노자, 라이프니츠에서 몸과 정신의

■

25) 朴齊家, 『北學議』, 臣聞中國欽天監造曆西人等皆明於幾何精通利用厚生之方國家, 한국의 실학사상, 삼성출판사 1988, p.303, p.530 참조.

26) S. Mueller, Naturgemaesse Ortsbewegung, Aristoteles' Physik und ihre Rezeption bis Newton, Tuebingen 2006, p.22. 뉴턴까지 타당한 아리스토텔레스 물리학에서는 불이 아래에서 위로 올라가거나 무거운 것이 위에서 아래로 내려오는 것은, 그들이 그들의 자연적 정소 있지 않거나, 그들의 자연적 장소로부터 강압적으로 옮겨져야 하였기 때문일 경우에 일어난다. 식물이나 동물에서 자기 움직임의 원칙이 드러나는 경우는 환경의 조건에 의존한다.

27) 라이프니츠, 『생명원칙에 대한 고찰』, 1705. 라이프니츠는 "하나의 물체는 다른 물체로부터 충격이 없이는 그의 운동에서 다른 변화를 당하지 않는다(corpus non moveri nisi impulsum a corpore

관계는 사람과 사람, 사람과 사물, 사물과 사물 사이의 매질전달의 문제로 부상하였다.

바로크주어의 일상성의 대상에 만나는 끝 혹은 극(極)은 어떤 그것 혹은 다른 나(alter ego)로서, 곧 너로서 어떤 것(aliquid)이다. 주관적 활동성은 문화적으로 거의 무에 가까이 세워지지만, 너의 규정영역에 현실규정에서 순수한 자기 없는 대상성에서 우위를 가질 때 무차별의 객관성으로 남는다. 물리학 세계상에서 인물(人 & 物)의 제거는 결코 절대적으로 도달될 수 없으며 오직 자연과학적 방법의 한계개념으로서만 간주될 뿐이다. 카시러의 바로크주어 해석에 따르자면 인(人)과 물(物)에 본질적 차이는 대상 극과 나의 극 사이(間)에 있다.[28]

바로크 문명에는 동서 문명 이동성을 정초한 근대성의 관점도 엄연히 존재한다. 바로크 근대성은 서유럽에서만 동서라는 지역성(locality)만 한정되지 않고 보편성(global locality)으로 확장되었다. 바로크주어의 자기주장은 자기보존의 의도를 미처 달성하지 못한 가운데 그들 스스로도 전체를 조감할 수 없이 나갔던 망망대해(茫茫大海)에서 일어난다. 이러한 상황에 자기를 주장한다는 것은 정신사적 위기의 급진적 조건에서 이성에게 부과된 과제를 수행한다는 것을 의미한다. 칸트도 순수오성을 거친 파도를 타고 무인도에 도착한 무

---

continguo et moto)"는 정식화에서 작용원인과 목적원인에 대한 형이상학에 대한 올바른 이해가 부족한 당대 철학자들을 비판하였다.

28) E. W. Orth, "Symbolische Formung zwischen Kulturologie und humanistischer Kulturanthropologie", in: Sats-Nordic Journal of Philosophia Press, 2003.

인도라는 땅의 주어의 상황에 비유한 적이 있다.

바로크 이성은 주어와 술어 사이의 무한하게 많은 설비로 구성된 세계기계에서 무한관념을 연결하는 수단으로 글쓰기를 요구받는다. 즉, 바로크주어는 근대의 적법성 문제제기를 통하여 새로운 합리성의 탄생을 알린다. 바로크주어는 자기보존 전략의 일환으로 자신과 세계를 매개하는 새로운 글쓰기의 패러다임을 창조하였다. 근대인은 텍스트 제공자이고 독자이다. 근대인은 알파벳 만들기의 다양성을 존중하고 그런 체험을 유지한다.[29] 근대인에게 자기보존을 위한 자기주장을 이유로 실제로 '글로 써진 책'보다 세상이라는 책, 대학의 도서관에 축적된 책보다 세상을 여행하며 얻은 경험이라는 지식이 나왔다. 근대인 스스로가 텍스트 직물로서 텍스트 생산의 기본구성 요소였기 때문이다. 들뢰즈에 따르면 종이라는 것도 자신의 방식으로 접히고, 빛의 오목함과 볼록함에 따라 색이 배분되어 진동하는 부분이 짧고 당겨질수록 날카로워지는 소리도 나는 자연학의 온갖 항목들을 포함한다. 텍스트는 이미 물질적이며, 주름을 받아들이는 시간 조명거리와 깊이 등의 조건에 따라 달라진다.

바로크 근대주어의 매체조건으로 바로크주어의 표준장소는 지구에서 가장 멀리 떨어진 각, 배운 사람도 못 배운 사람도 그의 고유한 지점으로서 이상적으로 도달할 수 있는 곳이다. 이러한 표준장소의 규정은 지구의 탈중심성에서 기인한다. 이 장소는 우주체계의 구성적 설명으로 적합한 각도의 전망을 제공한다.[30] 여기서 세계와 주

---

29) F. Hartmann, *Medienphilosophie*, Wien 2000.

어 사이의 매개를 전달로서 바로크 철학이 새롭게 정의된다. 모든 지각에 임재하는 것은 분석되지 않고 해독되지 않는 지각의 구성요소이다. 신만이 유일하게 읽을 수 있게 하였던 바로크 세계의 가독성은 근대의 시대구획을 보는 시각을 다양하게 한다. 이것이 매체철학의 새로운 영역이다. 천문학적 대상개념으로 별들이 하늘에 움직이는 법칙적인 광점이라는 것이 있다. 이 광점은 운동의 빛남과 그들의 활동에 신이 어떤 과제를 주었던 것은 아니다. 하지만 바로크 시대의 인간에게는 여전히 세계비밀의 전달을 이끌 이성의 능력이 강조된다. 그럼에도 이성의 자율성은 인간에게 주어진 텍스트의 의미가 인간을 위하여 앞서 놓인 장소와 도구는 아니라는 점을 파악하고 이해하는 데 놓여 있었다.

불르멘베르크에 따르면 바로크주어의 세계에 놓인 자기 자신 입지의 정당화와 자기주장의 적법성에 관한 물음은 신의 능력의 이중성 세계의 현실이해 때문에 일어난다. 오컴의 세계이해에 따르면 '모든 것은 신의 의지에서 일어난다'. 신의 창조작용이 제일 원인으로서 직접적 임재가 있는 곳은 절대능력에 의거한다. 그러나 세계에서 일어나는 사건은 제이 원인의 규칙성을 경과한다. 그러므로 그가 정한 질서가 간접적으로 작용하는 곳에는 정렬능력이 있다. 신은 후자와 관련하여 '많은 것'을 할 수 있고 전자와 관련하여서는 '다른 것'을 할 수 있다.[31] 신에게는 절대능력 정렬능력이 있다. 하지만 양

■

30) H. Blumenberg, *Die Genesis der kopernikanischen Welt*, Frankfurt am Main, 1996.

31) H. Blumenberg, *Die Wirklichkeiten in denen wir leben*, Reclam.

자의 무조건적인 힘의 통일로 일어나는 곳이 세계현실이다. 세계현실은 신의 절대능력이 그의 정렬능력과 모순으로 나타나지 않게 드러난 곳이다. 신의 명령과 이성의 자율에서 '신은 그가 하지도 않은 것을 할 수도 있느냐?'로 신의 역할을 물을 때, 서로 합일되지 않은 세계의 논리에서 둥근 삼각형이 하나의 세계에서는 경우이고 다른 하나의 세계에서는 경우가 아닌 세계에서 신의 전능의 제한은 이성보존의 논리와 양립한다.[32]

라이프니츠는 바로크주어가 살아가는 이 세계는 모든 가능한 세계들 가운데 최상의 세계라는 의미론으로 신의 전능과 정렬능력의 패러독스를 해결하였다. 신은 그의 지성 가운데 현존하는 무한한 가능성 가운데 지금 그에게 모든 사유 가능한 현실이 존재 가능한 현실이 되게 하도록 전능하신다. 하지만 신에게도 논리학의 법칙과 세계창조의 질서는 양립한다. 바로크 사유주어는 신이 만인을 사랑한다는 가정에서 이성과 은총의 원칙은 필요로 한다. 바로크 사유주어는 세계와 연관되어 신이 아닌 다른 매체를 통하여 신의 현실창조를 기대한다. 지금까지 견해처럼 근대정신사는 중세에서 근대로 가는 문지방을 몇몇 천재들의 두뇌 속에서 만으로 넘어선 것이 아니다. 오히려 무수한 개인들이 천재들의 생각을 자신의 주어 안으로 끌여들임으로 점진적으로 넘어섰다. 무전제로 만들어간 근대 신기원을 역사화하려는 것은 세계가 역사적으로 조건 지어 있음을 지시

---

32) W. Vossenkuhl, "Vernuenftige Kontingenz, Ockams Verstaendnis der Schoeptung", in: *Die Gegenwart Ockhams*, Hrsg. v. W. Vossenkuhl und R. Schoenberger, Weinheim, 1990, pp.77~78.

한다.

근대성 프로젝트의 물음을 주어 안으로 끌어들이는 이러한 문제 제기는 철학의 의미와 과제에 대한 새로운 정의를 요구한다. 근대라는 신기원은 바로크 이성이 신의 절대능력 앞에서 철저하게 무능했고 자기방어의 적법한 수단을 찾는 과정으로 발생하였다.

철학은 텍스트를 갖는데에서 의미가 주어지고, 남에게 전달하는 곳에서 그 과제를 실현한다. 세계는 써지지 않은 텍스트로서 여전히 저자를 기다린다.[33]

■
33) 라이프니츠에 따르면 철학자들은 언젠가는 더 이상 담론으로 싸울 필요가 없을 것이다. 탁자에 앉아서 연필과 종이를 꺼내들고 계산해야 한다는 것이다. 이러한 글쓰기의 문화적 표면은 글쓰기 도구, 데이터 담지자로서 종이, 새로운 계산기로서 컴퓨터 등이다. 미디어 철학에 대한 역할에 대한 소개는 하르트만을 참고하라. F. Hartmann, *Medienphilosophie*, Wien, 2000.

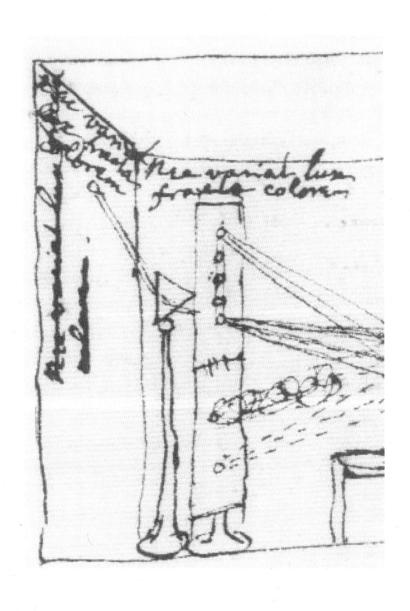

NOVA METHODVS PRO MAXIMIS ET MI.

nimis, itemque tangentibus, quæ nec fraƐtas, nec irrationales quantitates moratur, & singulare pro illis calculi genus, per G.G.L.

SIt axis AX, & curvæ plures, ut VV, WW, YY, ZZ, quarum ordi- TAB. XII.

제 3 장
바로크 기획

& ux eodem modo in hoc calculo tractari, ut & dy, vel aliam literam indeterminatam cum sua differentiali. Notandum etiam non dari semper regressum a differentiali Æquatione, nisi cum quadam cautione, de quo alibi. Porro *Divisio*, d—vel (posito z æqu. $\frac{v}{y}$) d z æqu.

$$\frac{\mp v\,dy \mp y\,dv}{yy}$$

Quoad *Signa* hoc probe notandum, cum in calculo pro litera substituitur simpliciter ejus differentialis, servari quidem eadem signa, & pro ∓z scribi ∓dz, pro‐z scribi‐dz, ut ex additione & subtractione paulo ante posita apparet; sed quando ad exegesin valorum venitur, seu cum consideratur ipsius z relatio ad x, tunc apparere, an valor ipsius dz sit quantitas affirmativa, an nihilo minor seu negativa: quod posterius cum sit, tunc tangens ZE ducitur a puncto Z non versus A, sed in partes contrarias seu infra X, id est tunc cum ipsæ ordinatæ

N nn 3   z decre-

1. 들뢰즈의 삶과 라이프니츠

들뢰즈(1925~1995)는 라이프니츠 탄생이 321년이 지난 1925년에 파리 17구역에서 태어나 일생의 대부분을 파리에서 살았던 전형적인 파리지앵이다. 한국에서는 최명관이나 조요한(1926~2002) 등이 동시대의 전쟁경험과 월남(越南)이라는 삶의 경험을 거치면 사유활동을 한 비슷한 연배의 철학자이다. 들뢰즈는 동시대의 많은 철학자들과 그와 생각을 나누며 소통하고 사유하였고 동시에 세계적인 철학자가 되었다. 노벨상에는 문학분야는 있지만 철학이 없기 때문에, 굳이 노벨철학상이 있다면 충분하게 받을 만한 철학적 명성을 얻었다. 들뢰즈는 1차 세계대전 전쟁 베테랑의 아들이지만 늘 가난하여 공립학교에서 교육을 받았으며 2차 세계대전 중에 독일군에게 형을 잃었다고 한다. 독일이 프랑스를 공격하였을 때 들뢰즈는 노르망디에서 방학을 맞아 그곳에서 앙드레 지드와 보들레르 등을 읽으며 1년 학교교육을 받으면서 보냈다. 1944년에 소르본대학에 들어갔고,

대학졸업 후에 여러 학교에서 교편생활을 하면서 흄에 대한 저작 『경험론과 주관성, Empirisme et subjectivité』을 발표한다. 1956년에 영국의 문학자 로렌스(D. H. Lawrence) 작품을 불어로 번역한 그랑주 앙(F. Grandjouan)과 결혼하였고, 다음 해 1957년에 소르본대학, 1960 년에서 1964년까지 국립과학연구센터에서 강의와 연구활동을 하였 다. 1964년에서 1969년까지 리용대학 교수를 지내면서 1968년에 교 수자격논문의 제1테제로 『차이와 반복, Différence et répétition』, 제2 테제로 『스피노자와 표현의 문제, Spinoza et le problème de l'expression 』을 출간하였다. 1969년에는 방샹의 파리 8대학의 교수에 1987년 은 퇴할 때까지 주말세미나를 개최하며 활동하였다. 푸코(M. Foucault), 심리분석가 가따리(F. Guattari) 등을 만나면서 1972년에 가따리와 공 저인 『앙띠 오이디푸스, L'Anti-OEdipe』, 1980년에는 『천의 고원, Mille Plateau』를 썼다. 1983년에 『운동 이미지, Cinéma I: L'image-mouvement』, 『시간-이미지, Cinéma II: L'image-temps』, 『프란시스 베이컨, Francis Bacon(1981)』 등을 출간하였다.[1]

지독한 골초였던 그는 폐암을 앓았고, 결국 1995년 11월 4일 프랑 스의 신문과 방송에서는 파리의 아베뉴 닐(Avenue Niel) 3층 아파트 창문에서 투신자살하였다. 죽기 전 인공호흡기로 숨을 쉬고 있다가 투신한 그의 죽음에 대하여서도 해석이 갈린다. 그의 죽음은 그의 저작과 무관하다는 입장과, 직접적 연관이 있다는 해석을 낳는다.[2]

1) D. Smith, "J. Deleuze", in: *Stanford Encyclopedia of Philosophy*, Copyright © 2008.
2) A. P. Colombat, "November 4, 1995: Deleuze's death as an event", in: *Man and World* 29, 1996, pp.235~249.

들뢰즈 철학은 푸코와 데리다에 의하여 사건의 사유로서 특징지어 진다. 그는 죽음조차 사유하는 주어의 창조성과 독립성을 보여준 철학자의 삶을 살다갔다. 근대철학자 중에는 하이델베르크 교수직을 거부하고 렌즈를 닦아가며 삶을 영위한 스피노자 같은 철학자나 정신병으로 일찍 요절한 니체 같은 철학자는 있지만, 현대의 들뢰즈처럼 스스로 목숨을 끊어간 철학자는 많지 않다.

라이프니츠(G. W. Leibniz, 1646~1716)는 1646년 6월 21일 저녁 7시 15분 작센 주의 라이프치히시에서 세상에 태어났다. 당시 라이프치히대학의 도덕철학교수 프리드리히 라이프뉴츠와 도시의 명망 있는 법률가의 딸 카타리나 사이에 태어났지만, 6살에 아버지를 잃은 라이프니츠는 1653년 시내 니콜라이 학교에 입학하여 8살부터 라틴어 텍스트를 읽기 시작하였다. 1661년 사순절에 라이프치히대학에 교수자녀로 특전이 주어져 14세의 나이로 입학하여 철학, 물리학, 법학, 희랍어와 라틴어 고전 시학을 공부하였다. 1663년에 「개별화의 원칙, Disputatio metaphysica de principio individui」으로 학사학위를 받고, 1학기를 예나대학에서 수학과 천문학 공부를 한 다음, 1664년 「법전의 철학적 문제의 범례, Specimen quaestionum philosophicarum ex jure collectarum」로 석사학위를 취득한다. 라이프치히대학에서 곧바로 그의 논문 「조합이론, De arte combinatoria」으로 박사학위 논문으로 제출하려고 하였지만, 나이가 어리다는 이유로 기각되었다. 곧바로 뉴른베르크로 가서 당시 알트도르프대학에서 「법학의 분규에 대하여, Disputatio de casibus perplexis in jure」로 법학부에서 박사학위를 취득하였다.[3] 대학 졸업 후에 교수직 제안을 거절하고 사회진출의 꿈을 선택하였다. 처음에는 자유로운 시대정신의 분위기를 따라 네덜란드로 여행하려고 하였지만 잠시 뉴른베르크의 연금술협회에서 활동하다가 마인츠의 요한 크리스치안 폰 베이네부르크 남작을 만나면서 마인츠 공국에서 공직생활로 사회생활을 시작한다.

라이프니츠는 마인츠에서 법원 검열관으로 일하면서 17개국의 정치, 경제, 과학 등 다방면의 사람들과 교류하였다. 당시 프랑스 파리 루이 14세의 패권정치로 위협을 느낀 마인츠 공국은 1672년에는 외교사절단을 파리로 보내는데 이 대열에 라이프니츠가 합류한다. 라이프니츠는 루이 14세에 프랑스가 독일을 공격하지 말 것을 입안한 정치적 비망록을 전달하라는 외교적 밀명을 지니고 떠났다. 그러나 프랑스는 이미 동부전선으로 군대를 이동시켰고 따라서 외교적 사명은 실패로 돌아갔지만, 라이프니츠는 1672년 3월에서 1676년 10월까지 2차례의 영국방문을 포함하는 약 4년간 프랑스 파리에서 체류한다. 라이프니츠는 이 기간에 수학자 삐에르 드 까사비(P. de Carcavy), 물리학자 호이겐스(C. Huygens)와 친분을 쌓고 그 밖에 파리학술원 장 갈로와(J. Gallois)와 런던 왕립학술원의 올덴부르크(H. Oldenburg) 서기관들과 교류한다. 라이프니츠는 호이겐스의 아파트에서 그를 방문한 이래 말부량슈(N. Malebranche), 아노(A. Arnauld), 니꼴(P. Nicole), 치른하우스(E. W. von Tschirnhaus) 등 뛰어난 학자들과 교류하면서 독창적이면서 새로운 사상을 키워나간다. 아울러 이 기간에 라이프니츠는 데카르트와 파스칼의 세상에 출간되지 않은 필사본을 읽을 기회를 가졌다.

---

3) 배선복, 『라이프니츠의 삶과 철학세계』, 서울 2007.

1673년 1월 런던으로 가는 그의 가방에는 이미 그가 제작한 목조 계산기 모델이 들어 있었다. 라이프니츠는 런던에서 후크(R. Hooke), 펠(J. Pell), 콜린스(J. Collins) 등 왕립학회 회원들과 교류하면서 보일의 화학실험을 참견하였고 뉴턴 주변의 물리학과 수학전문가들과 교류한다. 라이프니츠는 런던에서 파리로 돌아오면서 호이겐스와의 자극으로 곡률계산방법에 대한 생각을 깊게 한 결과, 1674년 10월경에는 뉴턴과 필적을 이루는 미적분 계산방법을 발견하였다. 라이프니츠는 파리 시절에 오늘날 인류 불후의 업적으로서 수학의 미적분 계산법의 발견 및 이진법을 기초로 생겨나는 계산기를 발명하였다.

그는 마인츠 공국의 제후가 1673년 죽으면서 잘 어울리지 못하고 익숙하지 못한 외교생활에서 '돈 버는 것이 중요한 것'이 아니라, 인류의 '일반복지에 도움이 되고 손에 잡을 수 있는 유용한 정신'을 키워나갈 계획을 품으면서 귀국을 결심한다. 1676년 10월에 파리를 떠나 열흘간 런던에 머물다가 네덜란드에 들른다. 라이프니츠는 당시 자유로운 분위기에서 과학기술문명에 앞서가는 네덜란드에서 광학연구분야의 발전상황을 살피고 스피노자와 대화를 나눈다. 12월 중순에 하노버로 들어온 라이프니츠는 그 길로 향후 40년간을 하노버 공국에 거주하며 주군과 민생복지를 위하여 정치, 과학, 법학, 철학, 종교, 기술 등의 분야에 일반과학(scientia generalis) 프로그램을 구상하는 데 일생을 바친다.

라이프니츠는 1694년에는 기술적으로 개선된 계산기를 제작하였고, 데카르트의 정역학체계를 반박하면서 동시에 동역학의 기본구상을 담은 『자연의 신 체계, *Systeme nouveau de la nature*』를 집필한다. 1700년에는 베를린 학술원을 창립하고 6월 12일 초대의

장으로 취임한다. 중요한 연구범위는 수학, 천문학, 물리학, 화학, 조경학, 광산학, 의학 등이었다. 학술원 재정충당을 위하여 달력의 독점발간, 로또, 새로운 소방재료, 국가적 장려사업으로 뽕나무를 심어 양잠업 등을 지원하는 등의 제안이 있었다. 1700년 프랑스 학술원 원외회원으로 등록되었고, 1712년에는 러시아 피터 대제의 추밀고문으로 위임되었고, 신성로마제국의 궁정자문위원으로 위임되었다.

라이프니츠는 청년시절 4년간 머물렀던 자신의 파리생활을 회고하면서 1714년에 자신의 철학 유서라고도 일컬어지는 『모나드론』과 『이성에 근거한 자연과 은총의 원리』라는 두 소품을 집필하였다. 라이프니츠는 당시에 교류하던 동료들을 회상하고 그들을 기억하기 위하여 한 저작들로서 『모나드론』에서 94문장, 『이성에 근거한 자연과 은총의 원리』에서 14문장으로 총 108문장으로 자신의 철학의 핵심을 요약하였다. 이 저작들의 아이디어는 길게는 1695년 『자연의 새로운 체계』로 거슬러 올라가고 직접적으로는 1711년의 『변신론』의 귀결에서 비롯되었다.

들뢰즈가 라이프니츠 철학에 관심을 갖고 라이프니츠 철학을 향한 도전을 시도하는 계기는 소르본에서 퇴임 1년 후인 1988년 『주름, 라이프니츠와 바로크, Le pli, Leibniz et le Baroque』라는 저작에서이다.4) 『주름, 라이프니츠와 바로크』는 '철학자 중의 철학자'로서

---

4) 필자는 2009년 1월 20일 마포구에 있는 (사)문화사회연구소에서 [들뢰즈와 그의 철학자]라는 주제에서 "라이프니츠-주름과 바로크"라는 제목으로 강연을 하였는데 그것이 이 책의 골격과 내용을 전개하는 데 중요한 계기를 제공하였다. 필자의 강연 수강생들이 제기한 현재한국의 지성인사회에서 일어나는 모더니

철학의 왕자로서 '스피노자에 취한 철학자'라고도 불리던 들뢰즈가 스피노자 이후에 라이프니츠가 있다고 기술되는 철학사를 역주행하면서까지 만난 인물이 라이프니츠이다. 그러므로 그가 사상적으로 만난 마지막 인물이 라이프니츠임을 짐작하게 한다. 가따리와의 마지막 공동저작으로 가따리가 죽기 전에 출간된 1991년에 『철학이란 무엇인가?, Qu'est-ce que la philosophie?』의 물음도 이와 같은 철학적 도전에 따른 개념적 결산이다. 들뢰즈는 『차이와 반복』의 영어번역 서문에서 철학사를 쓰는 것과 철학을 쓰는 것은 큰 차이가 있다고 썼듯이, 라이프니츠 철학에 천착하면서 해체주의 시각을 철회하고 구성주의적 접근으로 철학을 하였다.

들뢰즈는 *존재*에서 구성적으로 *됨*의 철학을 하였다. *됨*의 관점은 전통적으로 주관과 대상의 연관에서 주어에게 무엇이 다가오고 그것이 무엇을 의미하는지를 밝히는 것이다. 여기서 들뢰즈의 *됨*의 철학은 지각과 통각을 토대로 하는 라이프니츠의 모나드 지각이동 철학과도 상통한다. 어떤 것임은 항상 있지 않은 것에 열려 있지만, 주어는 *됨*에 귀속된다. 철학은 우리로 하여금 역동적이고 미분 삶의 개념을 생성하므로 *됨*의 *것임*을 허용한다. 우리가 미래 지각에 가담하고 연결하려고 할 때 필요한 것은, 과거지각의 기억을 보지하므로 현재 있지 않은 지각의 무엇무엇이 어떻게 되는지의 *됨*의 흐름을 파악하는 데 있다.

들뢰즈의 라이프니츠를 통한 철학적 도전은 그가 어떻게 '스피노

■
티의 문제의식을 어느 정도나마 이 책을 통하여 함께 공유하였으면 한다.

자를 극복하고 라이프니츠를 만났는지', '라이프니츠 철학을 어떻게 해석하였는가?'라는 질문에서 찾아야 한다. 우선 들뢰즈의 『라이프니츠와 바로크』라는 제목이 실제로는 매우 도발적이다. 라이프니츠로서는 견디기 어려운 요소가 바로크의 반종교개혁 성향이고 라이프니츠는 프로테스탄트였기 때문이다. 이것은 가톨릭 신자인 데카르트가 네덜란드로 망명하여 어느 정도 남몰래 종교의 자유를 만끽하려던 그의 계획이 네덜란드의 프로테스탄트 신학자들에 의하여 무신론자라는 공격을 받는 것과 같을 것이다. 하지만 들뢰즈는 반종교개혁 운동으로 가톨릭을 강화하는 예술형식을 취하는 바로크 건축예술을 통하여 라이프니츠를 자극하고 동시에 경험론과 합리론의 유화를 위한 실타래를 풀어나간다.

들뢰즈는 철학이 여성적이 되었다고 말한다.[5] 철학은 항상 남성적이었기 때문에 철학에서 여성적이 된다는 것은 전혀 새로운 사유방식의 시작이 될 수 있다. 철학이 여성적이 됨의 보다 심층적 이유는 섹슈얼리티에 대한 심리분석의 재해석에 기인한다. 지금까지 남성은 주어로서 선험성의 논리학이 밑에서 떠받치는 개념이었다. 남자는 주어로서 항상 비인칭 지각의 평면으로 외부세계를 지각하거나 알아야 하는 주어의 동일성이었다. 하지만 삶의 적극적이고 긍정적 차이를 생각하고 우리에게 부과된 인간개념에서 더 적극적이 되

---

5) R. Braidotti, "Normadism with a difference: Deleuze's legacy in a feminist perspective", in: *Man and World* 29, 1996. 들뢰즈는 성차를 모든 다른 차이의 대문이나 문지기로 보는 형이상학적 축에 대한 페미니스트의 해체적 시각에 접근하면서, 성차를 동물이 됨, 곤충이 됨, 소수가 됨을 포함하는 됨의 철학을 추구하였다.

려고 생각하려고 한다면, 우리는 남자의 논리를 넘어서 생각할 필요가 있다. 유목민 주어의 이론은 긍정의 중심에 주어가 적극적으로 긍정의 구조를 쟁취하는 것을 강조한다. 철학이 여성적이 됨에도 성적인 차이가 됨의 다른 형식을 포함하는 고전적인 주관성 개념의 도전을 의미한다. 동물이 됨을 비롯하여 곤충이 됨, 소수가 됨 등에서 몸은 복합적이 됨의 공간이다. 주어의 신체성은 잠재성과 강도의 역동적 그물망에서 지속적인 움직임과 변형으로 구성된다. 유목민 철학자는 됨의 공간과 관련된 주어에서 지속적 변형을 강조한다.

서양철학에서 남성의 주관성의 지배적 관점은 기본적 상징기능의 행사와 일치된다. 이성의 자기규제, 자기표현, 선험 등등, 주관성이 매개변수에 의하여 디자인된 구성적 아웃사이더의 집합으로서 타자성의 입장을 지명하고 명명하는 힘을 갖는다. 남성은 중심의 고정성과 일치시킴으로 존재의 관념으로 표현된다. 남성 존재는 변형을 허용하지 않는 창조적인 차이를 발생하게 한다. 그것은 단지 자기보존을 향하여 자신의 선험적 나르시시즘의 완고한 주장으로 간다. 남성은 됨의 과정에 반대된다. 이에 대하여 들뢰즈가 '우먼 (Women)'이라고 하는 용어는 몸을 갖는 여자의 경험적 실재에 관련되는 것이 아니라, 흐르는 경계의 기호이고, 남성 중심의 다른 극이다. 여성이 됨은 오이디푸스 섹슈얼리티에 반대하는 반역을 요구한다. 들뢰즈는 특권화된 입장에서 됨의 과정을 거부하는 페미니스트의 입장을 여성의 파괴에서 고찰한다. 그들은 남성중심주의의 피난처를 원상태로 돌려놓는 주어로 전환하므로, 비오이디푸스 여성이 주관성의 유목민 버전의 원형이 된다. 이러한 형상화(figuration)에서 철학은 새로운 개념의 창조와 사상의 새로운 이미지의 창조로 구성되는(c'est l'image de la pensée qui quide la création des concepts), 성 밖의 활동성이다.[6]

들뢰즈가 싫어한 것은 철학사이다. 이때 싫어한 철학과 철학자는 헤겔과 헤겔주의자 그리고 변증법이다. 하지만 그는 정작 철학사는 포기한 적은 없으며 철학사의 대안으로 유목민지리학을 제안한다. 들뢰즈는 스스로를 유목민사상가로 자처하면서 그의 공동조력자들과 더불어 서양철학전통 내의 유목민 전선을 구축한다. 유목민은 재산이나 울타리나 일정 담보도 없이 제한되지 않거나 혹은 적어도 엄격하게 제한이 되지 않은 열린 공간에서 살아간다. 그들은 자신들을 분배하는 사람들 가운데에서 공간을 나눈다. 유목민적 사유는 프랑스가 지닌 농경지의 문화풍토에서는 좀처럼 일어날 수 없는 구조이다. 우리나라도 중국과 마찬가지로 오랫동안 유목민적 한반도에서 농경문화에 정착하며 살아왔기 때문에 유목민적 사유는 이질적이 되어버렸다. 하지만 들뢰즈는 그 틀을 깨고 안에서 나오려고 하였듯이, 우리도 새로운 디지털 문명사회에서 전통적 사유체계를 벗어나려고 시도할 필요가 있다. 이러한 사유패턴은 라이프니츠 모나드 철학에서만 일어날 수 있다. 모나드 안에 시간과 공간이 있기 때문이다. 창조적 가담을 전형화하는 들뢰즈의 유목민지리학의 철학은 국가철학과 유목민사상 사이의 구분에서 유럽대륙을 넘어서지는 못하였다. 들뢰즈가 내세운 철학의 전선은 데카르트적 실체의 유래를 지닌 농경이나 정태적인 분배모델로서 존재의 분유에 고정된 카

---

6) Ibid.

테고리로 고착화하거나 영역에 경계를 짓고 말뚝 박는 구역에서 형성되었다. 유목지리학이 역사에 등장한 사건은 기원후 4세기경 중국의 만리장성 구축 이후에 만리장성 넘어선 곳에서 발생하였다. 그곳에는 중앙아시아에서 발원하여 흉노부족이 남러시아를 거친 유럽으로 진출하므로 라인 강가에서 살고 있던 게르만민족을 자극하였고, 자극을 받은 게르만민족은 남쪽으로 북아프리카까지 이르는 대이동을 시작하므로 결국은 서로마제국의 멸망을 가져왔던 이야기가 있었다. 프랑스의 들뢰즈와 라이벌을 이루는 독일의 균터에 따르자면, 이러한 이야기는 역사 형이상학적 고원지대에서나 가능하다.[7]

들뢰즈의 라이프니츠 철학의 해석은 총체적이고 복합적이고 독창적 방법으로 이루어졌지만 그의 방식의 라이프니츠 철학의 해석에는 한계가 있다. 들뢰즈의 라이프니츠 해석의 시각은 유럽의 근대성의 전통에서 오는 것인데, 근대성을 해석하는 시각에는 다른 요소도 있기 때문이다. 그것이 1687년에서 1690년 이르는 약 2년 7개월에 이르는 라이프니츠의 이탈리아 여행철학과 그 이후의 모나드 지각이론의 문화철학적 함의이다. 들뢰즈는 뉴턴과 로크의 대항마로서 합리론과 경험론의 대립각에서만 라이프니츠를 고찰하였지 그의 이탈리아 여행철학 부분, 1700년대 파리 소르본대학의 반예수회 운동, 그리고 라이프니츠의 유라시아대륙을 넘어서 사유한 동서 비교철학적 세계철학의 지평을 간과하였다. 들뢰즈는 라이프니츠를 완전하고도 전면적으로 보지 못한 요소가 있음에도 불구하고, 20세기

---

7) 배선복, 『지중해 철학-문명이동모델』, 한국학술정보(주), 2011, p.41.

에 가장 라이프니츠를 잘 알고 또 독창적으로 라이프니츠 철학을 해석한 사람의 한 명이 되었다. 라이프니츠도 들뢰즈를 만남으로써 자신이 머물며 체류하였던 파리시절의 수학과 철학과 예술에서 뿌린 존재의 흔적이 『주름, 라이프니츠와 바로크』라는 저작으로 새롭게 열매를 맺게 되었다.

　본고는 들뢰즈의 바로크 기획이 간과하고 있는 라이프니츠와 바로크 여성관계와 그의 주저 『변신론』의 여성적 배경에 대하여 다룬다. 『모나드론』의 모나드가 경험론과 합리론을 유화하는 전략적 개념이 선취되어 있다고 한다면, 『모나드론』의 전신은 『변신론』이다. 『변신론』은 전적으로 소피 샤를롯데 여왕을 기념하기 위하여 집필된 저작이다. 『변신론』은 합리론에 맞서 영국 경험론의 정통을 확립한 존 로크의 『인간오성론』을 반박하기 위하여 준비된 라이프니츠의 『신인간오성론』과 쌍벽을 이루는 작품이다. 이러한 사유활동의 흔적은 경험론과 합리론의 대결이 일어나기 이전에 일어났다. 이런 점에서 근대철학과 여성과의 관계를 해명하는 것이 중요하다. 근대철학이 탄생 처음부터 경험론과 합리론이 갈라진 것이 아니라 아주 초기단계에 여성문제가 큰 역할을 하였다. 바로크 귀족여성들이 데카르트와 라이프니츠 주변으로 철학적 사유활동의 외곽을 구축하고 있었을 때, 헬몬트는 합리론과 경험론을 오가며 영국에 카발라 신비주의를 전달하였다. 철학이 여성적이 되었다는 것은 들뢰즈의 창조이지만, 라이프니츠는 들뢰즈 훨씬 이전에 철학이 여성적이라는 점을 자신의 사유활동으로 보여주었다.

2. 바로크 자연과학 문화의 주름

오늘날 철학은 엄연하게 지역학이다. 지역학은 그 지역에 살아가는 사람의 삶과 사상과 행동 및 거주민의 집과 문화양식 등을 포함하는 유무형의 포괄적인 사유체계와 문화체계까지 포함한다. 지역학으로 서양철학을 알기 위해서 그들 저작을 읽고 이해하는 것만으로는 부족하다. 서양철학을 이해하는 자의 사유지평은 구체적으로 그가 처한 지역학의 고유한 요구에서 일어난다. 들뢰즈가 거론한 라이프니츠의 모나드 철학의 이해도 라이프니츠가 활동하며 살았던 흔적으로서 바로크 도시와 그 시대의 건축에서 음미하고 해석하므로 찾아져야 한다. 한국에서 라이프니츠의 모나드 철학이나 들뢰즈의 주름 사상을 직접 체험할 수는 없지만, 우리는 우리의 전통적인 삶의 방식이나 건축양식에서도 유비적으로 접근하면서 이해할 수 있다. 유형원의 『반계수록』, 이수광의 『지봉유설』, 이익의 『성호사설』에서나 도산서원이나 자운서원에서도 직접 들뢰즈의 모나드 철학이 간접으로 연결될 수 있으며, 비교철학연구를 통하여 바로크 주름과 접목이 될 수 있다. 마치 들뢰즈가 처음부터 흄, 니체(F. Nietsche), 베르그송(H. Bergson), 스피노자를 차츰 단순하게 요약하는 작업에서 출발하여 철학자로서 일가를 이루었듯이, 비교철학연구를 통하여 새롭고 신선하고 독특한 방식의 철학하기를 이루어낼 수 있다.

들뢰즈는 철학사에서 헤겔 철학의 체계화에서 오는 사유의 짐을 부담으로 여겼다. 그렇기 때문에 그는 "자신을 철학사와 함께 죽은 마지막 세대의 한 명"으로 자가진단을 하고 싶어 하였다. 이는 서구의 몰락을 말한 슈펭글러(O. M. A. G. Spengler)나 역사에 등장하는 인간 자체가 형이상학적 고원지대에서 내던져져 있다는 균터의 시각이나 유럽 형이상학의 운명적인 종언을 받아들인 하이데거와는 또 다른 사유의 도전이었다. 그는 자신이 배우고 공부한 철학자들 가운데 마지막으로 라이프니츠를 만났다.

들뢰즈는 라이프니츠가 거닐었던 파리거리의 바로크 건축양식과 예술의 흔적에서 빛과 거울과 시선지점과 내부장식이라는 시스템을 주목하였다. 빛과 거울과 시선지점이란 보고 반사되는 사물을 보고, 본 사물의 대상은 어떠한 경로로 시계에 나타나고 사라지는가의 구성요소이다. 들뢰즈는 이 세 가지 요소를 통하여 17세기를 추후 구성하므로 라이프니츠가 꿈꾸었던 바로크 기획을 재구성하였다. 합리론과 경험론이라는 유화의 길을 미로와 같은 바로크 주름에서 추적하려는 그의 시도는 자연과학과 그 응용으로 문화의 흔적에 자리잡고 있다. 그러한 흔적은 오로지 빛, 거울 그리고 바라보는 시선 그리고 내부장식으로 향하는 시선이 가는 눈길에서 시작되고 끝나며 그 매개개념이 주름이다.

바로크 자연과학은 오늘날 현대 자연과학과의 또 다른 과학의 모델이다. 바로크 근대인들은 편견에서 자유로운 연구를 하였고 바로크의 자동기계는 사용목적에서 자유로운 재현기술을 지녔다. 자연과학과 문화의 바탕에서 생겨난 바로크 문명지식은 인간에게 속해 빈번하게 장소에 제한되었지만 인쇄기술의 발명은 지식전달과 지식전파의 선구적 역할을 하였다. 기술적 인쇄로 책 제작이 용이하였고, 다양한 종류의 서적들은 지식전파와 지식전이에 변화를 가져왔다. 대학은 대학 안팎에 다가온 변화에 대하여 상대적으로 그들의 지식연구와 전달에 독점 지위를 잃었다. 관리, 성직자와 교사들의 교육도 옛날을 답습하고 있었고 대학에는 새로운 이념이 기꺼이 들어오지 않았다. 반면에 대학 밖은 변화의 주역이 되었다. 대학 밖에는 궁정의 인물뿐 아니라 많은 독자들, 목사, 상인, 관리, 예술가, 군사 엔지니어, 수학자, 물리학자, 의사들이 여행을 다니며 그들의 발명과 기술을 궁정과 도시에 퍼뜨렸다. 기술발전은 드물게 오직 한 인간의 발명에 속하였지만 본질적으로 개선되고 획득된 인식은 넓게 전파되는 한에서 시간과 장소를 넘는 문명의 발전을 가져왔다. 전체적으로 학문공동체는 새로운 인식의 재빠른 국제적 교환을 가능하게 하여 새로운 정보교환, 사상교환, 서신교환으로 과학의 진보를 주도하였다.

고대 희랍에서 철학의 출발은 자연에 대한 놀라움에서 비롯되었다면, 바로크 시대의 철학은 귀족들이 궁정 손님들을 놀라게 하려는 지식을 독립된 분과로서 추구하면서 시작된다. 바로크 귀족사회의 놀이는 인공적 가공물을 통하여 구경꾼들을 놀라게 하려는 의도에서 출발하였다. 대부분 유럽 궁중의 바로크 제후들은 기꺼이 궁정 사절단들을 비롯한 손님들을 궁정에 초대하여 과학기술 게임을 즐겼다. 그 결과 인간의 흥미로운 관심을 배경으로 게임에 대한 유희로 바로크의 자연과학 실험과 기술설비가 생겨났다. 라이프니츠가 파리에서 활동하던 1670년대에도 예외 없이 바로크 자연과학자들은 제후들의 후견에서 연구와 기술개발을 추진하였다. 바로크 시대의 대표적 대형기술은 1681년에서 1685년 사이의 베르사유 궁의 분수시설이다. 매일 200km 물을 221개 펌프로 14수차를 통하여 162m로 뿜어 올렸던 이 양수기 설비기술은 당시 유럽의 많은 다른 제후국가의 군주들을 놀라게 하여 서둘러 도입하게 만들었다. 엔지니어들은 성문 안의 정원설비의 낙수구 등의 작품을 고안하였으며, 궁중 안에서는 자연과학 연구실 방을 설치하여 물리실험을 하였다. 바로 크 궁정에는 예술과 경악체험실도 설치되어 있었다. 그중에 가장 인 기가 있었던 것은 자동기계였다.

바로크 절대군주들과 제후들은 권력전개, 확장 및 유지에 학자들 을 필요로 하였고 엔지니어, 수공업자들을 후원하였다. 인간은 점점 기술과 자연과학에 관심이 많아지자 바로크 군주들은 서둘러 학술 원을 설립하였으며, 이들 설립의 막강한 후원자가 되었다. 런던왕립 학술원(1660), 프랑스학술원(1666), 베를린학술원(1700)은 각각 바로 크 군주들의 후원으로 생겨났으며, 이후 유럽의 많은 국가들이 이들 의 창립모델을 따랐다. 바로크의 통치자들의 경제 정치적 여건은 자 연과학과 기술의 직접 군사적, 경제적 성과를 가져왔고 곧장 자연과 학기술 발전으로 이어졌다.

과학과 기술의 접목에 의한 수공업의 발전은 새로운 세계의 발견 을 가져왔다. 시계나 자동기계를 제작하는 바로크 기술은 결코 넘볼 수 없는 수공업적 엄밀한 수단으로 발전하였다. 진자를 이용한 시계 에는 동력전달을 위한 모터와 톱니바퀴를 위한 용수철 메커니즘이 작동되었을 때 수공업기술은 절대적이다. 현미경, 망원경 같은 수공 업 제작기술은 천문학과 미생물학 분야에 커다란 변화를 가져왔고 수은계의 발명과 개선은 정확한 측정을 가능하게 하였다. 내비게이 션 같은 정교한 도구는 해상항로를 발견하게 하였고, 수학에서 대수 공식 언어, 미분계산은 변하는 크기파악과 확률계산을 용이하게 하 였다. 미적분 계산방식은 기존에 알려진 사실에 대한 전혀 새로운 방식으로 지식체계화를 가져왔다.

바로크 당대 철학자의 역할은 오늘날 철학자들이 하는 일과는 매우 달랐다. 바로크 시대는 짐승과 인간의 유기체에서 모든 선행과정을 역학적으로 설명할 수 있는 계몽을 중요하게 여겼다. 그렇기 때문에 많은 철학자들은 자동기계에 적용된 역학은 인간의 몸에서 이러한 과정에 선행하고 있다는 점을 설명하는 계몽적 역할을 담당하였다. 데카르트는 신경기관을 몸에서 '삶의 정신들'의 흐름을 근육으로 조정하는 통로에 비교하였다. 홉스는 심장을 시계용수철, 신경을 로프밧줄, 관절을 바퀴에 비교하였다. 그는 이러한 역학적 입장을 동물뿐 아니라 전 세계, 전 우주로 확장하였다. 라이프니츠도 플라톤 왕을 위한 이상적 통치자에게 전달될 수 있는 지식으로 우주에서 하나의 완벽한 수학체계를 도출할 수 있는 논리기계인 컴퓨터를 만들었다. 컴퓨터가 구현하는 지식은 완전한 논리적, 수학적 추론을 통하여 전체 진리들이 도달할 수 있는 것이다.[8]

이와 같은 배경에서 들뢰즈는 『주름, 라이프니츠와 바로크』에서 바로크 주름의 개념을 라이프니츠의 철학체계의 두 맥락에 연관시킨다. 하나는 바로크 자연과학기술에서 논의되는 자연과학적 주름과 다른 하나는 바로크 건축, 미술, 연극, 예술 가운데 특히 연극과 관련된 문화철학적 주름이다. 양자 모두 17세기에 부활한 고대 희랍의 유물론에 대하여 무한한 유기체 세계의 발전을 추구한 라이프니츠의 논의와 관련된다. 라이프니츠 철학체계의 내적인 연관관계에

---

8) 곳트롭 유스티(J. H. Gottlob Justi)는 1755년 국가에 대하여 "좋은 복지국가는 완전한 기계에 비슷하여야 한다. 모든 톱니바퀴와 추진체가 정확하게 맞아떨어지고, 군주는 모든 것을 작동시키게 하는 첫 번째 태엽이거나 영혼인 수공업자이어야 한다"고 말하였다.

서 보면 라이프니츠는 주름의 개념을 파리 체류시절 이후의 1690년 『지구의 역사, Protogaea』, 1700년 이후로 영국의 케임브리지 플라톤주의자와의 접촉에서 세계영혼문제에 관한 여러 편지들, 그리고 현미경연구를 통한 생명의 기원에 대한 논쟁에서 자신의 생각을 전개한 편지들, 그리고 말년의 『모나드론』에서 각각 문맥 의존적으로 사용하고 있다. 라이프니츠는 먼저 데모크리투스 원자론의 비판적 검토로 데카르트의 역학적 세계의 문제점을 지적하면서 자연과학적 주름과 문화철학적 주름을 발전시켰다.

먼저 데모크리투스(Democritus)에서 우주는 나누어질 수 없는 질료로 짜진 원자로 구성되었다. 데모크리투스 원자론에서 원자(atom)란 희랍어로 나누어질 수 없다는 아토모스로서 질료의 속성을 지닌다. 공간은 풍만과 진공으로 나누어지나, 풍만이나 진공 모두에 존재가 들어온다. 근원적인 소용돌이에서 세계의 시초가 나왔을 때, 내부의 무거운 부분들로부터 점차적으로 하늘과 땅이 생겨났다. 그 중에 가벼운 부분은 외부로 움직이고 무거운 부분은 아래로 움직였다. 데모크리투스에 따르자면 두 세계가 부딪치면 세계는 망(亡)하기 때문에, 우주는 우연을 허용하지 않는 엄격한 기계론적 질서가 지배한다. 그래서 우리의 인식이란 원자의 형태와 위치와 배열에 따른 감각적 지각에 의존한다. 인식이란 우리의 몸의 변화에서 생겨난다.

르네상스 이래 17세기에는 고대 희랍의 자연철학계열의 데모크리투스 유물론이 부활하였다. 이 유물론은 당대의 기계론과 결합하므로 새로운 세계관에 대한 기대를 높였다. 당시 데카르트는 갈릴레이의 지동설에 대비되는 역학모델로서 ① 가장 조야한 내적 분과,

② 중재 분과, ③ 외부의 가장 섬세한 천체물체의 세계모델을 제안하였다. 삼분된 물질세계에서 지구는 첫 번째 그리고 가장 조야한 분과이고, 두 번째는 섬세 부분들의 어두운 분과이고, 세 번째는 가장 섬세한 천구이다. 미세 구들은 조야한 구들의 사이(間) 공간을 통하여 양자의 다른 분과들에서 뒤섞인다. 우리를 둘러싼 모든 물체들은 이러한 미세질료 부분들에서 생겨난다.

라이프니츠는 파리를 떠나 하노버 공국에 정착하면서 『형이상학론』을 집필하고 난 이후 하르츠 은광 이사시절의 자연과학 경험으로 『지구의 역사』를 집필하면서 데모크리투스의 4원소가설을 수용한다.[9] 자연의 광산 속 암맥의 지하주름 등을 공기, 물, 불 그리고 땅의 기본원소를 바탕으로 고찰하면, 우주는 원뿔곡선의 곡률을 닮았다고 지적한다. 자연과학적인 세계를 들여다보면 원뿔곡선의 곡률을 아주 잘 나타내며 구체적으로 볼 수 있고 지각될 수 있는 주름들이 있다. 이러한 주름을 가장 잘 포착할 수 있는 지식은 사영기하학(射影幾何學)에서의 원근법(遠近法)이다. 원근법은 르네상스에 특히 널리 사용되었던 사물의 대상본질을 규명하는 데 중요한 지식으로 케플러의 경우 원뿔곡선을 통하여 천체의 행성운동을 설명할 수 있었던 천문학의 토대지식이었다.

---

9) 라이프니츠가 파리 시절 4원소가설의 기하학적 성질과 관련된 데카르트 유고를 입수한 것이 케플러의 우주행성모델에 관련된다는 설명은 다음을 참조하라. 아미르 D. 악셀, 『데카르트 비밀노트』, 김명주 옮김, pp.266~270.

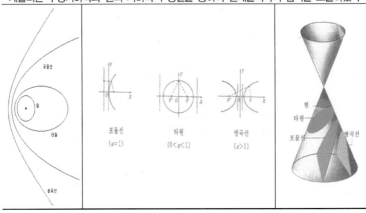

케플러는 투영기하학과 원의 기하학적 성질을 통하여 천체물리학의 법칙을 도출하였다

포물선
($e=1$)

타원
($0<e<1$)

쌍곡선
($e>1$)

원
타원
포물선
쌍곡선

투영전망의 구조적인 경직성은 고정된 시각각도가 밀쳐짐으로 해체되고 사라진다. 주름은 사라지는 '흐릿한 대상'들의 구분되지 않는 지대에서 시각화될 뿐만 아니라 공간화되어 간다. 그 결정적 사례는 케플러가 지구가 타원궤도로 태양 주위로 공전한다는 가설을 세웠을 때이다. 원뿔곡선의 수학적 의미는 밤낮의 변화와 일 년의 기하학적 의미를 드러내게 한다. '어떤 때에는 원이나 타원으로, 어떤 때에는 쌍곡선이나 포물선으로 길어져 있기도 한다.'

라이프니츠는 『지구의 역사』에서 질료는 ① 유체성, ② 탄성, ③ 용수철의 메커니즘으로 구성된다고 설명한다. ① 유체성은 우주 전체의 다른 물결과 파도를 이루는 연못처럼 있으며, 물질은 무한한 구멍이 나 있고 더욱 작은 구멍으로 뚫려서 그 자체로 직물을 나타낸다. ② 탄성은 물질의 유체성과 탄력성을 의미하는 것인데, 가령 배가 일정 속도를 유지하여 달려가면 파도가 대리석 성벽처럼 단단해지는 것을 사례로 든다. ③ 용수철은 물질운동의 획득과 상실에서

힘을 보존하는 메커니즘에서 유래하는 것으로 빛의 전파와 '빛 속에서의 폭발'조차 만들어내는 성질이다.[10] 자연은 이 3가지 메커니즘을 바탕으로 질료의 현실화를 수행하는 극장이다. 들뢰즈는 이러한 질료의 구성작용을 모나드 집에 적용한다. 모나드 집은 지구와 같이 질료의 3가지 특성을 구비하므로 탄성충격이론을 역학적으로 수용한다. 모나드 아래층에는 '몇몇의 작은 열린 틈'이 있어서 현이 위층으로 연결되어 있다. 이것이 아래층의 시각적 움직임을 소리로 번역하므로 모나드 위층은 마치 음악당과 같이 울려 퍼지는 오케스트라가 된다. 이 현에서 작동되는 역학은 모든 가능한 질량과 속도 결합의 규칙을 정식화하는 힘, 모멘텀(Momentum)의 보존, 역학에너지를 포함한다. 라이프니츠는 『지구의 역사』에서 광산경험에서 얻은 지식을 십분 활용하여 내륙에서 발견되는 바다의 흔적을 토대로 빛이 어둠으로부터 구분되기 전에, 만물의 초기 상태를 추적한다. 만물은 초기 불에 포획되었으나, 불이 소화된 이후에는 물로 덮이게 되었을 것으로 추정한다. 지구의 구체는 기하학적 정형을 갖고 유체, 빛 혹은 불이라는 동인에서 굳어진 것이지만, 무엇보다 불이나 빛에서 오는 열 혹은 내적인 운동이 우주탄생 최초의 상태까지 거슬러올라갈 수 있는 것이다. 극소도 극대도 외부도 내부도 없는 별, 행성, 산과 들, 강과 하천, 짐승과 동물들이 있는 전체 우주는 여전히 어떤 것을 열어가는 무한우주로 열려 있다.

---

10) 『주름, 라이프니츠와 바로크』 질 들뢰즈 지음, pp.15~18.

라이프니츠는 자연과학의 경험에서 얻은 질료의 탄성충격이론으로 데카르트의 정역학이론과 뉴턴의 중력체계에 대하여 동역학이론으로 경쟁한다. 데카르트 물리학은 연장된 입자들의 충격운동에서 시작하여 전체우주는 기하학적으로 구성되고, 물리학적 모델 카테고리로 정적인 힘에 도달한다. 운동량 보존은 질량과 속도의 mv에서 보편적 타당한 법칙이다. 반면에 라이프니츠는 '올라가는 힘' 혹은 '살아 있는 힘'을 즉, mv^2을 보존명제로 요청한다. 자연에는 '죽은' 힘, 잠재적 힘으로서 '코나투스'와 살아 있는 힘으로서 '임페투스'가 있다. 전자는 전라(全裸) 모나드의 개념에 해당되는 것이다. 그것은 스스로 공간운동을 통하여 정의되지 않는다. 하지만 공간적, 시간적 우주의 후속적 계기에서 동시 지속적, 잠재적 힘으로 작용한다. 잠재적 힘은 하나의 계기 안에서 세계의 전체 과거 그리고 미래의 발전을 무의식적으로 포함한다. 모나드가 우주의 참된 원자이면 모두가 어떤 다른 것과 같을 일이 없이 모두가 그들의 고유한 개별 개념을 갖는다. 이것이 분간될 수 없는 동일성 원칙에 기인하기 때문에 살아 있는 힘이 생긴다. 후자의 활동적인 힘으로 '임페투스'는 ① 한 물체가 다른 물체에서 그 자신이 상실한 힘만큼 새로운 힘을 받아들일 경우, ② 한 물체가 타자 물체에서 힘의 상실 없이 새로운 힘을 얻는 것이 불가능한 경우, ③ 영간영혼이 몸의 어떤 힘과 소통하여 전체의 물질적 우주가 새로운 힘을 받는 경우, ④ 그들 전체에서 상실하는 비탄성물체의 힘에 대하여 운동량을 보존한다.[11]

11) 『라이프니츠와 클라크의 편지』, p.202 참조.

두 개의 구분될 수 없는 동일한 사물들은 상이한 공간 혹은 시간의 상호연관을 통하여서 수적으로만 구분된다. 이것을 인간의 영혼이 파악하지 못하는 것은 인간의 몸 어두운 표상 때문이다. 이러한 상이한 상호연관에 대한 논리적 등급은 모나드 자신에 놓여 있다. 동질의 원소로부터 현상의 차별화가 이차적으로 발전될 수 없기 때문이다. 세계는 필연적으로 계기들 최상의 부를 소지하고, 전체의 다양성에서 모든 가능한 최상으로 있다. 그들의 예정조화는 신-모나드의 자의적 설치가 아니라, 공간과 시간의 지속적 질서에 있는 모든 모나드들의 필연적인 지속성의 표현에서 드러난다.

라이프니츠는『지구의 역사』이후 1695년『자연과 실체 소통의 새로운 체계』§7에서 바로크 주름의 개념을 문화철학적으로 정식화한다. 그 주름은 라이프니츠가 영국의 케임브리지 플라톤주의자들과 접촉하면서 그들이 점진적으로 수용하고 있던 카발라 신비주의 전통과 대립하면서 정식화된 것이다. 17세기 과학의 대중적 버전은 전통적인 불, 공기, 물, 흙이라는 무거운 순서에 따른 우주의 4원소의 배열을 건, 냉, 온, 습이라는 순환체계로 파악하는 것인데, 벨기에의 카발라 전통과 연금술의 헬몬트(V. B. van Helmont, 1579~1644)는 흙의 무게를 항아리에 담아두는 동안에, 5년 동안 80kg 목초지를 물과 공기로만 환원시키는 실험을 감행하므로 4원소의 순환체계이론을 반박하였다. 헬몬트의 아들인 헬몬트(F. M. van Helmont, 1614~1699)는 의사이며 자연과학자로서 대륙과 영국을 오가며 카발라 과학을 전파하며 합리론과 경험론의 중재역할을 담당하였다. 라이프니츠는 학창시절에 카발라전통과 연금술에 익숙하였을지라도, 헬몬트를 통하여 대륙에서 영국으로 건너갔다가 다시 자신에게로 돌아온 카발라사상을 비판하였다. 그러나 당시 새로운 과학실험의 결과에 의하여 지지를 받던 생명의 전형성설에 대하여서는 주름의 개념을 적용하여 생명현상을 설명하였다.

라이프니츠는 『자연과 실체 소통의 새로운 체계』 §7에서 당시 전형성이론의 철학적 반성으로서 상이한 방식으로 주름이 잡혀 있는 기관들에 대하여 말한다.

"영혼에서나 동물의 죽음으로 혹은 유기체적 실체의 개체 파괴에서 생겨나는 대질문이 있다. 여기서 영혼이 한 카오스에서는 쓸데없이 혼돈된 질료에서 머문다는 것이 더 이성적으로 보인다는 데에서 혼란스럽기까지 하다…… 데모크리투스도 유사하게 말했다. 살아 있고 유기적으로 조직된 생명체는 첫 번째 탄생도 없고 생명체의 새로운 창조도 없으며 온전한 죽음 이후에 최종적인 해체도 없다. 영혼전이 대신에 오직 동일한 동물의 변형만이 있다. 이는 기관들은 상이한 방식으로 주름이 잡혀 형성되어 있고 다소간에 발전되어 있음을 말한다."[12]

라이프니츠는 1714년 『자연과 은총의 원리』 §4에서 이러한 기관은 모나드를 통하여 몸과 별도로 하나의 살아 있는 실체를 만들어 간다고 말한다.

---

12) G. W. Leibniz, 『모나드론 외』 §61.

"모나드 등급 사이에는 어떤 것이 다른 어떤 것을 지배하는 무수히 많은 등급이 있다. 만약 하나의 모나드가 그의 조직이 수용하는 인상에서 현저한 차이를 드러내고 따라서 이 인상에서 다시 지각들이 설정된 목적에 합당한 조직을 갖춘다면, 이것은 의식되는 감정을 지닌다…… 예를 들어 눈물이라는 액체를 매개로 빛의 광선이 집중되고 빛의 강도에 시력이 적응하는 것과 같다. 모나드를 하나의 영혼이라고 부르듯 이런 종류의 생명체는 하나의 동물이라고 부른다. 그리고 이 영혼이 이성으로 들어 올려진다면 그는 어떤 높은 것, 쉽게 말하자면 정신으로 여겨진다."[13]

라이프니츠는 1714년 『모나드론』 §61에서 만물은 꽉 차 있지만, 영혼은 그의 모든 주름을 한순간에 펼칠 수 없다는 말로 무한우주를 설명한다.

"만물은 꽉 차 있고 모든 질료는 서로 연결되어 있어, 각 운동은 꽉 찬 공간에서 상대적으로 먼 거리의 물체들에 어떤 작용을 하기 때문이다. 각각의 물체는 접촉하는 이웃 물체들에 의해 영향을 받을 뿐만 아니라 어떤 측면에서는 이웃 물체들에 일어나는 만사를 감지한다. …… 그러나 하나의 영혼은 오직 그 자체로 판명하게 표상되는 것만을 읽을 수 있다. 영혼은 그의 모든 주름을 한순간에 펼칠 수는 없다. 왜냐하면 그 주름은 무한한 것으로 나아가기 때문이다."[14]

■
13) G. W. Leibniz, 『자연과 은총의 원리』 § 4.

『이성에 근거한 자연과 은총의 원리』 §13은 『모나드론』 §61과 동일한 맥락에서 이렇게 말한다.

"만물은 최상의 가능한 질서와 일치하는 사물에서 한꺼번에 조절되고 있다. 현재는 미래를 잉태하고, 미래는 과거에서 읽을 수 있고, 멀리 떨어진 것은 가까이 있는 것에서 표현된다. 사람은 시간과 더불어서만 느낄 수 있는 만물의 주름 펼침에서 우주의 아름다움을 인식할 수 있다. …… 내가 해변을 산책하며 바다가 만들어내는 큰 소리를 들을 때, 전체 파도소리에는 세부적인 별도의 파동이 구분되지 않고 합성되어 있는 것과 같다. 우리의 혼동된 지각들은 전체우주가 우리에게 만드는 인상들의 귀결이다."[15]

주름이 무한하게 나아가기 때문에 영혼은 그의 모든 주름을 한순간에 펼칠 수는 없다. 여기서 핵심적인 개념은 주름의 무한성이다. 주름은 무한개념과 접목되어 영혼은 그에 상응하는 물체에 대응한다. 몸이 살아 있는 존재와 심장을 갖는 기관인 한 기관들에도 모나드는 있다. 이 모나드들은 몸의 심장기능을 최상의 삶으로 작동하게 할 수 있게 개선한다. 정신과 물체, 마음과 몸이라는 상호 대비 지대에는 주름이 무한하게 펼쳐지기 때문이다.

이러한 대비는 들뢰즈가 지은 이층 모나드 집에 그대로 적용된다.

■
14) G. W. Leibniz, 『모나드론』 §61.
15) G. W. Leibniz, 『자연과 은총의 원리』 §13.

모나드 집은 무수하게 많은 빛으로 채워진 위층 방과 어둠으로 채워진 아래층 방의 이중구조를 갖는다. 모나드 집은 하나이지만, 모나드 위층에서는 아래층으로 중력이 작용하고, 아래층에서는 위층으로 영적 상승이 있다. 모나드들은 상호소통이 없다. 하지만 소통의 나타남은 먼저 존재하는 신적인 조화의 반영이다. 신은 우리가 경험하는 복합현상을 보증하는 세계를 선택하게끔 조화를 창조하였다. 신은 가능한 여러 다른 세계에 대하여 오직 최상의 세계만을 선택하였지만, 최상의 세계에서는 악이 가능하다. 모든 빛은 어둠을 태우고 다니듯이, 악은 오직 선에 반대에서만이 충분(充分)으로 채워지기 때문이다. 각 모나드는 빛 안에 있는 전체 세계를 구석구석 다 비추는 충만(充滿)의 반영이다.

주름의 원칙은 사물의 종류와 질료의 안팎에 상관없이 만물의 종들에 대하여 급진적으로 단일하다. 영혼과 몸은 항상 실재로 판명하나 각각의 처한 단계 사이에서 오고 감의 결과로 분리될 수 없다. 유기적인 것과 비유기적인 것 사이에는 분리가 없고, 내부와 외부 사이의 차이가 없다.

모나드들은 상호소통이 없지만 각 모나드는 살아 있는 존재와 심장을 갖는 기관으로 만들어진 존재 자체인 한 몸을 갖는다. 이것이 주름과 주름 잡힌 세계의 유기체로, 각각은 항상 무한하게 다른 것과 주름이 잡혀진 것을 보여준다. 예를 들자면 170억 년 우주의 원폭발이라는 원래적 상태에도 그러한 흔적과 주름이 있어서 최초 초기상태에 대한 가설을 가능하게 만드는 것과 같다. 들뢰즈는 데자르그 사영기하학에 따라 위층을 아래층에 투사하는 방법으로 주름의 향방을 잡는다. 영혼은 몸의 한 점에 투사할 수 있다. 각 영혼은 물방울의 한 점처럼 몸 안에 자리 잡는다. 이 점은 물방울이 나누어지거나 부피가 줄어들 때에도 물방울 안에 존속한다. 죽음에도 영혼은 자신이 있었던 그 자리에 비록 몸의 부분이 줄어든다 할지라도 그 부분 안에 머물러 있다. 신도 하나의 원인사슬에서 첫 원인으로 간주되는 것이 아니라, 사슬외부에 놓인 충족근거로 전체로서의 사슬 구성요소의 하나이다. 신은 최상의 모나드로 명백한 지각을 갖고 전체우주의 발전을 통찰한다. 영혼모나드는 의식과 기억을 갖지만 피조모나드는 무의식으로 있다. 전라(全裸)모나드는 자연의 원자로서 연장된 질료의 연장되지 않은 구조물로서 고찰된다. 이런 전라모나드는 우주를 무의식적으로 반영하지만, 물리학적 세계 우주의 결정론적 연관으로 결부되어 있다.

들뢰즈는 모나드 집 주름의 문화철학적 해석을 위하여 1683년 파리에서 초연된 빠뚜비예(N. de Patouville)의 희곡 <알레껭, 달의 황제, Arlequin, Empereur dans la Lune>에 등장하는 대사를 인용한다. 라이프니츠도 1690년 이후 첼레에서 보았다고 하는 이 연극에는 달의 황제로 분장한 주인공 어릿광대가 마지막 무대에서 달의 나쁜 측면에 대하여 이야기하려고 한다. 말하자면 서양은 동양에 대하여 혹은 동양은 서양에 대하여 나쁜 말을 할 수 있는 것이다. 그러나 이때 어릿광대의 첩을 맡은 역들은 무대에서 관객들에게 더 가까이 알리기 위하여 다음과 같은 말을 한다.

"여기나 거기나 모든 것이 똑같아요(C'est tout comme ici)."

알레껭이 입고 있는 바로크의 포개진 옷에는 안쪽과 바깥쪽은 다르지 않다. 부분에서 부분으로, 주름에서 주름으로, 안과 밖으로 유기체적 세계가 있다. 르네상스와의 단절을 근거 지우는 이러한 의복의 주름은 곧 정복된 자율성이다. 라이프니츠와 예수회 중국선교사들과의 동서비교철학의 흐름은 중국으로부터 온 것 혹은 한국에서도 온 바로크의 주름과 뒤섞인다. 바로크 시대의 주름은 구조의 예술에서 직물의 예술로의 발전을 현저하게 드러내는 의복의 표면에서 넘쳐난다.

모든 인간이 함께 모여 살아가는 만물에 있는 모나드는 인간과 자연과 신을 묶는 한 인간의 마음도 아니고 몸도 아닌 사이(間)의 유기체적 존재로서 파악된다. 모나드가 지각되는 곳에 각 모나드는 인식하는 정도와 지각상태에 따라 자신들이 속한 조직의 지각 등급을 달리한다. 한 인간의 몸과 마음 사이에도 무엇이 있는지 조금 아는 것, 그 중간 정도 아는 것 혹은 많이 아는 것 또는 명석 판명하게 아는 것도 있지만, 혼돈스러운 것도 있다. 여기서 우주의 작은 원자에 포함되어 있다는 유물론의 경향을 경계할 수 있다면, 각 모나드 지각상태는 하나의 지각상태에서 다른 지각상태로 변하게 되는데 이러한 변화가 통각이라는 의식적 상황에서 지각이동이 성립한다. 라이프니츠는 이 유명한 대사를 여러 군데에서 인용하면서 동서 문명을 접목한 사유바탕은 '여기나 저기나 같다'고 해석한다. 이는 20세기에 융(C. Jung)이 "동시성이 동양의 편견이라면, 인과성은 서양의 편견이다"라고 말한 심층 분석의 기조와 의미를 같이한다.

3. 헬몬트와 헤렌하우스 왕가의 여성들

하노버의 공국 헤렌하우스 왕가에는 라이프니츠 이외에 닐스 스텐젠(N. Stensen)을 비롯하여 여러 학자들이 손님으로 교류하였다. 그중에 방랑하는 '집시학자' 헬몬트는 합리론과 경험론 사유전통의 교량역할을 하였다. 연금술사이자 카발라주의자인 그는 양친의 재산으로 재정적 독립이 확실하였던 반귀족[16]으로 평생을 아프지 않고 살아갔다. 척추만곡 교정과 벙어리 치료를 전문으로 하는 의사로서 회화와 역학에도 뛰어났으며 두통에 대한 고약과 혼합제조 약으로 유명해졌다. 1661년 11월 헬몬트는 팔츠 백작 필립 빌헬름 폰 노이부르크(1615~1690)에게 붙잡혀 로마로 끌려가 1년 동안 로마교황청 감옥에 지낸다. 퀘이커 윌리엄 팬(1644~1718)이 팔츠의 엘리자베스 공주 궁성에서 체류하였다가 영국에 돌아가서 영국 정부로부터 공주의 은급을 청하려고 하였는데, 헬몬트는 1670년에 처음 영국을 방문하면서 그와 합류한다. 헬몬트의 영국 방문의 주요 목적은 팔츠의 엘리자베스 공주의 편지를 케임브리지 플라톤주의자 모어에게 전해주고, 그와 카발라(Kabbalah)[17]에 대한 상호토론을 하기 위한

---

16) 헬몬트는 자유로운 남자 'liber baro'라는 뜻을 가진 남작작위를 지닌 귀족출신이었다.

17) 카발라는 유대교 외부의 파생적 전통의 랍비 유대교의 비전(秘傳)의 전망에서 오는 분과이다. 11~13세기에 남프랑스와 스페인 지역에서 체계화되었다. 모세오경의 명칭으로 주어진 토라 경전의 연구를 통하여 형성된 카발라주의는 지식을 족장, 예언자와 현인들로 구술 전승된다고 믿는다. 헬몬트는 1671년 라이프니츠에게 카발라신비주의자 로젠로트(C. K. von Rosenroth)를 소개하였고, 1677년에는 『카발라 대화』에서 카발라 형이상학을 방어하였다. 이 책에서 질료와 정신을 하나의 지속에 넣고, 질료를 모나드의 '연맹(coalition)'이라는 개념을 각인한다. 헬몬트는 콘웨이와 더불어 각인한 모나드 개념으로 라이프니츠의 모나드 개념 발전에 영향을 미친다.

것이었다. 원래는 영국에 한 달만 머물려고 하였는데, 1670년 10월 12일 케임브리지에 도착하여 플라톤주의자 무어(1614~1687)를 만나면서 더 오래 머물게 된다. 헬몬트는 여러 다른 케임브리지 동료들과 어울리면서 끊임없이 참을 수 없는 두통에 빠진 앤 핀치 콘웨이(Lady A. Conway, née Finch, 1631~1679)를 치료할 것을 위임받아 그녀의 저택에서 기거하며 천문학, 수학, 고전, 문학, 철학을 토론하는 생활을 하였다. 헬몬트는 콘웨이와 더불어 9년간을 워위크셔(Warwickshire) 백작의 라글레이(Ragley) 성에 살면서 총 10년간 영국 생활을 한다.

헬몬트를 통하여 콘웨이는 전체 코스모스는 영혼으로 차 있다고 주장하는 유태 신비주의자 루리아(I. Luria, 1534~1572)의 학설을 배운다. 그에 따르면 영혼의 목표는 신과 쉼으로 돌아간다. 창조는 하나의 마법적 중앙 빛에서 나오며 이 중앙 빛은 인간의 내적인 빛에

헬몬트가 10년간 머문 라클레이 성

서 반사된다. 헬몬트는 영혼전이를 믿었기 때문에 가톨릭에서 배교(背敎)하여 1677년에 콘웨이와 더불어 퀘이커로 옮긴다. 헬몬트는 1679년 2월에 콘웨이가 죽자 그녀의 시체를 알코올 혼합물로 된 욕조에 넣어 유리로 막아 보존하였다. 1679년 4월 17일에 시체는 보존 상태에서 이중 관에 넣어 묻어 그녀의 남편은 그녀의 죽음 시점에 아일랜드에 있었지만 나중에 볼 수 있었다.

영국에서 대륙으로 건너온 헬몬트는 1696년 3월부터 소피 왕비의 손님으로 하노버 궁정에 여러 달 머무른다. 라이프니츠에 따르면 헬몬트는 매일 아침 9시부터 소피 왕비와 철학토론을 시작하였다. 헬몬트는 책상에 앉아 학생이 되어서 보다 더 명료한 설명과 이해에 도달할 때까지 토론하였다.[18] 여기서 라이프니츠는 당시 영국의 데카르트주의자와 모어, 커드워드를 포함한 케임브리지 플라톤주의 이원론주의자들과 다른 하나의 그룹으로 카발라와 연금술 전통의 콘웨이 등에 대하여 소식을 듣게 된다. 헬몬트는 라이프니츠와 소피 왕비와의 오랜 대화에서, 만물의 삶을 데카르트 이원론에서 물질과 정신의 일원론적 통일로 환원하는 자신의 고유한 아이디어를 말한다.[19]

■

18) 배선복, 『라이프니츠의 삶과 철학세계』, p.56.

19) *Franciscus Mercurius van Helmont's Cabbalistical Dialogue*, Transcribed, edited, & introduced by D. Karr, © Don Karr, 2004~2007.

하노버 헤렌하우스 정원 숲길

당시 케임브리지 플라톤주의자들은 자연의 유기적 통일을 옹호
하였다. 그들은 데카르트가 제시한 정신과 물질의 이원론적 구조를
극복하기 위하여 자연의 정신과 소조자연이라는 유기적 링크로서
양자의 갭을 메우려 한다. 이러한 연장선상에서 콘웨이는 일원론적
생기론을 주장하였다. 그녀의 철학에 따르면 정신과 물질은 상호 호
환한다. 몸은 정신과 압축된다. 정신은 몸의 미묘한 휘발성이다. 몸
과 정신은 반대의 존재자들이 아니다. 하나는 뚫고 들어갈 수 없으
며 분간할 수 있고, 다른 하나는 뚫고 들어갈 수 있으나 분간할 수
없다. 부정되지 않은 상황에서 만약 몸이 잘리거나 다치면 영혼은
고통과 슬픔을 느낀다. 양자는 결합되어 하나의 실체가 되어야 한
다. 그렇지 않으면 영혼은 독립적 실체같이 단순하게 다친 몸에서
고통받는 것으로부터 빠져나갈 수 있을 것이고 그에서 무감각해질
것이다. 콘웨이는 플라톤 형이상학체계에서 모어와 데카르트의 이

원론을 반박하면서, 신과 피조실체를 혼동하므로 유물론적 범신론으로 치달은 홉스와 스피노자의 실체관념을 비판하였다.

헬몬트는 콘웨이의 유작을 1690년에 『고대와 근대철학의 원칙들, Principia philosophiae antiquissimae et recentissimae』이라는 제목으로 익명 출간하였다. 이 저작은 1692년에 영어로 번역되어 런던에서 출간된다.[20] 라이프니츠는 헬몬트가 자신에게 털어놓은 이야기를 토대로 이 책의 지적 소유를 공개적으로 밝혔고, 헬몬트를 통하여 콘웨이 저작의 사본도 입수하였다. 세간에서는 차츰 헬몬트가 이 책의 저자로서 알려지게 되었다. 헬몬트는 1699년 베를린에서 서거하자 라이프니츠는 그의 묘비명을 직접 찬하여 적었다. 라이프니츠는 17세기 여성철학자로서 자신의 저작까지 출간한 콘웨이에 대하여 1697년 버넷(T. Burnett)에게 다음과 같이 표명한 바 있다.

"나의 철학적 관점은 고 콘웨이(late Countess of Conway) 경에 가까이 접근하고, 플라톤과 데모크리투스의 중간위치를 유지한다. 나는 만물은 데모크리투스와 데카르트같이 역학적으로 발생하고, 모어와 그의 추종자에 반대한다. 그럼에도 만물은 하나의 살아 있는 원칙과 최종원인에 따라 발생한다고 생각한다. 만물은 원자론주의자들에 반하여 생명과 의식으로 가득 차 있다."[21]

---

20) Anne Finch, Viscountess Conway, *The Principles of the most Ancient and Modern Philosophy, God, Christ, and Creatures, The Nature of Sprit and matter*, Copyright Jonathan Bunnett © 2010~2015.

21) G. M. Ross, *LEIBNIZ AND SOPHIE CHARLOTTE*, 1999, *Sophie Charlotte und ihr Schloβ*, (München, London, New York: Prestel, 1999), pp.95~105.

라이프니츠는 헬몬트가 1696년 3월에서 9월까지 하노버에 머물면서 지낼 때, '모나드'라는 용어를 '개별실체'를 특징적으로 나타내기 위하여 사용하였다. 1677~1678년 독일의 카발라 신비주의자 로젠로트가 그의 저작『베일이 벗겨진 카발라, Kabbala denudata』에서 모나드 개념을 통용하고 있었고, 라이프니츠가 1688년 초 슐쯔바하(Sulzbach)에 있는 로젠로트를 방문하였고, 헬몬트가 하노버로 방문한 1696년 3월에 라이프니츠가 이 개념을 전용한 것이라는 것이다. 그러나 이러한 지적과는 달리 라이프니츠가 사용한 모나드 개념은 1696년 9월 파델라(M. Fardella)에게 그의『형이상학론』에서 전개한 개별실체의 개념을 특징짓기 위하여 사용하였다.[22] 특별히 헬몬트의 방문으로 콘웨이가 사용한 모나드 개념이 라이프니츠의 개별실체에서 모나드 개념으로 둔갑하였으리라는 추측은 일관성이 없는 무리한 주장이다.[23] 모나드 개념은 브르노의『극대와 극소에 대하여, De Maximo et Minimo』까지 가고, 이것은 다시 쿠자누스의 개념으로 거슬러 올라간다. 다만 '모나드'라는 용어가 헬몬트와 콘웨이 저작에서 이용되고 있었다는 점에서 라이프니츠의 모나드 개념과 일련의 연관성을 갖는다. 하지만 라이프니츠는 1696년 이전에는 '완

■
22) 라이프니츠는 유물론자의 오류가 질료에서 실체를 찾았다는 데 있다고 진단한다. '그들은 최종분석에서 원자로 도피처를 찾지만, 모든 물체는 다양한 실체들로 구성되므로, 부분들이 응집하는지 아닌지의 문제가 아닌 것이다. 불가분성의 본질이 원자로 환원될 수 없는 것이다. 무한하게 많은 단실실체들 혹은 질료입자의 피조물이 있어서, 구성적 원칙으로서 지속의 본질로 들어간다. 실체가 질료나 물체에 동질이 아닌 것은 점이 선이 아닌 것과 같다. 모든 실체에는 내적인 조작을 따르는 시리즈를 갖는 근원적인 힘의 본질이 있다. 실체나 그의 본질의 상태로부터 시리즈에서는 그의 과거와 미래 상태의 전부가 알려질 수 있다. 전체우주를 포함하는 실체, 그의 상태로부터 다른 상태가 알려질 수 있으며, 상이한 실체의 시리즈는 완전하게 그들 가운데 일치하고, 각자가 그 자신의 방식에서 전 우주를 표현한다.'

23) C. Merchant, "The Vitalism of Anne Conway: Its Impact on Leibniz's Concept of the Monad", in: Project MUSE, p.256.

전현실', '실체적 형상', '실체의 통일', '형이상학적 점', '근원적 힘' 등의 용어를 사용하였다가, 1696년 이후에는 모나드 개념을 지각과 활동을 하는 독립적, 개별적 실체로 나타내기 위하여 사용하였다.

모나드는 다른 실체와의 일치부응과 협조의 상태에서 세계과정을 진행한다. 라이프니츠의 모나드 체계에서 말하는 주름을 문화철학적으로 이해하자면, 라이프니츠가 활동하던 파리시절의 동료친구들인 대화상대자와의 사상교류와 그들에 대한 회상과 교류뿐만 아니라, 하노버의 헤렌하우스 궁정에서 만난 왕비, 왕비의 언니, 딸, 하노버 왕궁으로 들락날락하던 손님들과의 교우관계에서 형성된 의견교환 또한 중요한 역할을 한다. 라이프니츠가 『모나드론』의 요약본이기도 한 『변신론』의 집필이 샤를롯데 여왕의 급작스런 죽음에 대한 애도 때문이었다는 점을 보면, 『모나드론』은 거의 여성적 배경과 파리시절의 회상으로 성립되었다고도 볼 수 있다. 즉, 들뢰즈가 철학이 여성적이 되었다고 하는 부분이나 라이프니츠의 『모나드론』이 여성적이 된 것과 동일한 맥락을 취한다. 라이프니츠가 철학을 여성적이 되게 이끌어간 배경에는 데카르트 이후 카발라 신비주의와 연금술까지 수용한 17세기의 케임브리지 플라톤주의자들의 주변 정황도 한몫한다. 라이프니츠가 헨리 모어와 커드워스, 콘웨이 등 대표적인 케임브리지 플라톤주의자들과 교류하게 되는 배경에는 본격적인 경험론 사유와 합리론 사유유형의 형성 이전에 헤렌하우스 왕가에 기거하며 영국을 오가며 양대 사유 진영의 문화교량 역할을 해온 헬몬트에 기인한 바가 크다.

라이프니츠의 하노버 궁중에서 철학적 대화의 대모격인 여성은 하노버 공국에 봉사하던 아우구스트 공작비이자 소피 왕비(1630~

1714)이다. 소피 왕비는 팔레티나테 선제 후 프리드리히 5세와 영국과 스코틀랜드의 야곱 1세의 딸 엘리자베스 스튜어트 사이의 13명의 자녀 가운데 12번째의 딸로 태어난다. 그녀는 프리드리히 5세가 1620년 백산전투에서 왕위와 그의 팔레티나테 땅과 재산 전부를 잃고 엘리자베스 스튜어트와 더불어 네덜란드 헤이그에서 망명하여 살던 시절에 태어났다. 소피 왕비는 1658년에 에른스트 아우구스트 (1629~1698) 공작, 오스나부르크 주교 군주와 결혼하였다. 1679년에 아우구스트는 부라운슈바이히, 류네부르크, 갈렌베르크 공작이 되면서 하노버 공국을 통치하게 되자 영리한 그녀는 행복하고 종교적인 분위기의 하노버 궁정에서 철학자 라이프니츠를 만난다. 소피 왕비와 라이프니츠는 1684년에서 1714년까지 300통의 편지를 남겼는데 그들은 친한 친구가 되었고, 중요한 철학적 파트너였다.

라이프니츠는 1676년 이래 요한 프리드리히를 섬긴 이래 1678년 겨울 하노버를 방문한 소피 왕비의 언니 보헤미아의 엘리자베스를 만난다. 엘리자베스 공주는 1618년 12월 26일에 프리드리히 5세와 엘리자베스 스튜어트 사이의 장녀로 태어났다, 그녀는 맏딸로서 네덜란드 망명궁정의 중심이었고 개신교 공동체의 정신적 구심점이었다. 그녀는 동생들과 가정을 돌보느라고 결혼까지도 포기하였던 상황에 네덜란드에 망명 중이던 데카르트를 만난다. 그들이 만나던 1642년은 엘리자베스 공주가 24세였고 데카르트는 46세였다. 엘리자베스 공주는 1643년 5월 21일에서 데카르트가 죽던 1648년까지 서신교환을 하였다. 데카르트는 『철학의 원칙』과 그의 마지막 작품 『정열에 대하여』를 그녀에게 헌정하였다.

암스테르담에서 출간된 데카르트의 『철학의 원칙』 2판 표지와 지구의와삼각자, 컴퍼스로 연구에 몰두하는 데카르트	엘리자베스

당시 엘리자베스 공주는 마울부이송의 수도원장이었던 다른 여동생 홀랑딘(L. Hollandine)을 통하여 말부량슈를 알게 되면서 라이프니츠에게 말부량슈의 『기독교인의 대화』를 읽어보라고 권유한다. 엘리자베스 공주는 야콥 뵈메의 신비주의, 말뷰랑슈, 퀘이커 교도의 철학에 심취한 것으로 추측된다. 라이프니츠는 데카르트가 『철학의 원칙』을 그녀에게 헌정하였던 사실과 더불어 데카르트와 편지교환을 하였던 엘리자베스에 흥미를 가졌던 모양이다. 나우크로거(S. Gaukroger)에 따르면 데카르트는 자신이 봉사하게 된 스웨덴의 크리스티나 여왕의 도움으로 팔레티나테 땅을 돌려받을 수 있도록 엘리자베스에게 후원자 역할을 구하였지만, 그녀와 그녀의 가족은 이런 요청을 수락할 상황이 되지 못했다.

아우구스트 공작과 소피 왕비 사이의 7자매 가운데 맏딸 소피 샤를롯데(1668~1705)는 프로이센의 프리드리히와 결혼하므로 프로이센의 선제후 비가 되었다. 라이프니츠는 부라운슈바이히 류네브르크 왕가의 역사를 조사하기 위하여 2년간의 남유럽 여행에 돌아온

다음에 프로이센에서 학술연구기관을 설립하려고 노력한다. 라이프니츠는 샤를롯데 여왕의 전폭적인 지지로 1700년에 베를린 학술원을 창립한다. 이 와중에 1698년 에른스트 아우구스트가 죽자 소피 왕비의 장자인 게오르그 루드비히는 하노버 공국을 양위받았을 뿐만 아니라 영국왕실의 왕위승계자가 된다. 어째서 이런 일이 발생하였는지는 바로크 시대의 유럽 왕실의 복잡한 사정으로 인한 것이다. 그 이유는 루드비히의 외할머니가 영국과 스코틀랜드의 야곱 1세의 딸 엘리자베스 스튜어트의 딸로서 영국왕실의 유일한 적통의 혈통으로 인정되어서 소피 왕비가 1701년에 영국왕실의 1순위 왕위계승자로 부상하였기 때문이다. 따라서 1714년에 그녀의 장자인 루드비히가 정통으로 영국왕실의 조지 1세로 등극하게 된다. 라이프니츠는 1726년 조지 2세로 영국왕실의 왕위를 승계하게 되는 루드비히의 아들인 게오르크 아우구스트(G. August, 1683~1760)의 왕비 캐롤라인 폰 부란덴부르크 안스바흐(C. von Brandenburg-Ansbach, 1683~1737)와도 철학적 대화를 이어갔다. 라이프니츠는 캐롤라인 왕비와 서신교환으로 훗날 클라크와의 5차례 서신교환을 통하여 자신과 뉴턴과의 미적분 우위논쟁에 대한 마지막 분기점을 찍었다.[24]

■
24) G. W. Leibniz, 『라이프니츠와 클라크의 편지』, p.37.

NOVA METHODVS PRO MAXIMIS ET MI-
nimis, itemque tangentibus, quæ nec fractas, nec irrati-
onales quantitates moratur, & singulare pro
illis calculi genus, per G. G. L.

SIt axis AX, & curvæ plures, ut VV, WW, YY, ZZ, quarum ordi-   TAB. XII.

제 4 장
변신론과 여성

α & x eodem modo in hoc calculo tractari, ut y & dy, vel aliam literam indeterminatam cum sua differentiali.   Notandum etiam non dari semper regressum a differentiali Æquatione, nisi cum quadam cautio-

$$ne, de quo alibi.\quad Porro\ \textit{Divisio},\ d\frac{v}{—}vel\ (posito\ z\ æqu.\quad)\ dz\ æqu.$$

$$\frac{{\dagger}v\,dy\,{\dagger}\,y\,dv}{yy}$$

Quoad *Signa* hoc probe notandum, cum in calculo pro litera substituitur simpliciter ejus differentialis, servari quidem eadem signa, & pro †z scribi †dz, pro--z scribi--dz, ut ex additione & subtra-ctione paulo ante posita apparet; sed quando ad exegesin valorum venitur, seu cum consideratur ipsius z relatio ad x, tunc apparere, an valor ipsius dz quantitas affirmativa, an nihilo minor seu negativa: quod posterius cum fit, tangens ZE ducitur a puncto Z non ver-sus A, sed in partes contrarias seu infra X, id est tunc cum ipsæ ordinatæ

N n n 3   z decre-

1. 변신론의 배경으로서 소피 샤를롯데

변신론의 근본문제는 한편으로는 하나의 전능하고 전지하고 무소부재하신 하나님이 계시고, 다른 한편으로는 이 세계에 실제로 선과 악이 존재한다는 두 개의 기본사태에 대한 진술이 대립한다는 설정에서 출발한다. 아퀴나스는 기독교 전통에서 신을 무한하게 선하다고 보기 때문에, 신은 스스로 전능하고 전지하실지라도 스스로 악을 선으로 바꾸기 위하여 그의 작품에서 악을 감내하지 않는다. 그래서 인간적인 고난은 단지 지나가는 이행단계에서 스치고 지나가고 마는 것이다. 즉, 아퀴나스는 악을 신으로부터 직접 창조되지 않은 선의 결여(缺如)로 해석하였다.

  라이프니츠는 신은 무한하게 많은 가능한 세계들 가운데 실제로 존재하는 세계를 창조하였다고 간주한다. 이러한 견해는 세계의 현실을 신의 섭리 가운데 가장 실현 가능한 것들 가운데 하나로 간주하는 입장이다. 신은 전지하고 전능하고 선하시기 때문에 그가 창조한 현재 세계는 최선의 세계이다. 선을 현실적 악의 존재대가의 상쇄에서 고찰하면, 거기서 생겨나는 고난은 인간으로 하여금 맞는 처신을 요구하고 인류를 가르치는 교훈으로 봉사한다. 변신론의 문제는 인간이 당하는 악에 왜 신은 수수방관만 하고 있느냐 하는 질문에서 나온다. 신이 모든 가능한 가운데 최상의 세계이고 그 가운데 악이 있다고 한다면, 신의 정의는 무엇이고 신의 인간에 대한 사랑은 어떻게 규정될 수 있느냐는 질문이다. 변신론의 문제는 이성에 기초하여 신의 입장에서 인간적 질문들에 대한 답변으로 풀어가는 것을 요구한다. 경험 이전이든 경험 이후이든 세계가 합리적 이성에 기초한다는 신념에서 라이프니츠는 변신론의 문제를 동물의 권리와 동물의 이성적 능력 여부와 연결시켜서 논의하였다. 이성의 능력은 신과 인간과 동물까지도 혹은 식물까지도 포함하는 대상에서 그 존재 여부를 묻는 일은 근대철학의 특징적인 실체관념에서 유래한다.

당시 프랑스의 백과전서파의 베엘은 1689년『역사비평사전』에서 거의 1세기 이상을 끌어오던 동물의 권리와 동물에게 전념하면서 시대적 조류를 파악하는 백과전서학파를 이끌었다. 베엘은 몽테뉴가 동물의 이성적 능력에 대한 긍정적으로 평가한 이래로 동물의 각혼이 인간의 몸과 마음의 부분들에 어떻게 합리적으로 배당이 되는지에 대하여 라이프니츠에게 동물에 대한 철학적 입장과 공개적인 논쟁을 제기하였다.[1] 동물에게서 이성적 능력을 인정할 수 있는지 여부에 대하여 라이프니츠의 견해를 공개적으로 촉구하면서 이것이 사교계의 이슈가 되자, 결과적으로 라이프니츠는 이에 대한 공개적 답변으로서『변신론』을 집필하였다.

베엘의 동물 혼 문제제기는 라이프니츠의 독자층으로 형성된 바로크 귀족여성들과의 철학적 토론에 영향을 미치며 근대철학의 여

■

1) 1539년 벨레트리(Velletri)에서 끌레(Cles)의 베르나르 추기경은 저녁 만찬에 손님들 초대하여 놓고 개의 퍼포먼스를 시연하게 하였다. 껑충 뛰고 두 다리를 들고 걸어 다니다가 껑충 뛰며 점프도 하였다. 이번에는 조련사가 악보를 가져왔다. 개는 무릎을 꿇고 노래를 부르기 시작하였다. 지금은 높은 음, 지금은 낮은 음, 때로는 길게 숨을 끌고, 때로는 변화로 조음까지 하였다. 추기경은 점성술과 운명을 고려하면서, 손님들에게 인간행위를 지배하는 별들의 힘에 대하여 물었다. 이 스토리에 감명을 받았던 로라리우스(Girolamo Rorarius)는 다음과 같이 답변하였다. 로라리우스: "별들은 이렇게 혹은 저렇게 우리 운명에 영향을 미칠지는 몰라도, 가장 강하게 작용하는 이성에 의하여 인간은 자신을 불행으로 이끌 사물들에 대하여 단념할 줄 압니다." 추기경: "그러면 왜 당신은 인간에게서 이성이 가장 강하게 작용한다고 말했습니까?" 로라라우스: 오랜 고민 끝에, "이성은 종종 인간에서보다는 동물에서 더 나은 것으로 발견됩니다." 베엘은 이 이야기를 그의『역사비평사전』의「로라리우스」항목에서 도입하여 라이프니츠의 논의를 이끌어내려 하였다.

성독자 계보와 연관이 되었다. 베엘이 문제제기를 하던 시기에 라이프니츠는 하노버의 궁정에서 헬몬트의 방문으로 소피 왕비와 더불어 영혼불멸과 영혼전이 문제에 전념하고 있었다. 라이프니츠는 때마침 소피와 소피 샤를롯데 왕비와 더불어 1698년 9월 일주일간을 하노버에서 북서쪽으로 40km 떨어진 린스부르크 사냥으로 휴식을 취하면서 이 주제에 본격적으로 개입하였다. 라이프니츠는 왕족이나 귀족들로부터 신분적으로 동등하게 대접받았으며 특히 여성들에게 인기가 많았다. 라이프니츠는 패션으로 옷을 입고, 핑크 장미로 단장한 불타오는 꽃 양식의 마차에서 몰았을 때, 오를레앙의 엘리자베스 샤를롯데는 "지성인들에게 깨끗한 점은 드물어. 냄새 풍기지도 않고, 조크도 이해할 줄 알아"라고 말하였다고 한다. 17세기 철학자라고 하면 으레 씻지 않고 더러움을 풍기는 인상이 많았던 분위기와는 반대로 라이프니츠는 깨끗한 인상으로 궁정이나 연회석상에 나타났던 같다. 학자들이라기보다는 귀족왕족들인 그의 제자들은 프랑스어 철학논쟁 테이블에서 라이프니츠에게 무수한 편지를 쓰게 자극하고, 철학적 이슈를 제시하였다. 그들은 라이프니츠에게 독자들도 알아들을 수 있는 스타일로 써 달라고 재촉하면서 대중적일 것을 요구하였다. 라이프니츠가 만난 바로크 귀족여성들과의 인격적 접촉은 그의 철학의 체계적인 설명이 대작을 통하여 알려지지 않게 되는 계기가 된다. 실제로 1685년 『형이상학론』은 출간되지 않았고, 1695년 『신체계』는 파리 저널에 실었지만 결코 많은 서한과 저작들은 출간하지 않았고, 『신인간오성론』도 출간을 중단하였다. 라이프니츠는 내적인 복합성 때문에 시간이 없었다. 전달하고자 하는 청중이 누구인지를 결정할 수 없었기 때문에 심리

적 이유에서 귀족여성들을 대상으로 철학을 전달하였다.[2]

근대철학이 여성독자와 연관을 맺으면서 발전하게 된 배경은 소 피 왕비의 큰언니로 데카르트의 『철학의 원칙』과 그의 마지막 작 품이던 『영혼의 정열』까지 헌정받은 17세기 귀족출신 여성철학자, 엘리자베스 공주로 거슬러 올라간다. 라이프니츠는 그녀의 손녀딸 인 1706년 젊은 36세 나이로 죽은 샤를롯데 여왕을 기념하기 위하 여 『변신론』을 집필하였다. 바로크 사교계는 군주주교를 비롯하여 지배층은 종교와 정치를 함께 장악하는 경우가 많았고 사교 석상에 는 철학적 토론이 빈번하게 행하여졌다. 사교계의 연회장이나 지적 인 살롱에서 이루어지는 철학적 토론의 문제해결 모델로서 라이프 니츠의 글쓰기 작업은 식탁, 원탁토론장, 사교가의 살롱 혹은 우편 마차 안이든 도처에서 진행되었다. 라이프니츠의 철학적 토론 테이 블의 파트너는 주로 귀족여성이기 때문에 인기와 통속적인 이해를 바탕으로 써야 하였다. 그들이 귀족여성이지만 대학교육을 받지 못했고, 오직 아마추어로서만 철학에 관심을 가졌다. 그렇기 때문에 그들은 과학, 논리학, 수학은 전혀 몰랐고, 단지 삶의 가이드로서 봉 사할 대중철학에 관심이 있었다.[3] 라이프니츠는 하노버에서 고립되 어서 자신을 자극하고 격려하는 철학적 지지자나 제자들이 없었지

---

2) 그렇기 때문에 로스는 『변신론』을 포함하여 많은 라이프니츠 저작은 소피 샤를롯데와 그녀의 어머니를 위한 구절에 가깝고 『모나드론』은 참으로 소피 샤를롯데와 라이프니츠의 철학적 토론의 적합한 유산이 라고 단언한다. 참조: G. M. Ross, *LEIBNIZ AND SOPHIE CHARLOTTE*, 1999, *Sophie Charlotte und ihr Schloβ*, (München, London, New York: Prestel, 1999), pp.95~105.

3) 특별히 17세기 영국의 여성철학자들에 대하여서는 다음을 참조하라. J. Broad, *Women Philosophers of the Seventeenth Century*, Cambridge University Press, 2002.

만, 오직 소피 왕비만은 예외였다. 그녀는 지성과 문화를 몰랐던 아우구스트에 결여되었던 것을 라이프니츠에게서 발견하고 오랫동안 신학과 철학 연구에 헌신한다. 그들은 장시간 대화하였고 하노버를 떠나 있을 때에는 긴 장문의 편지를 주고받았다. 1698년 아우구스트 공작이 죽고 그의 아들 게오르그 루드비히가 상속하자 1700년을 전후로 샤를롯데 왕비와의 연결로 상황이 완전하게 변하였다. 라이프니츠가 3년 이상을 다양한 길이의 시간을 베를린 방문에 보내는 중심에 소피 샤를롯데가 있다. 라이프니츠는 샤를롯데 왕비와의 우정을 1698~1705년까지 유지하면서 활발하게 학문과 정치에 결합한다. 하노버의 라이프니츠의 『변신론』의 직접적 집필동기를 부여한 샤를롯데의 성격은 그녀의 어머니보다 더 철학적이었다. 라이프니츠가 소피 왕비와 대화를 주고받던 시절의 샤를롯데는 어린 소녀였다. 1684년 그녀가 16살이 되자, 그녀는 브란덴부르크 선제후 프리드리히와 결혼한다. 그 후 그녀는 규칙적으로 하노버를 방문하면서 라이프니츠와 절반은 공적인 편지를 주고받았다. 당시 라이프니츠는 샤를롯데를 통하여 과학과 기술에 대한 베이컨 비전을 실현하고자 베를린 학술원을 건립하였다.

라이프니츠는 몸과 마음의 예정조화이론에서 여성이 남자보다 더 세련된 지식의 영역을 발전시키기에 적합하다는 생각에서 소피 샤를롯데 왕비와 연관하여 『변신론』의 문제를 풀어나갔다. 라이프니츠는 1697년 11월 편지에서 다음과 같이 말한다.

"실제 나는 종종 높은 지성을 갖춘 여성은 세련된 지식의 영역을 발전시키는 데 남자보다 더 적합하다고 생각하였다. 남자들은 그들의 업무로 보통의 필연적인 것에 대한 꿈만 전념한다. 반면에 여성은 걱정거리와 일이 많은 염려를 넘어서 그들을 정하는 입장을 갖는 여성은 세련된 문제에 대하여 더 큰 자유와 기회를 갖는다."[4]

라이프니츠는 소피 샤를롯데 왕비의 시비인 푈니츠를 통하여 영혼의 본질과 몸과의 관계에 대하여 설명한다. 영혼은 단순실체이지만, 무한하게 복합적인 현재 질료를 지각하고 표상할 수 있다.[5] 한 점이 한 원의 중심으로 있지만, 이것으로 무한하게 많은 각들을 생겨나게 한다. 라이프니츠는 한 원의 점과 주변의 무한각의 기하학적 유비를 통하여 몸과 마음의 예정조화 관계를 설명한다. 라이프니츠는 소피 왕비가 집중적인 이지력을 가졌을지라도, 숫자나 도해를 포함하는 어려운 문제를 해결하기에는 부적합할 것이라고 염려한다. 소피 샤를롯데는 라이프니츠에게 1702년 3월에, "시비는 자기가 배우고 싶어 한 수학책을 가져왔다. 당신이 오지 않으면 미칠 지경이다. 이것은 나에게 희랍어이다. 오직 내가 가진 아이디어의 통일은 당신의 노력 덕택이다"라고 편지하면서 "읽지 않고도 기쁘다"고 말하였다. 소피 샤를롯데는 1701년 8월 7일 시비(侍婢)인 푈니츠(Pöllnitz)에게도 쓴다.

"여기에 내가 당신에게 보내는 라이프니츠의 편지이다. 나는 이

■
4) Ibid.
5) Ibid.

남자를 좋아한다. 그러나 나는 나와 같이 모든 것을 표면적으로 가르치려는 데는 화가 날 지경이다. 그는 나의 지성을 불신한다. 그리고 그는 내가 제기한 질문들에 상세한 답변을 준 적이 거의 드물다."[6]

샤를롯데 왕비가 죽음에 대한 두려움이 없을 수 있는 이유로 고통은 오직 몸에만 영향을 미치기 때문이라고 1702년 3월에 편지하였을 때, 라이프니츠는 1702년 4월 22일 그녀에 대한 답변에서 영혼은 몸 없이는 없다는 그의 반대의견을 표현한다. 뒤이은 서한에서 어떻게 이것이 불멸과 화해될 수 있느냐는 질문을 제시한다. 퇼니츠는 1702년 5월 2일 라이프니츠에게 편지한다.

소피 샤를롯데

"내가 당신에게 묻는 모든 것이 나중에 옵니다. 여왕마마의 시녀로서 당신을 접견하는 자리에서 나의 즐거움이 떠나가는 것은 제가 당신에게 말할 의무입니다. 여왕폐하는 말할 수 있는 살아 있는 영혼이 없기 때문에, 당신이 여기에 오도록 하는 것은 자비로운 행위일 것이라는 것을 당신에서 보증합니다."[7]

6) Ibid.

샤를롯데 왕비와 라이프니츠 사이의 철학적 토론에는 이웃나라 영국의 자유사상가 톨랜드(J. Toland), 작센의 남작 대사 하인리히 폰 플레밍(J. H. von Fleming)도 참여한다. 라이프니츠는 1702년『포괄적인 유일한 정신에 대한 고찰』이라는 비교적 긴 장문의 편지에서, 루크레티우스처럼 영혼은 오직 물질적 입자들의 운동만으로 구성되고, 신, 필연적 진리는 감각에서 유래할 수 없다고 설명한다. 우리는 감각, 우리 자신에 대한 지식을 갖지 않으면 어떠한 사상도 갖지 못할지라도, 어떠한 비물질적 실체라도 신으로부터 떠나서 질료로부터 분리되어 존재할 수 없을지라도, 비물질적 실체는 자연의 어디에서나 있어야 한다.

"유한 정신은 단지 보편적 신의 정신의 투명한 양태이다. 각각의 유한 정신은 대양의 물방울 같다. 각 유한 정신은 그 자신의 권리에서 비물질적 실체이다. 그것을 정령으로 만드는 유기적 몸과 더불어 영원에서 영원까지 존재한다."[8]

소피 샤를롯데가 1705년 2월 1일 하노버 축제에서 죽었을 때, 라이프니츠는 베를린에 있었다. 낙담하여 한동안 아무것도 생각할 수 없었다. 그도 심각하게 아프게 될 수 있다는 것에 두려웠다. 많은 외국사절로부터 위안을 받았다. 그녀의 손자 프리드리히 대왕에 들은 이야기나 묵시적으로 하노버 궁정 설교자에게 죽으며 하는 말에 따

■
7) Ibid.
8) Ibid.

르면, 그녀는 '공간, 무한 그리고 존재와 무, 사랑, 소망 그리고 믿음을 이룬 삶'을 살아갔다는 것이다. 그녀의 마지막 말은,

"나에게 미안하다고 느끼지 마라. 왜냐하면 나는 지금 라이프니츠가 나에게 공간, 무한, 존재 그리고 무에 대하여 설명할 수 없었던 사물들의 원칙에 대하여 침잠하여 만족하고 있기 때문이다."[9]

이 언명은 라이프니츠와 세계에 대하여 소피 샤를롯데 자신 스스로가 도달한 바로크 여성철학의 위상이다. 그녀의 어머니처럼 소피 샤를롯데도 남편의 지적 무관심, 학문적 도량이 없어서 몹시 고달팠고 종종 고독하였지만 라이프니츠를 비롯한 다른 사람들과의 신학과 철학의 토론에서 깊은 기쁨을 얻었다.[10] 가장 정직하였던 헤렌하우스 궁정과 류첸베르크 궁정의 충성스러운 서클의 제자들, 서클은 비전의 철학을 수용하기에 특권이 있는 아카데믹한 인물들이 아니었다.

라이프니츠는 여성들과의 대화에서는 단순하게, 덜 기술적 용어를 사용하며, 더 많은 보기와 유비를 들었고, 될 수 있으면 물리학, 수학, 논리학의 주제는 피하였다. 따라서 『변신론』 철학은 보다 인간적 관심, 영혼, 불멸, 자유, 윤리, 신 등에 집중하면서 대중 버전의 귀족부인에게 대중철학, 비전철학, 이색철학의 형식으로 탄생하였

■
9) Ibid.
10) Ibid.

다. 라이프니츠는 버넷에게 보낸 1710년 10월 30일 편지에서 『변신론』은 소피를 기념하기 위한 것이라고 밝히고 있다.

"내가 고 프로이센 왕비의 궁정에 있었을 때, 이 작품의 많은 부분은 단편조작으로 구성되었다. 그곳에서는 밸 사전에서 종종 일어난 주제들이 있고, 거기서 많이 읽혔던 다른 저작들에 관련되어 있다. 우리의 토론에서 나는 베엘의 이의에 답변하였다. 그리고 여왕에게 그들은 믿어지기를 원하였던 반종교적 인물처럼 그렇게 강하지 않았다. 여왕전하는 나에게 나의 답변을 글로 적으라고 명하셨다. 그래서 그녀가 그들을 면밀하게 검토할 수 있었다. 이 위대한 왕비의 죽음 이후에 이 저작들을 알고 있었던 친구들은 나에게 함께 그들을 묶어 책으로 내도록 고취하였다. 나는 그들을 내가 위에서 보다 합리적인 음정으로 언급하였던 작품으로 만들었다."[11]

영국의 웨일즈의 신임왕비는 『변신론』을 영어로 번역할 자를 찾았으나 그 계획은 일어나지 않았고 1716년에 라틴어로 번역되어 출간되었고 1720년에 독일어로 번역되었다.[12]

■
11) Ibid.
12) G. W. Leibniz, 『라이프니츠와 클라크의 편지』, p.242.

2. 케임브리지 플라톤주의자들

라이프니츠는 여성귀족들과의 살롱의 철학적 토론준비를 위하여 『변신론』의 주제를 집필하였지만, 베엘이 1706년 죽었을지라도 『변신론』은 1710년에 출간되었다. 라이프니츠는 평행으로 1700년 코스트(P. Coste)가 번역하여 샤를롯데 역시 읽고 있었던 로크의 『인간오성론』 불어번역을 대본으로 자자구구를 반박하며 『신인간오성론』을 집필하였지만 1704년 로크가 죽자 출간할 결정을 미루어 그의 사후에나 출간되었다. 1703년 12월 4일 샤를롯데 왕비는 로크의 『인간오성론』을 읽다 본유관념에 깊은 인상을 받았다고 라이프니츠에게 편지한다. 라이프니츠는 뒤이은 답변에서 12월 7일 로크는 필연적 진리가 본유관념에 의존하여야 한다는 것을 이해하기에는 수학자로 충분하지 못하다고 설명한다. 샤를롯데 왕비는 1704년 4월 29일 그녀의 답변에서 만약 라이프니츠가 다음 류첸부르크를 방문할 때 그녀에게 큰 소리로 『신인간오성론』을 읽어주면 큰 기쁨이라고 말한다. 1704년 4월 25일 편지에서 라이프니츠는 회의론자 바예(L. M. la Vayer)와 토론하며 톨랜드(J. Tolland)의 스피노자 반박계획,[13] 그리고 대화형식으로 로크의 반박에 대한 새로운 에세이를 쓰려고 한다고 전하며 충분한 시간을 헤렌하우스 왕실의 청중을 위하여 기다리는 시간에 여행하는 동안에 이 책을 썼다고 말한다.

『변신론』과 『신인간오성론』이 1698년에서 1705년까지 라이프니

---

13) S. Duncan, "Toland, Leibniz, and Active Matter", 2009.

츠와 샤를롯데 여왕과 편지를 교환이 끝나가던 무렵에 생겨났다면, 1704년에서 1706년까지 영국의 귀족출신인 매섬 부인(Damaris, Lady Masham 1658~1708)과 편지를 교환으로 그녀와 그녀가 속한 케임브리지 플라톤주의와 사상적 접촉이 일어난다. 이 시기에 매섬부인은 1678년 런던에서 간행된 아버지의 저작『우주의 참된 지적 체계, The True Intellectual System of the Universe』[14]의 사본을 라이프니츠에게 보내며 서신교환 서클에 들어왔다. 그녀는 1658년에 태어나 철학저작을 처음으로 출간한 17세기 여성 철학자의 한 명이다. 그녀의 아버지 랄프 커드워스는 케임브리지 플라톤주의자로서 그리스도 대학의 석사출신이었다. 그의 시대의 가장 학식 있는 사람의 한 명인 아버지는 그녀에게 라틴어와 희랍어를 가르치지 않았으나 그녀는 불어를 했다. 그녀는 1685년 에섹스의 시골대지주(Essex squire)이며 9명의 자녀들의 미망인 프란시스 매섬(Sir F. Masham)과 결혼하여 프란시스 커드워스 매섬(F. C. Masham)이라는 아들을 슬하에 두었다. 매섬은 그들의 친구 에드워드 크라크(E. Clark)를 통하여 1682년 이전에 여러 번 로크와 만났다. 로크는 그녀를 철학적 정신으로 존중하였고, 그녀는 로크 초기의 철학적 옹호자의 한 명이었다. 그들 사이의 우정에는 목가적 연애시의 연속으로 이어졌으며 로크가 네덜란드에 있을 때에도 계속되었다. 로크는 1688년 런던으로 돌아와서 그의 마지막 10년을 에섹스(Essex)의 오아츠(Oates) 그녀의 자택에서

■

14) 커드워스 지적 체계는 기계론 원자론을 플라톤 형이상학으로 결합시킨 것이다. 이것은 모세에서 유래하여 피타고라스에서 희랍으로 이어진 것이다.

로크가 살았던 에섹스 오아츠의 매섬 부인의 집

살았다.

당시 영국의 학풍은 마실리오 피치노(M. Ficino)가 제안한 영원의 철학이 프레임워크에서 플라톤과 플로티누스를 모델로 철학을 한 케임브리지의 철학자 그룹이 활동하고 있었다. 일종의 웹진으로 르네상스 인문주의자들과 일체감을 형성하여 근대인의 삶의 고전 철학적 연관성의 의미를 탐구하였다. 그들은 일차적으로 영어로 글쓰기 시작한 최초의 철학자들로서 신앙과 이성의 양립을 확신하였던 신학적 배경을 가졌다. 그들은 과학혁명의 발전에 가담하므로 17세기 과학혁명의 부분을 형성하였다. 그들은 아리스토텔레스주의 철학적 토대의 대안을 찾으면서 스토아 철학도 알았으며, 데카르트, 홉스, 스피노자, 베이컨, 베엘, 왕립학회, 라이프니츠와 교류하며 이들 철학과 대안적 경쟁을 하였다. 그들은 철학적 학습으로 신 존재를 방어하고 영혼불멸을 증명하기 위하여 종교적, 도덕적 이슈에 헌신하였다. 그들은 기독교 행동의 실천윤리를 정식화하였으며 인간 정신을 이성과 도덕성의 원리를 구비한 영원한 도덕적 존재로 파악하였다.

커드워스의 플라톤주의 지적 체계는 17세기 당대의 기계론적 원자론과 플라톤의 형이상학이 결합된 것이다. 창조된 우주는 나태한 질료의 입자로 구성되었다는 원자론 가설에 대하여 영혼은 존재론적으로 물리세계에 앞서 불변으로 존재하는 영역에 속한다는 형이상학을 혼합시킨 것이 그의 지적체계이다. 커드워스에 따르면 운동, 사고, 행동은 물질적 입자에는 영혼 혹은 어떤 정신적인 발기자에 의하여 생긴다. 자연에는 소조원칙이 있어서, 이 원칙은 무어의 질료원칙과 유사하게 신과 자연 사이에 중재성으로 작용하는 형성적 원칙으로 작용한다. 소조자연은 신이 그의 창조에 그의 임재를 심어놓고, 그의 지혜와 선을 피조자연으로 통하여 명시화하게 만들어놓은 수단이다. 소조자연은 모든 운동법칙의 합계이다. 커드워스의 소조자연은 플라톤의 세계영혼(anima mundi)과 친족이다. 세계의 가지성은 플라톤의 원형과 복사로 설명된다. 피조세계는 신의 원형세계의 모방이므로, 인간정신은 신의 지혜와 지식의 자국을 읽는다. 모든 개인정신의 관념이 동일한 마음이 되는 것은 인간마음이 신의 마음을 비추기 때문이다.

커드워스는 인지는 정신이 생각하는 사물들의 관념과 회상이 사전가담이 되는 것을 수반할 때 일어난다고 본다. 커드워스는 인지현상을 설명하기 위하여 스토아용어 프로렙시스(prolepsis)를 도입한다. 인지는 수동적 과정이 아니라 마음의 활동적 가담이다. 본유지식이 참된 지식일지라도 커드워스는 감각지식을 거절하지 않는다. 외부세계는 내재적으로 지적이기 때문에 몸이 외부세계의 지식에 본질적이기 위하여서는 감각주입이 결정적이다. 그것은 질서와 그의 구성요소의 관계에서 창조자의 자극을 나른다. 그것이 지식이 되기 위하여서는 정신과정을 요구한다. 우리는 어떻게 읽을지를 알지 못하면 자연의 책을 이해할 수 없다. 내적인 방향에서 도덕적으로 혹은 도덕에 어긋나든 우리를 작용하게 하는 외적인 강압이 없다. 여기서 커드워스는 의지와 이성의 기능을 설명하기 위하여 스토아에서 의지의 행사이며 '작용하는 힘의 수반'을 의미하는 헤게모니콘(hegemonikon)이라는 개념을 차용한다. 스토아에서 차용된 의지의 행사인 헤게모니콘(hegemonikon)은 영혼 내부에 통합적 기능을 갖는다. 헤게모니콘은 의지, 이성의 기능, 영혼의 고등한 기능으로 욕구 등 단지 이성이 아닌 인격이며 우리 자신이다. 헤게모니콘은 한번 생각하고, 자율적이고 목적 지향적인 하나의 주어에 정초되어 있는 자기 동일성의 개념적 기초를 갖는다. 유덕한 행동은 활동적 내적 자기결정의 문제이다. 커드워스는 이 헤게모니콘 개념을 통하여 지식을 없는 결정보다 그 자체로 내부에 있는 마음의 강도, 굳건함, 능력을 향하는 활동적 행사에 정초하였으나 정치철학적 발전을 도모하지는 않았다.

1704년 3월 29일 편지에서 매섬은 1695년 프랑스 학술지에서 발간된 『신체계』를 읽었다고 라이프니츠에게 썼다. 그녀는 참된 실체의 본질, 그들의 상호작용, 영혼과 몸의 합일, 베엘 로라리우스 항목에서 라이프니츠가 사용하는 단어인 '형식'이 무엇을 의미하는지 알고 싶어 하였다. 라이프니츠는 1704년 5월 8일 긴 편지를 쓰면서 자신의 철학체계의 요약할 기회로 삼는 편지를 쓴다. 이 편지에서 라이프니츠는 종전부터 인용하여 왔던 『달의 황제』에서 달의 황제는 "만물은 여기와 같이 항상, 어디에서나 모든 사물에서 동일하다"는 문구를 반복하여 인용한다. 그러한 중심관념에 따르면 절대적 사이즈를 갖는 그러한 사물은 없으며, 세계 안에 세계가 있는 그러한 세계는 우리가 거주하는 세계와 완전하게 유사하다.

라이프니츠는 사후세계에 대한 그녀의 관심에 대하여 헬몬트에 가까운 설명을 준다. 영혼은 전이하는데 영은 창조되지도 파괴되지도 않지만 그들은 항상 몸을 갖는다. 인간존재의 풍부한 상태로 발전이전에 인간 영혼은 하나의 정충(supermatozoon)의 영혼이다. 죽음에서 영혼은 유사한 소형동물로 퇴화한다. 그것은 판명한 인간 추론, 의식 능력을 상실한다는 것을 의미한다. 인간영혼은 그들이 인간상태로 회복되는 한에서 모나드론에서는 더 많은 재생이 있다. 이러한 조화는 자연 자체의 수단으로 은총을 이끈다. 그러므로 어떤 자를 벌하고, 어떤 자를 보상하기 위한 정신의 정부가 요구된다. 라이프니츠는 샤를롯데에게 보내는 편지에서 대학살 앞에 영혼은 변화하는 상태의 몸에 부착되었을 것이고, 전적인 재생의 사이클을 피할 것이라고 시사한다.

"나는 이런 거친 생각을 당신에게 전하기 위하여 높은 산에 오르려는 사람들을 비교하고자 한다. 숲으로 덮여 있지만 성벽 같은 가파른 낭떠러지의 산은 여러 길에 간격마다 휴식처를 제공한다. 여러 길이 구간에 있다. 이런 휴식처나 가장자리에 가까이 간 등산객은 갑자기 한 단계 낮은 쪽으로 떨어진다. 그들은 다시 뒷길에서 작업하여야 한다. 그럼 그들은 점진적으로 한 단계에서 다음 단계로 얻는 데 실패하지 않는다. 때때로 사람은 더 잘 점프하기 위하여 뒤로 물러서야 한다. 그러나 예지의 질서는 의심할 것 없이 가장 적합하고 가장 바랄지라도 의식적 존재를 완전하게 특별한 방식으로 취급한다."15)

영혼은 하나의 유기적 몸의 통일의 원칙이다. 단순히 한 몸에서 다른 몸으로 움직일 수 없다. 그의 몸은 변형된다. 그러나 번데기 (chrysalis)가 나비(butterfly)가 되듯이, 때때로 이 변형은 수임에서 높은 단계로 넘어간다. 때때로 낮은 단계로 죽음에 이른다. 장기간으로 보아서 변화는 도처에 있다. 실제로 모든 것은 우연적이나, 그러나 결정적이고 상호 연결되어 있다. 라이프니츠는 선과 악의 구분을 부정하지 않았지만, 우리에게 악은 신의 목적을 위하여 더 나은 선에 기여하기 위한 것으로 보인다고 생각하였다.

라이프니츠는 샤를롯데 왕비에게 어떻게 세계의 악이 최상의 자비로운 지성으로 통치되는 존재와 화해하는지를 보여주는 책으로 평가한 보에치우스의 『철학의 위안』의 독일어 번역본을 보낸 적이 있다. 영국 대사 스테프니(G. Stepney)와 나눈 편지에서 '모든 것은 필연적으로 일어난다'에 대한 논의를 한 적이 있다. 라이프니츠는 1704년 5월 8일에 장문의 편지를 소피 샤를롯데에게 쓴다. 로스에 따르면 "라이프니츠에게 숭고한 철학이 있다면, 그는 그것을 발견하지 않았다." 아카데믹 서신교환자들로부터 숨기기를 의도하였던

---

15) G. M. Ross, *LEIBNIZ AND SOPHIE CHARLOTTE*, 1999.

그의 체계의 많은 전망들이 있는데, 아마도 그는 그들이 패러독스하고 불합리하다고 느꼈을 것이라는 이유 때문이라고 한다.

3. 세계영혼과 미세질료

17세기에 일어난 범신론적 자연관과 세계영혼논쟁은 과학혁명을 기점으로 매우 민감한 신구사상의 대비를 보여준다. 양자는 기계론적 세계관이나 완전한 세계상의 정복의 정점의 관점에서 지지되거나 혹은 기각되거나 무시되거나 극복되어야 할 대상이었기 때문이다.[16] 플라톤은 세계영혼을 미세질료의 본질의 지속근거에서 찾았다. 성운(星雲)도 영혼도 달의 환 아래에 별도의 현상에서 오는 세계영혼의 원소에서 존립한다. 영혼불사는 영혼의 수레의 그림자이다. 엠페도클레스는 세계영혼을 신적이고 '미세한 공기'라고 하였다. 피타고라스와 아리스토텔레스는 성운을 구성하여 움직이는 다섯 번째의 미세원소로 파악하였다. 알렉산드리아의 필론은 세계영혼을 구성하는 에테르를 미세질료로 보았고, 기원전 3세기의 키톤의 제논은 4원소논의에서 미세질료의 불을 프노이마($\pi\nu\varepsilon\acute{u}\mu\alpha$, pneuma) 또한 로고스 슈페르마티코스($\lambda\acute{o}\gamma o\varsigma$ $\sigma\pi\acute{\varepsilon}\rho\mu\alpha\tau\iota\kappa o\varsigma$, logos spermatikos)로 파

---

16) 세계영혼은 라틴어로 아니마 문디(anima mundi)라고 하며 희랍어로는 푸슈케 토우 판토스($\psi\upsilon\chi\acute{\eta}$ $\tau o\~{\upsilon}\pi\alpha\nu\tau\acute{o}\varsigma$)라고 한다. 이 개념은 자연철학과 종교에서 유래하며 르네상스에는 우주전체와 개별 인간 사이의 유비추론을 위하여 사용되었다. 대 코스모스에서 우주는 소우주로서 인간과 유비관계가 성립한다는 것이다. 생명과 운동원칙으로 하나의 영혼이 가정되기 때문에, 우주는 살아 있는 고유 영을 갖춘 유기체로 간주된다.

악하였다. 스토아는 정신적이기도 하면서 동시에 물질적이기도 한 '수동적, 질료적 원칙'은 오성을 형성한다고 가정한다. 모든 것에 영향을 미치는 이 원칙은 불같이 섬세한 미세질료로 로고스 혹은 프노이마를 통하여 세계영혼을 형성한다고 보았다.[17]

우주에는 하나의 유일한 세계영혼이 있고, 세계영혼을 물질적으로 가능하게 하는 미세질료가 존재하는 미세질료에 대한 표상은 고대철학, 플라톤주의, 부분적으로 일원적 신관의 종교, 혹은 영지주의, 연금술, 혹은 동방종교, 힌두교, 자연종교 등에도 있다. 르네상스와 초기 근대의 저자들을 통하여 전달되었던 이들 표상은 오늘날 자연과학에서 그러한 개념은 역할이 없지만 현대천체물리학 이론은 이러한 미세소재에서 상상력을 제공받는다. 키르허(A. Kircher, 1602 ~1680)는 생물학의 영역뿐만 아니라 화석과 광물의 형성에도 소조능력의 본질을 인정하고 소조역량을 적용한다. 극대화된 미세질료에 의한 세계관에서 케임브리지 플라톤주의자는 자연의 소조개념으로 부응하였다. 영국에서는 플르드(R, Fludd, 1574~1637)가 과학혁명의 케플러의 기계론적 우주론에 맞서 세계영혼 개념을 추종하였다. 세계영혼은 연금술에서 더 선호된 이론이 되어, 플르드는 감추어진 이미지에서 정신과 물질의 비례를 통하여 존재레벨과 우주의 복합체 사이의 소통을 설명하였다. 세계영혼은 천상의 영역과 물리적 영역이 합하여 형성된다. 천상의 영역은 태양과 달을 포함하는

---

17) 들뢰즈가 가타리와 더불어 아리스토텔레스의 질료동형질설을 거부하고 스토아의 질료에 내재적인 원칙으로서 로고스 슈페르마티코스의 이론을 받아들였다는 연구는 다음을 참조하라. J. Sellars, "The Point of View of the Cosmos: Deleuze, Romanticism, Stoicism", in: Pli 8(1999), pp.1~24.

가시적 행성들이 있는 높은 대상들과 연관되고, 물리적 영역은 이들의 성질을 반영하는 4가지 원소로서 불, 공기, 물 그리고 땅이 있는 낮은 대상들로 이루어져 있다. 전체의 자연관에서 플르드는 동물(animalia)을 식물보다 더 높고, 식물(vegetabilia)은 다시 광물(mineralia)보다 더 우위에 있는 것으로 배열하였다.

미세질료 원소의 가정은 원자론적 자연철학의 전제를 포기하지 않고도 이 전통에서 질료와 비물질적인 것 사이의 중재와 정신과 영혼의 특별한 속성, 불멸성을 설명할 수 있는 장점이 있었다. 하지만 이런 입장은 2세기에 영혼의 신체성과 그의 가사성이 거론되면서 알렉산더 아프로디시아스(A. Aphrodisias)가 거부하였다. 3세기는 다시 성운의 환을 통한 일탈에서 흔들거리는 기식의 비합리적 부분을 영적인 정신(anima spiritalis)이라고 불렀고, 미세질료적으로 어두워진 부분은 점점 물질이 된다고 설명하였다. 미세질료의 원칙을 둘러싸고 신과 악마가 인간영혼을 위하여 싸우는 이미지는 3세기 교부철학자 투툴리안(Q. S. F. Tertullianus)이 각인하였다. 그는 영혼은 미세질료의 영혼의 정액(semen animae)에서 합성된 것이고, 육체는 조야한 소재의 몸의 정액(semen corporis)에 있다고 말한다. 양친의 씨앗은 함께 작용하고, 아담도 그렇게 창조되었다. 인간영혼은 양친의 영혼, 즉 아버지의 영혼에서 이양되었다는 것이[18) 이 이론의

---

18) 『변신론』 III, 397. 라이프니츠가 이양론을 받아들이는 이유는 당시에 통용되는 진화론을 지지하는 보조수단으로서 보통 수준의 학식보다는 나아보인다고 보았기 때문이다. 생명이 처음부터 사전에 존재하는 씨앗에 있는지를 말하는 전형성과 창조의 사이에 중단단계로서 더 높은 이성의 단계로 인도하는 수단으로 이양주의를 인정한 것이다.

핵심이다.

근대는 이러한 이양주의 가정을 확정할 수 없었지만, 무에서의 점(點)의 창조가 문제시되어, 영혼의 생성을 육적인 몸에 연관시키는 옛 시도가 부활하였다. 신학에서 영혼은 점점 나눌 수 없는 것으로 받아들였지만, 라이프니츠는 부분적으로 이양주의를 다시 끄집어냈다. 원자론에 따르면 물질적 우주는 미소입자로 구성되며, 이들은 상대적으로 단순, 불변, 아주 작게 가시적으로 구성된다.[19] 자연의 가시형상의 복합성은 이런 입자들의 차이에 그들의 변형에 있으며, 관찰될 수 있는 변화 역시 이러한 변형에 있다.[20]

케임브리지 플라톤주의자 모어(1614~1687)와 커드워스(1617~1688)는 그들의 소조본질에 배아를 조직하는 관념을 적용하였다. 그들은 배아를 형성하는 원인을 둘러싸고 '형성하는 역량', '신적으로 형성하는 힘'을 두고 논란이 있었을 때, 이들을 단순한 자연적 사물의 생성보다는 피조세계 자체의 전체조직의 형이상학적 배경에서 설명하려 하였기 때문이다. 의학교수이며 데카르트 친구인 판 우게란드(C. van Hoogeland)는 동물정신(spiritus animales)은 움직이는 미세

---

19) 당시 현미경을 통한 생물학 영역의 연구결과를 토대로 생명의 근원에 대한 전성설이 제기되고 있었기 때문이다. 1608년 네덜란드의 립퍼세이(H. Lippershey, 1570~1619)에 의한 망원경의 발명은 갈릴레이로 하여금 3배, 나중에는 30배로 개선된 버전을 낳게 하였다. 망원경(telescope)이라는 명칭은 희랍어 텔레 'tele'는 먼이라는 뜻과 스코페인 'skopein'의 본다는 뜻의 합성에서 나왔다. 곤충을 확대하여 보기 위하여 사용한 복합망원경은 1624년에 현미경(microscope)으로 주조되어 탄생하였다. 희랍어로 미크론($\mu\iota\kappa\rho o\nu$)은 작다는 뜻이고, 스코페인($\sigma\kappa o\pi\varepsilon\iota\nu$)은 들여다본다는 뜻을 갖는 현미경을 취급하기 위하여, 자연과학에서는 고정된 입자들이나 단위들의 집적들에 관련된 복합현상을 설명하는 이론으로서 원자론을 받아들였다.

20) A. Fischel, "Bildtechiniken. Mikroskopie in populaerwissenschaftlichen Buechern des 17. und 18. Jahrhunderts", in: *Sichtbarkeit und Medium, Austausch, Verknuepfung und Differenz naturwissenschaftlicher und aesthetischer Bildstrategien*, A. Zimmermann(Hg.), Hamburg University Press, 2005.

질료에서 성립한다고 주장하였고, 데카르트 반대자 스토쉬(F. W. Stosch)는 인간정신의 미세소재 본질을 가르친다. 데카르트 반대자 영국 플라톤주의자 랄프 커드워즈는 미세소재는 정신적 영혼과 물질적 몸 사이의 결합에서 존재한다고 주장한다. 독일관념론에서 융스틸링(J. H. Jung-Stilling)은 인간의 정신은 영혼의 바퀴로서 비물질적이나, 몸은 미세질료적 에테르 지절로 보았다.

오늘날 입장에서 널리 알려진 하비(Harvy, 1578~1678)가 후생설(Epigenese) 체계에서 배아를 조직하는 에이전트로서 소조 힘(vis plastica)을 말하면서 과학연구자 그룹에서 보다 체계적인 연구와 비판이 일어나기 시작하였다. 그는 후생설에 입각하여 닭의 발전을 연구하여 동질의 질료에서 유기체의 점진적 차별화를 기술하였다. 후생설은 모든 유기체는 알에 앞선 형이상학적 에이도스(eidos)에서 발전된다는 주장으로 아리스토텔레스에게로 뒤돌아간다. 후생설은 한 유기체의 구조와 기관들은 개인의 에이도스의 발전에서 형성된다고 본다. 데카르트도 동물정령(esprits animaux)을 말하면서 후생설에서 미래생성은 난에 있는지 정액에 있는지를 토론하였다. 하지만 이 이론은 그들에게서 더 이상 지지를 받지 못하였고 후생설 이론진영 전체가 후퇴하게 되었다. 갈랭은 스페르마(sperma)를 정액 젖은 것, 혹은 질료로 보고 태아는 정액과 피로 생성된다고 풀이하였다. 정액은 가시적 성적 혹은 질료적 습기를 지칭하는 것이 아니라 잠재성이나 로고스를 포함한다. 이 점에서 정액은 정액 로고스, 소조 로고스라고 말해야 한다. 배아의 형성의 마지막에 로고스는 물질적인지 비물질적인지 그리고 그것이 로고스인지 비합리적인지를 물을 수 있다. 여기서 소조개념은 가시적 물체를 형성하는 조야한 질료로서 섬세하고 움직이는 질료와 형식에 대한 표상을 나타내는 미시소재의 개념으로 대치되었다.

영혼의 동일성의 무지 혹은 소조의 무지가 크게 문제되면서 17세기는 앞선 후생설에 반대하여 앞선(prae)의 전철과 형상(forma)이라는 명사로 이루어진 선형성(prae formation) 이론이 크게 유행하였다. 아낙사고라스에서 시작하여 17~19세기까지 발전하였던 17세기의 선형성 이론은 진화론으로 불린다. 이 진화는 오늘날의 일반적 의미와는 전혀 다른 명칭이다. 이 이론은 전체 유기체는 정자(Spermium) 혹은 알(Ei, Ovisten, Ovulisten)에 이미 형성되어 발전되었다고 주장한다. 아로마타리(G. degli Aromatari, 1578~1660)는 1625년 유기체는 이미 그의 생산 이전에 선형성된다는 표상을 지지하였다. 그는 식물들의 씨앗들과 양파들에서 딸 식물이 이미 형성된 것을 관찰한 연구 근거를 토대로 이 이론을 짐승들과 인간들에 사변적으로 이양하였다. 이 안목에 따라 신적인 간섭은 이미 세계창조부터 시작되었고, 거기서 지금까지 미래생성에 뒤이은 창조에도 적용되었다. 이 이론이 널리 통용될 수 있었던 이유는 스콜라와 고대 아리스토텔레스의 형이상학적 학설을 배제하고 역학적 자연설명을 따르는 주장에 섰기 때문이다. 정충(Spermium) 발견에 따라 말피지(M. Malpighi, 1628~1694)는 닭의 배아발전을 연구하고 이에 따라 성장은 이미 선형성 구조에 따른다고 해석한다. 말피지에 반하여 슈밤머담, 발리스니에리(A. Vallisnieri, 1661~1730)는 난에서 미래 유기체가 형성되며 정충에는 오직 하나의 자극하는 기능만 있다고 보았다.

17세기의 배운 혹은 못 배운 대다수의 대중은 말피지, 슈밤머담, 그리고 뢰벤훅 등의 미시개념으로부터 많은 새로운 것을 기대하였다. 그 배경에는 생명의 기원이나 생명의 생성 자체의 문제에 대한 과학적 질문보다 종교철학적 의미에 더욱 전념하였기 때문이다. 그들은 역학적 자연이 정신을 결여하고 있음에도 인간을 포함한 살아 있는 유기체가 어떻게 의도적으로 제안(提案)된 복합성을 발생하게 할 수 있는가의 물음을 던졌다. 거기에는 신학적 배경이 있었다. 17세기 원자론은 동물은 나눌 수 없는 개별자들로 고찰하면서도 18세기 말까지 동물생성은 근본적인 신적인 개입을 필요로 하는 창조작용의 결과라는 신학적 입장과 공존하였다. 너무나 유명한 네덜란드의 실험철학자로서 생물학자 슈뱀머담(J. Swammerdam, 1637~1680)은 다름과 같이 말한다. "신은 최상의 건축가이다. 현미경에 의하여 계시된 놀라움, 창조자의 영광의 증명으로 해부도구가 필요하다. 결론적으로 질서는 우연의 산물이 아닐 것이다. 그러므로 신적이어야 한다." "만약 우리가 양자를 그들의 종류와 자연에서 고찰하면, 짐승의 몸은 인간의 몸처럼 위대한 찬양을 받을 만하다." 여기서 물론 슈뱀머담은 벌레, 곤충, 뱀, 쥐들과 같은 죽은 질료로부터 나오는 낮은 짐승들을 하나의 자궁을 필요로 하는 높은 짐승들과 인간에서의 정액산출에서 나오는 것으로부터 구분하였다.

슈뱀머담과 더불어 유명한 생물학자로서는 델프트의 상인 뢰벤훅(A. van Leeuwenhoek, 1632~1723)인데 그는 네덜란드 말 외에는 다른 언어를 몰랐으며 대학교육을 못 받았다. 하지만 그를 따른 젊은 해부학자 데 그라프(R. de Graaf)가 그로 하여금 왕립학회에 관심을 돌리게 하여 저명한 과학자와 교류가 일어났다. 그의 더 나은 광학기술의 연마, 더 좋아진 손놀림의 기술적 성실성은 학문공동체에서 과학이론 이외에 기술의 중요한 역할을 드러냈다. 그는 과학기술의 성과를 바탕으로 남성 정액 혹은 여성 난이 포유동물의 생성의 기원인지 문제에 대하여 의학공동체의 일반적 함의(consensus)를 공격적으로 반박하면서 학문공동체에 새로운 바람을 불러일으켰다. 뢰벤훅은 올덴부르크와 대화에서 정액을 논의하던 차, 1677년 라이덴 학생 함(J, Ham)이 정액표본을 가져오자, 현미경에서 꼬리를 갖는 작은 동물을 발견하였다. 뢰벤훅은 그의 관찰결과를 확인하기 위하여 부부성교(conjugal coitus)의 자연적 귀결로서 생겨난 자신의 정액을 갖고 현미경을 통하여 다수의 '동물(animalcules)'을 관찰하였다. 이번에는 죄악으로 더럽혀진 것이 아니라 자신의 것으로 하였다는 것을 기록하였을뿐더러, 1699년 정충 내부에 한 인간모양의 발견을 속임으로 만들자 이를 부정하기 위하여 논의를 하므로 연구윤리에도 충실하였다. 뢰벤훅은 조잡한 모래더미 크기의 가늘고 요동치는 투명한 꼬리를 갖춘 동물 백만 분지일의 다수의 것을 관찰하였다. 그는 이 관찰결과를 왕립학회 의장인 부로운커(L. Brouncker, 1620~1684)에게 편지로 보낸다. 호이겐스는 이 관찰은 지금까지 보았던 것보다 중요한 것이라고 뢰벤훅에게 편지하면서 그의 업적을 높이 평가하였다. 하지만 그는 그것이 공격적이기 때문에 출간하지 말 것을 간청하였고, 뢰벤훅은 정충(spermatozoa)에 예의적 의미를 부과하지 않았고 일종의 미생물 삶의 보기로 여겼다.[21)

뢰벤훅에 이어 하르최커(N. Hartsoeker, 1656~1725)는 1694년에 『광

■
21) M. Cobb, "Exorcizing the animal spirits: Jan Swammerdam on nerve function", in: *Nature Review/Neuroscience*, ©2002 Nature Publishing Group.

학에세이, Essai de Dioptrique』에서 광학렌즈를 통하여 볼 수 있는 작은 인간형식의 이미지를 산출하였다. 하르최커는 배아과학의 역사에 기록될 불어로 '작은 아이 그리고 작은 동물(petit l'infant & le petit animal)'로 불렀던 이 작은 동물을 정액 내부에서 웅크리고 있는 곳에서 찾아냈다. 하르최커는 전체 배아를 정충머리(Homunculus)라고 간주하였다. 그는 배아의 미래생성은 이미 정충에서 선형성되었고, 여성 유기체는 오직 영양의 토대만을 제공한다고 여겼다. 이 결과가 알려지자 말뷰량슈는 현미경으로 들여다보면 보다 작은 피조물을 볼 수 있으므로, 각 배아는 러시아 오뚝이 인형 마트로시카같이 무한하게 작은 배아를 포함할 수 있다는 가설을 발전시켰다. 무한하게 많은 동식물의 시리즈는 종자나 알 안에 있으므로, 자연주의자들만이 풍부한 기술과 경험으로 그들의 임재를 찾아낼 수 있다. 구근에서 튤립을, 알에서 닭을, 알에서 개구리를 찾아내듯이 '모든 인간과 동물의 신체들은' 이미 태어났고, 그리고 여전히 태어날 것도 '세계 창조와 같이 아마도 산출되었다'는 것이다.

정충이 발견되자 정자론자(animalculist)는 동물의 정자는 어른 동물처럼 처신한다고 생각하였다. 베어(K. E. von Baer, 1792~1876)는 호문쿨루스는 남성에서 나와야 한다고 요구하기도 하였고, 정액낭비에 비추어 로네(P. Lyonet, 1708~1789)는 정액이 생명의 씨앗이 아님을 증명하기도 하였다.

17세기 일반에는 정액과 정액주의(Panspermia)의 종교논쟁이 있다. 희랍어로 판스페리마(πανσπερμία)는 모두를 의미하는 파스/판(πᾶς/πᾶν)과 그리고 정액 혹은 종자를 의미하는 스페르마(σπέρμα)로 라틴

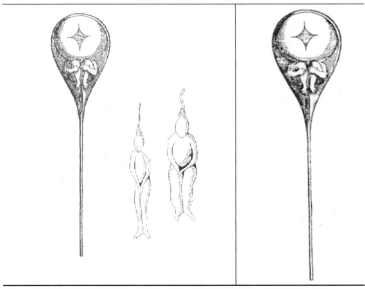

하르췌커가 그린 정액의 호문쿨리

어 음역이다. 여기서 모든 생명은 정액에서 온다는 범정액주의가 생겨난다. 범정액주의 이론은 생명은 우주를 통하여 유성체(meteoroids), 화성과 목성 사이에 편재하는 작은 혹성(asteroids) 그리고 소유성(planetoids)을 통하여 분포되어 존재한다고 간주한다. 라이프니츠는 소비된 정액(sperm)은 현실적으로 뿔뿔이 흩어질 것이고, 그들이 적합한 도피처를 발견한 곳에서 생명을 생성시킬 것이라는 범정액주의 이론을 지지하였다. 형이상학적으로 만물은 전체가 서로서로 연결되어 있기 때문에, 실재는 오직 하나의 유일한 생명의 원천을 제외하고는 다른 곳에서 올 수 없다는 것은 라이프니츠의 논리형이상학적 귀결이었다. 따라서 죽음은 감소를 통한 접혀진 변형이다. 유기체는 그들의 삶의 형식에서 항상 존재하였다. 그러나 그들은 몸이 영혼에 연결되는 곳에 항상 존재하고, 과거 명백한 죽음에서 조차도 그러하다.

반면에 헬몬트는 생명의 기원이 위(胃)의 상단구멍이 공통감각 자리라고 생각하였다. 두뇌에서 정해지는 공통감각 자리(common sensorium)는 위의 상단구멍이거나 심장이다. 전자는 헬몬트(J. B. Helmont), 후자는 홉스의 견해이다. 모어는 후자를 부정하는 이유로 악어가 심장이 제거된 이후에도 한동안 싸우고 방어하였다는 점을 보기로 들었다. 칼키디우스(Calcidius)는 바다거북이 야생염소가 그랬다는 기록을 남긴다. 갈랭은 짐승들이 심장이 제거된 후에 신전에 놓았다. 한동안 숨 쉬는 것, 포효하는 것을 보았다. 피가 다 없어질 때까지 달아나고 돌아다니기도 하였다. 모어는 정신과 물질의 합일의 접합은 그들 가운데 질료의 부분들의 합일만큼 어렵다고 설명한다. 천사는 정신과 몸으로 구성되었다. 생혼, 식혼, 감각혼, 이성혼 등을 보면, 데카르트 추론이 사고의 관념이 연장의 관념과는 다름을 증명하였을지라도, 그는 사유와 연상이 동일한 실체의 속성일 수 없음은 증명하지 않았다는 것이다.

라이프니츠는 『헨리 모어의 영혼 불멸성에 대한 노트』에서 다음과 같이 주석을 한다.

"모어는 물질의 최소부분들은 어떤 크기를 갖는다고 말한다. 그렇지 않으면 그들의 반복은 연장될 수 없다. 그런 부분들은 나누어질 수 없다. 하나의 글러브가 하나의 평면을 접하면, 운동에 의한 접촉의 반복은 하나의 선을 만들 듯이, 이 비가분성은 지적으로 그것을 가분하는 것을 중지시키지는 않는다. 나누어질 수 없는 부분들은 통합적이 아닌 것에 대하여 그들은 연장이나 거리 없이 존재한다.

따라서 하나의 연장된 사물을 만들 수 없을 것이다."[22]

라이프니츠는 헨리모어의 주장에 대하여 1664년 슈밤머담이 파리에서 수행한 개구리해부를 보았거나 경험하였던 바에 따라, 해부한 내장을 완전히 드러낸 개구리를 보았다는 실증적 증거를 말한다.

"심장, 위 등을 해부학자가 아주 정교하게 해부하였다. 길에서 대상을 피하려고 하고, 이전처럼 점프하지만 두뇌의 작은 상처가 한순간의 동물의 삶과 운동을 박탈한다."

해부학자 라우랑(André du Laurens, 1558~1609)은 "한 신경이 운동, 감각으로 묶어지면, 봉합된 끈에서 머리까지 운동과 감각이 이어지는 것이 실패하지 않는다"고 말한다. 모든 사물이 공통감각의 자리가 아니라는 기능을 상실함이 없이 두뇌가 받는 상처, 깊은 상처로부터 이러한 절단이 그들이 그들의 심실과 같이 멀리 떨어져 집중하지 않는 한, 감각이나 운동이 제거되지 않는다는 것은 명백하다. 더 나눌 수 없는 최소 물체(Minima Corporalia), 식물혼, 감각혼, 이성혼, 식물, 동물, 인간, 천사에 해당되는 부분이다.

라이프니츠는 뢰벤훅의 종교철학의 지식은 학문공동체에서 논의되고 있던 상황에서 『변신론』에서 앞선 모든 철학적 사변보다는 망원경과 지성의 신앙이 깊어진 뢰벤훅과 슈밤머담의 관찰결과를 갖

22) A VI 4, p.1678.

고 헤렌하우스 왕가의 여성 철학적 토론 살롱에 반영한다. 생명은 각 씨앗 이내의 전체 나무에 완전히 숨겨져 있다. 대부분 피조물들이 작은 동물로부터 오는 완전한 시초는 이미 각 씨앗 안에서 제시되어 있다. '전체의 인간'이 이미 작은 동물로부터 제시되어 준비되어 있다. '전체의 인간'은 이미 정충 안에 있다. 뢰벤훅은 "나는 실제로 1685년 어깨가 있고 엉덩이가 그리고 머리가 있는 동물의 정자에서 동물(animalcules)을 붙잡고 있었다"라고 술회한다. 그것이 라이프니츠에게는 범정액주의로 나타났다.

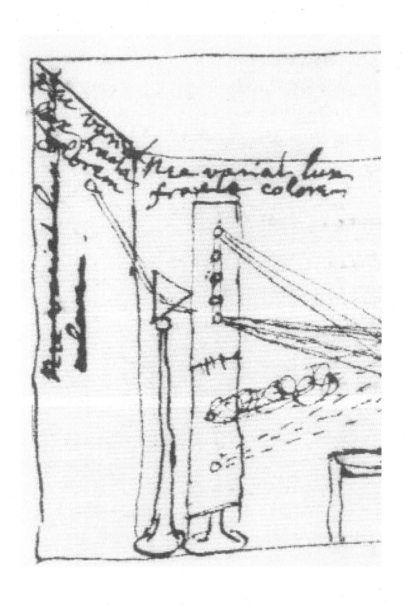

NOVA METHODVS PRO MAXIMIS ET MI.
nimis, itemque tangentibus, quæ nec fractas, nec irrati-
onales quantitates moratur, & singulare pro
illis calculi genus, per G.G.L.

SI taxis AX, & curvæ plures, ut VV, WW, YY, ZZ, quarum ordi-   TAB. XII.

제 5 장
모나드 체계의 표준장소

& dx eodem modo in hoc calculo tractari, ut y & dy, vel aliam literam
indeterminatam cum sua differentiali.   Notandum etiam non dari
semper regressum a differentiali Æquatione, nisi cum quadam cautio-
ne, de quo alibi.   Porro *Divisio*, d— vel (posito z æqu. $\overset{v}{}$) dz æqu.

$$\frac{\dagger v\, dy \dagger y\, dv}{yy}$$

$\qquad\qquad\qquad\qquad\qquad\dfrac{v}{y}\qquad\qquad\qquad\dfrac{v}{y}$

Quoad *Signa* hoc probe notandum, cum in calculo pro litera
substituitur simpliciter ejus differentialis, servari quidem eadem signa,
& pro † z scribi † dz, pro –z scribi –dz, ut ex additione & subtra-
ctione paulo ante posita apparet; sed quando ad exegesin valorum
venitur, seu cum consideratur ipsius z relatio ad x, tunc apparere, an
valor ipsius dz sit quantitas affirmativa, an nihilo minor seu negativa:
quod posterius cum fit, tunc tangens ZE ducitur a puncto Z non ver-
sus A, sed in partes contrarias seu infra X, id est tunc cum ipsæ ordinatæ

N n n 3   z decre-

1. 모나드 집의 구성

바로크 건축물은 사유하는 주어와 사유된 대상 사이의 현상학적 의미에서 정초되어 있다. 시간과 공간을 사물이 아닌 단순한 관계에서 대상을 고찰하면 바로크 건축물의 현상학적 의미가 명백하다. 예를 들어 우리나라의 전통 농가의 초가집의 지붕은 물과 흙과 논에서 나오는 볏짚으로 1년 사시사철의 변화를 지붕에 담는 자연과 삶의 현상학에 정초되어 있다고 말할 수도 있다. 라이프니츠는 시간과 공간을 사유와 연장 사이의 잘 정초된 현상으로 규정하므로 바로크 건축의 현상학적 의미를 제시하였다. 시간과 공간의 존재론적 카테고리에서 질료의 주름이 무한공간에서 이어지는 계기를 갖는 한, 세계는 현상학적으로 지속적이고 역동적으로 변한다. 바로크 건축물로서 집이 있고, 이 집에 모나드가 거주한다. 일반적으로 집은 공간의 건축물로 '건물'의 대상일 뿐 아니라 장소와 구역에서 주소를 갖는 하나의 사회적 관계망이다. 집은 안락함, 문화적 사건이 생김을 가능하게 하는 공간이며 나아가 생산수단이다. 집은 객관적인 공간에 단일한 간섭으로 나타나는 것이 아니라, 환경에 의하여 접촉하고 접촉되는 지속에서 존재근거가 있다. 집의 건축학적 디자인은 자신의 세계에 대한 관계를 유출의 삶으로 이끈다.

바로크 성의 계단에 방문객과 거주자 사이의 문지방은 매우 민감한 곳이다. 과거에는 결혼하면 신랑이 신부를 데리고 와서 이곳을 넘을 때 미래에 이곳을 떠나지 말라는 부탁의 의미가 있는 곳이기도 하다. 바로크 시대의 가부장적 아버지는 집안의 모든 작은 행동까지도 통제할 수 있게 감시하며 집 밖의 여자는 성적인 환상의 모습으로 나타났다. 바로크 집이라는 공간의 문틈은 들여다볼 수 있는 곳, 감추어진 장막의 가능성이 있는 곳이다. 17세기 네덜란드 그림을 보면 문지방에 여자는 앉아 있고, 끊임없이 빨고, 닦고, 일하는 새로운 시민계급을 위한 모티브가 많이 제시되어 있다. 바로크 주름 역시 문지방 같은 계기에서 계기로 단일하게 이어가며 개별화하고 시간과 공간의 쌓인 여러 사회적 저항을 담는다.

집안의 주름의 메타포는 공간의 존재론적 카테고리의 급진적 비판을 담으며 원자론의 극복 가능성을 개진한다. 현대과학문명이 물과 빛에서 원자론의 결정론적 가능성을 실현하여 보였다면, 그곳은 주름의 접기와 펴기의 공간, 고정된 동일성으로서의 경계, 장소적 욕망의 종착지의 한계에 대한 비판을 담는다. 주름은 죽은 공간의 불 활의 정적인 질료에서 건축학적 대상에 대한 생각 대신에 유출의 역학을 탐험한다. 뉴턴 역학에도 주름은 공간의 역학적 관계에 대하여 생각할 가능성을 제공한다.

들뢰즈는 모나드 집에 거주하는 영혼을 자신에 상응하는 물체, 정신과 물체, 마음과 몸의 상호 대비되는 개념 짝으로 대칭시킨다. 영혼은 모나드 집의 주름이 무한하더라도 유기적, 비유기적 사물 사이, 내외부의 안팎에서 세계를 관통하는 주름의 원칙이다. 모나드 집의 위층에는 창문이 없다. 영혼은 무한 주름을 통하여 선재하는 신적인 조화를 반영하므로, 우리는 우리를 보증된 복합 세계현상을 조화로 경험하며 살아가게 하며 질료에서 하나의 일로 실현되어 *있음*을 확인한다. 곧 *됨*이 *있음* 혹은 *있음*이 *됨*으로 가는 근원은 영혼의 주름의 무한성에 근거한다.

■

1) 1687년에서 1767년까지 바로크 양식으로 건축된 건물로서 주교이자 군주인 막시밀리안 프리드리히 폰 쾨니그세그-로텐펠스(Maximilian Friedrich von Koenigsegg-Rothenfels)가 거주한 성이다. 건축가 요한 콘라드 슐라운(J. Conrad Schlaun)이 지은 건물인데, 본관 기둥의 거의 알아볼 수 없을 정도로 후미진 구석에 자신의 얼굴을 조각하여 놓았으며, 오늘날은 뮌스터대학의 본부 건물로 사용되고 있다.

157
제5장 모나드 체계의 표준장소

들뢰즈는 아래층의 시각적 움직임을 소리로 번역하면, 위층에서 마치 음악당과 같이 영혼의 소리가 울려 퍼진다고 보았다. 이것은 모나드 집의 상하관계를 음악적으로 해석한 것이다. 모나드 집의 아래층에 사는 질료의 주름은 위층 영혼의 주름 사태를 통하여 영혼과 질료의 음악적 조화를 유지한다. 위층에는 창이 없고 문은 닫혀 있지만, 아래층은 창이 있어서 작은 열린 틈으로 요동, 진동을 촉발한다. 층계로 늘어진 현을 통하여 빛이 없고 닫혀 있는 위층으로 아래층의 시각적 움직임을 소리로 번역하여 소리 나는 음악 살롱이 생겨난다. 세계의 사건은 아래층에 있는 열림에 의한 위층을 통한 외부실현이다.

뉴턴도 광학실험을 통하여 세계의 사건을 어두운 방 안에서의 '읽음'으로 갈음하였다. 라이프니츠의 구도에서 보자면 질료가 거주하는 아래층이 모나드 도서열람실(圖書 閱覽室)이다. 영혼이 사는 위층은 '몇몇의 작은 열린 틈'이 현을 통하여 아래층으로 연결되어 있다. 모나드 집 위층 방은 빛, 아래층 방은 어둠으로 채워진다. 모나드 집의 상하는 명암(明暗)의 대비를 이룬다. 빛의 채워짐은 마치 쇼펜하우어는 스피노자를 통하여 「봄과 색깔에 대하여」에서 "어떻게 빛 스스로와 어둠이 명시적으로 만드는 것은 진리가 그 자체를 위하고 거짓을 위한 척도이다"[2]라고 말한 바와 같다. 위층에서는 아래층으로 중력이 작용하고, 아래층에서는 위층으로 영적 상승이 일

---

2) A. Schopenhauer, *Saemtliche Werke* IIII, p.199. "Sicut lux se ipsam et tenebras manisfestat, sic veritas norma sui et falsi est."

어난다. 들뢰즈에 따르자면 데자르그 사영기하학에 의거하여 위층의 영혼은 아래층의 몸의 한 점에 투사될 수 있음을 의미한다.

들뢰즈는 각 영혼을 몸 안에 물방울의 한 점처럼 자리 잡고 있는 것으로 비유한다. 데카르트나 스피노자는 무지개 색깔을 연구하기 위하여 물방울에 비치는 입시각과 반사각을 기하학적으로 고찰하였다. 영혼은 물방울 속에서 빛의 속성을 가장 투명하게 잘 드러낼 수 있다. 영혼으로 비유되는 이 점은 물방울이 나누어지거나 부피가 줄어들 때에도 물방울 안에 존속한다. 매질의 농도와 입사각과 반사각의 조건에 따라서 물방울로 빛이 통과하는 경우가 달라지더라도 영혼은 한 점으로 충분하다. 영혼은 죽음에도 자신이 있었던 자리에, 비록 몸의 부분이 줄어든다 할지라도 그 부분 안에 있는 것과 마찬가지다. 들뢰즈의 질료해석에 따르면 종들을 갖는 우주의 만물은 급진적으로 단일하며 각 모나드는 한 몸을 갖는다. 라이프니츠가 소피 샤를롯데 왕비에게 영혼도 몸을 필요로 한다는 의미가 여기에서 적중된다. 모나드끼리는 상호 소통하는 법은 없지만, 각 모나드는 빛 안에 있는 전 세계를 자신의 위치에 따라 반영할 수 있다. 모든 빛은 어둠을 나르므로 악은 최상의 세계에서 가능하다.

각 모나드에는 스스로의 재귀성과 전이성이 있다. 각 모나드는 스스로 자신의 관점에서 우주를 표현하고, 거꾸로 모나드의 지각은 전체우주의 단순한 반영이라는 점에서 재귀적이다. 반면에 각 모나드가 우주를 반영하고, 전체우주를 자신에서 반영하므로, 각 모나드의 지각은 다른 모나드의 지각과 다른 한에서 전이적이다. 모나드 주어는 무한성을 유한하게 표현하기 위하여 접고 접히고 다시 접는 관계망이다. 세계는 관점으로서 주어를 위치하게 하는 데에 따라서 짜지고 변형된다. 세계와 주어의 관계는 상호 침투와 상호 겹침의 회귀적 관계로 엮어진다. 주어는 세계를 표현하고, 세계는 주어의 영혼의 현실을 반영한다.

인간이성은 인간 스스로에게 자기근거를 주는 법정이지만, 동시에 죽을 수밖에 없고 나약하고 모든 것은 모른다. 며칠 전 교통사고, 교통신호체계, 통신요금, 건강상의 엑스레이 등등 미리 다 알 수 있다면, 거의 모든 문제를 해결할 것이지만 우리는 여전히 모르고 있다. 데카르트 영혼은 순수하고 완전한 의식으로서 최고의 자기거부의 지점에 도달할 때, 더 이상 감성적 세계를 발견하지 못하였다. 스피노자 실체의 제안은 자연에서 가능한 모든 우연성을 완전하게 장악한 신, 즉 자연으로서 범영혼 이론이었다. 철학함은 현존의 유한성의 표시에 유한한 전망의 의식이다.

모나드 집에는 죽은 자의 의식 없는 곳에서 이성적인 영혼에까지 상이한 단계의 엄청나게 많은 유형의 모나드가 발생한다. 그러므로 모나드 집에는 다양하고 상이한 그림자의 명료성과 판명함의 단계가 있다. 창과 문이 없는 폐쇄된 통일의 이 집의 외부세계는 항상 내적인 표상으로 현실화된다. 모나드 개념의 난제는 전적으로 폐쇄된 것에서 모나드들끼리 서로 소통할 수 있는가에 있다. 전통적인 답변은 신적으로 조건 주어진, 항상 예정된 질서에 있고, 이 질서에 수많은 영혼들은 하나의 모두를 총괄하며 붙잡는 조화에서 함께 발견된다는 것이다. 이 답변의 장점은 모나드는 항상 일정한 영역만 명쾌하고 명백하게 가시적이라는 점이다. 이 답변의 단점은 모나드는 아프리오리 한 전체성과 관련되고, 이는 다시 전체의 자기 만족적인 지각의 길로 가야 한다는 것이다. 여기서 들뢰즈가 선택한 전망은 영혼들은 하나의 몸을 가질 수 있고, 영혼들에 있는 몸이 명쾌한 표상을 갖는 때가 있다는 것이다. 몸은 일종의 자기소유와 같이 직접적으로 영혼에 속해 있다. 몸은 감성적이거나 질료적으로 영혼 안에서 통합되지 않고 항상 외적으로 머무른다. 이성적 모나드에는 근원적, 통일적 힘이 내재하는 반면, 질료는 통제될 경계 지움이 없는 파생적 힘의 복합적 다양성을 끌어당긴다. 이 양자는 서로를 유사성으로 지시한다. "영혼의 주름은 질료의 주름을 닮고" 힘의 선과 주름으로 난제를 뚫고 가기 때문이다.

바로크 형이상학이 신적인 조건 지어짐의 전체성, 체계적 합리성이라고 한다면, "라이프니츠의 선험철학은 현상(Erscheinung)이라기보다는 사건(event)에 관련되고, 칸트적 조건방식을 선험적 실현과 현실이라는 이중조작으로 대치한다." 건축, 회화, 극장, 유행, 음악에 발견되는 바로크의 체계적 사고는 위기의식을 부르고 고통으로 일그러진 몸은 항상 외롭게 떨어져 있다. 몸은 유한하게 의욕 하는 해체에 머무르지 않고, 그의 주변과의 소통에 무능하게 머물러 있다. 들뢰즈는 이 해체를 '몸의 찢김'이라고 하였다. "실제로 만약 우리가 사안 자신을 항상 눈앞에 가질 수 있다면, 우리는 삶의 테두리에 있는 야생동물이나 해부학 극장의 해골과 같이 봄 자체를 기호를 통하여 재현할 필요를 갖지 않을 것이다."

알려고 할 때 모나드가 그런 상황을 보여주는 것이 철학이 하는 조화의 일(job)이라면, 창문이 없는 모나드 집의 이층에 변동의 연속성과 관점 사이에 불연속성의 발생을 주목하게 된다. '영혼의 주름'이란 펴고, 접고, 감는 데에서 생겨난 자국인데, 들뢰즈는 이곳에서 영혼의 주름에서 이러한 불연속성의 근거를 찾는다. 기하학적으로 종이접기하면 접선이 생기는 곳에는 2차원 평면이 생기고 3차원 공간이 나온다. 카오스 이론은 아마존의 '나비효과'라는 용어로 아마존에서 날아가는 나비의 펄럭거리는 날갯짓에 의한 파동이 지구의 어느 한 구석에서 소나기를 유발할 수도 있다는 현상을 설명한다. 하나의 사태에는 최소의 작용일지라도 기나긴 시리즈의 연속을 통하여 다른 하나의 사건을 야기시킬 충분한 이유가 간직되어 있다는 것이다. 수학과 물리학의 부분영역을 이루는 카오스 이론도 이러한 접고 펴고 감는 과정을 통하여 질료의 복합화를 설명한다. 질료의 구성도 이런 복합화에 있다.

카오스란 일상생활 용어처럼 마냥 무질서를 의미하지 않고, 체계의 역동성 내지 시간적 사태를 의미한다. 공공성의 대중 미디어의 조직, 바로크에서 소유의 위기, 자유주의 위기 형태에 따라 전망주의를 고려하면, 라이프니츠의『변신론』의 화두에 따라, 신이 중심전망을 취하는 곳에 인간은 고찰하는 관점의 상대성에 의존한다. 세계의 사건은 질료에서 일어나는 하나의 조짐의 실현이다. 그것은 한 조각의 화강암과 같이 사건이 잠재적 주름으로 등록되어 있다. 그것은 직접적이 아니라, 이미 전개되어 있고, 무한으로 접혀지며, 중재된다. 나타나는 것은 현안으로서 명석하고 판명한 가상으로 나온다. 모나드 집의 양 층 사이에 하나의 주름이 오며, 질료와 물체와 그의 기관 사이사이에 접혀진 영혼이 있다. 육과 영은 주름으로 갈려 구분된 각각의 주름이 더 나아간 차이의 규정은 더 나아간 전개를 의미한다. 이 전개는 같을 수 없는 다름으로 무한하게 나아간다. 이 차이를 없앨 수 없이 나가는 운동의 유일한 정초는 상이하고 복합적이고 중층화된 모나드 집의 주름 사이의 유사성에서 발견되며, 이

유사성은 유기적 세계의 합리적인 구성원칙이다.

2. 암실(暗室)의 스크린 읽기

　현상학은 후설과 하이데거를 통한 철학적 탐구에 속한다. 근대 초기의 코페르니쿠스에서 시작하여 뉴턴에 이르기까지 현상학이 대상으로 하는 현상개념이 확정적으로 자리 잡기까지 다양한 과학 문화적 의미함축이 있다. 현대적 의미에서 현상개념을 가장 잘 설명한 이론은 케플러에 의한 원뿔곡선을 이용한 사영기하학에 있다. 케플러는 태양중심 행성운동을 설명하기 위하여 피타고라스의 수 이론과 플라톤의 정다면체 가설을 이용하였다. 종전의 프톨레마이오스 천동설체계에 따라 지구는 우주의 중심으로 고정되어 있다는 견해에 대하여, 케플러는 태양중심으로 타원형으로 공전한다는 사실을 사영기하학의 원뿔곡선의 성질을 이용하여 설명하였다. 행성의 운행은 태양으로부터 가까워질 때 더운 여름이 오고 멀어질 때 추운 겨울이 오지만, 이는 철저하게 태양과 지구 사이에 성립하는 면적에 비례한다. 이러한 질서에 따라 행성은 태양을 중심으로 이심원을 갖는 타원형으로 만들며 운행한다. 행성과 태양과의 거리의 제곱은 행성이 운행한 거리에 대한 시간의 세제곱과 일치한다. 케플러는 이러한 행성의 운행계획을 미래에로 확장하여 예측하고 계산해낸 도표로 루돌프 별표를 제작하였는데,[3] 절대왕권시대에 이들을 읽고 해석한다는 것은 바로크 문화의 영광과 권위를 드러내는 일과 같은 것이었다.

칸트는 경험적 인과변화의 세계에 대하여 감각경험을 자기 것으로 만드는 아프리오리 한 논리적 주어에게 선험적인 논리적 카테고리의 독립성을 부과하였다. 칸트의 선험철학에서는 주어가 세계를 필요로 한다면, 라이프니츠에서는 세계가 자신을 실현할 주어를 필요로 한다. 신은 죄인 아담을 창조할 때에 아담뿐만 아니라 죄를 지을 세계도 창조하였듯이, 세계는 주어 없이는 굴곡점, 전지한 관점으로 표현된 세계의 증식이 의미 없다. 사건은 카오스의 복합성에 있으므로 언제 무엇이 어떻게 일어날 것인지 모른다. 어떤 체험이나 체험의 주어가 사건에 연관되어 있으며, 사건의 일회성과 반복성에서 어떤 아프리오리가 있느냐의 물음에 모든 사건은 그의 퇴거(Ent-eignung)와 같다. 사건은 우리의 지각에 결부되어 눈에 돋보이게 일어나는 변경과 관련되어 있다. 물리적이든 형이상학적이든 사건은 현재 세계과정의 상황의 의미와 관련되어 분규, 전복, 질서의 방해, 돌발사태, 시간적 지속의 파열 가능한 것과 불가능한 것의 정립에서 주어진 현재의 용기에 이른다. 여기서 들뢰즈는 라이프니츠가 ① 주름, ② 내부와 외부, ③ 높은 곳과 낮은 곳, ④ 펼침, ⑤ 직물, ⑥ 패러다임의 여섯 가지 카테고리로 모나드 집에서 바로크주어가 영혼의 세계에서 자아실현 가능성을 열었고 이 카테고리로 바로크 과학과 예술에 공헌하였다고 평가하였다.

세계는 관점으로 스크린이 되어 있다. 관점 없는 주어는 세계를 지각할 수도 실현시킬 수도 없다. 관점으로 스크린이 되어 있지 않

3) M. Lemcke, *J. Kepler*, Hamburg, 1995, p.131.

은 세계는 전적으로 카오스에 가깝다. 주어개념을 변형하고 사건을 가능하게 하는 조건이 스크린이다. 영혼이나 주어는 관점으로부터 항상 선취하는 굴절을 포괄하기 때문이다. 굴곡은 영혼은 영혼 스스로 안에서 감고 있는 것만으로 현실을 포착할 수 있는 이상적 존재조건이다. 세계의 사건은 카오스, 카오스의 복합성에서 만들어지지만 오직 일종의 스크린이 개입되는 조건에서만 일어난다. 사건은 대 피라미드이다. 스크린으로 카오스의 복합성이 끌어들여질 때, 사건은 상연될 수 있고 상연할 수 있다. 카오스는 순수한 다(多)로 오직 스크린 개입조건에만 있다. 순수한 카오스는 존재하지 않기 때문이다. 어떤 것은 일자인 동시에 순수하게 선언적인 다양성이다. 카오스는 영혼의 관점에서 보자면 보편적 현기증일 것이다. 이는 모든 가능한 지각의 총체이고, 무한하게 미세하다. "아하, 여기에 이런 것이 있었구나!" 카오스는 있는 것을 있게 만드는 스크린으로부터 추상적으로 존재한다.

스크린을 비추면 스크린에 비친 자연은 무한하게 세련된 기계와 같다. 스크린은 카오스로부터 어떤 것의 이슈를 만들고, "아하, 이런 것도 있었구나!"라는 효과를 유발한다. 이런 방식으로 라이프니츠는 카오스에서 자연에 있는 사물들에 대하여 여러 가지 근접성을 귀속시켰다. 우주론적 근접성에 따르면 카오스는 모든 가능성의 총체에서 모든 개별적 본질은 존재하려고 하는 곳에 있다. 물리적 근접성에서 고찰하자면, 카오스는 깊이 없는 그림자로 설명할 수 있다. 그 점에서 스크린은 어두운 배경장막을 내버려 놓아두지 않는 스크린과는 비교된다. 스크린은 정돈된 지각에서 통합될 수 있는 미분적인 것을 추출한다. 스크린에서 사건은 무한조화의 변주로서 시공은 모든 시리즈의 추상적인 좌표계에 포착된다. 연장적 시리즈는 내재적 속성을 갖고 높이, 강도, 소리, 가치들은 무한한 새로운 시리즈로 간다. 스크린은 관점으로 세계를 번역하는 주어와 같다. 스크린이 없이는 세계의 비밀은 풀리지 않는다. 세계의 잠재적 시리즈의 현실화로 사건의 강물이 흐른다. 여기서 모나드 주어는 노마드 주어가 된다. 이것이 모나드론의 노마드론이다.

들뢰즈는 라이프니츠의 『지구의 역사』에서 원뿔곡선에서 드러나는 원, 타원, 포물선, 쌍곡선은 각 변동영역에서 진리를 현시하는 조건으로 간주한다.[4] 이들은 다양한 영역의 범례화의 사례들에 나타나는 현상의 순서를 부여하는 능력이 있다. 들뢰즈는 변곡의 곡률에서 만나는 소용돌이, 끼어들기, 뒤틀기의 곡선을 설명하면서 베르나르 까슈, 만델브로 등의 파국이론을 도입한다. 기하학에서는 점, 선, 면이 있고 종이접기에서는 펴고, 접고, 또 접기가 있다. 마찬가지로 '영혼의 주름'도 펴고, 접고, 감음이 있다. 들뢰즈는 이 중에 하나의 기다리는 사건, 잠재적인 이상적인 가능한 변형을 설명하기 위하여 대상(ob-jet)과 주어(sub-jet)의 개념을 도입한다. 대상이라는 단어는 눈앞에 서 있는 것(ob-jet)에 대하여, 밑으로 세워 투기하는 것(sub-jet)에 대응하는 의미를 갖는다. 대상은 다가오고, 가까이 오는 것에 대하여 선택하거나 받아들이는 것인 반면에, 주어는 이에 대하여 밑에 깔아서 세우는 대응하는 개념이다. 주어와 대상 역시 데카르트의 사유와 연장처럼 불가분의 대응을 갖는 개념 짝이다. 들

---

4) 『주름, 라이프니츠와 바로크』 질 들뢰즈 지음, p.17.

뢰즈는 디자이너 베르나르 까슈가 독창적으로 발전시킨 대상개념을 이용하여 가변성을 갖고 편차 이내에 운동하는 성질을 대상이라고 지칭하고, 이에 비례하여 마주 다가가는 대상을 주어라고 불렀다. 대상과 주어는 쌍방 간에 변화에 대처하며 양자가 만나는 장소, 위치, 자리, 초점에서 '관점(point de vue)'을 만든다. 들뢰즈는 화이트헤드를 따라 관점을 주어는 아래로 던지는 데에서가 아니라, 밑에서 '위로 상승하는 자'에서 규정한다. 관점은 끊임없이 변하는 가운데 처지는 것이 아니라 상승하는 기운을 갖는다.

들뢰즈는 현상을 드러내는 관점의 출처를 캐기 위하여 라이프니츠가 『신인간오성론』의 암실에서 모나드의 내부벽면을 선과 수로 가득 채운 도표를 끊임없이 작성하였다고 지적한다. 이곳에서 외부 세계의 존재와 본유관념을 통일하는 역량이 일어난다고 진단한다. 라이프니츠가 작업한 이 아파트는 주름에 의하여 다양화되어 천으로 당겨진 『신인간지성론』의 암실이다. 『신인간오성론』의 암실의 모나드 방은 모든 것을 이 어두운 바탕을 배경에서 끌어낸다. 어떤 것도 밖에서 들어오게 하거나 나가게 하지 않는다. 독방, 카타콤베 지하납골당, 교회, 극장, 판화 연습실 등은 바로크가 역량과 영광을 끌어내기 위하여 권위를 부여한 장소이다. 이 암실은 로크의 『인간오성론』 암실과는 달리 천으로 말아 올린 주름에 의하여 다양화되어 있다.5) 이곳은 바로크가 역량과 영광을 끌어올리기 위하여 권위를 부여한 장소이다. 이 암실 높은 곳에 작은 틈만이 있고, 이 틈으

---

5) Ibid., p.55.

뉴턴의 1666년 결정적인 광학(experimentum crusis) 실험	『광학』 1권 2부의 광학실험결과를 적은 삽화

로 들어온 빛은 두 개의 거울을 통하게 되어 있다. 먼저 거울을 통하여 온 빛은 직접 보이지 않는 대상의 윤곽을 보여주고 종이 위로 투사시킨다. 이때 두 번째 거울은 종이의 위치에 따라 기울어져 있다. 들뢰즈는 "곧 라이프니츠가 읽는다"는 말은 바로 모나드 권역의 내부 행위로서 모나드의 전체 안에서 이루어지는 신의 행위를 지칭한다.[6] 신의 행위는 "모나드는 책 또는 도서열람실이다"라고까지 말한다.

들뢰즈가 도입한 이 구절은 라이프니츠 당대의 1666년 방문을 잠근 어두운 그의 시골 방에서 수행한 뉴턴의 광학실험실과 정확하게 그 상황이 적중된다. 소위 뉴턴은 그의 결정적인 실험에서 다음과 같은 일인칭 주어로 설명한다.

"나는 두 판을 취하였다. 빛이 들어오는 창문의 프리즘 뒤에 첫

---

6) Ibid., pp.135~136. 신이 독자가 된다는 것은 '신이 모나드 안으로 들어가는 이행'을 의미한다. 각 모나드의 관점은 신의 독서나 관점의 결과인 것은 신이 모나드를 관통하여 일치되었기 때문이다.

번째 판을 대었다. 그랬더니 빛이 작은 구멍을 통하여 그 판으로 빛이 떨어졌다. 그리고 첫 번째 판과 약 4m쯤 떨어진 곳에 두 번째 판을 갖다 대었다. 그것에도 역시 프리즘을 갖다 놓았는데, 작은 구멍으로 들어온 빛은 이번에는 프리즘을 통과하면서 방의 벽에 도달하기 이전에 굴절되었다. 나는 첫 번째 프리즘을 손에 잡고 천천히 그 축을 이리저리 돌렸다. 점점 상이한 부분의 그림이 두 번째 판을 통하여 들어와서 나는 벽의 어떤 자리에 두 번째 프리즘이 빛을 굴절시키는지를 관찰할 수 있었다."7)

뉴턴의 광학실험의 결과는 당시 첫 번째 프리즘을 통과한 빛은 백색이었으나, 두 번째 프리즘을 통과한 빛은 당시에 알려진 다섯 색깔을 넘는 일곱 무지개 색깔임을 알리는 성과를 보여준다. 두 번째 프리즘을 통과한 일곱 가지 무지개 색깔이라고 할지라도 또다시 프리즘을 통과하니 백색으로 변하였다. 빛은 무색이로되 일곱 무지개색이 되고, 일곱 무지개색이라도 무색으로 변화되는 광학실험결과는 들뢰즈의 바로크 모나드 도서열람실에 유의미한 통찰을 던진다.

뉴턴이 광학실험을 하던 시기인 1666년에 라이프니츠는 파리에서 『철학자의 고백』이라는 저작을 통하여 인간정신의 유비상황을 계시의 빛으로 표현한다.

"만일 나에게서 계시의 빛이 날라지면, 그 빛은 광채의 반사를 통

7) J. Wickert, *I. Newton*, Hamburg 1995, p.47.

하여 보다 순수하게 그들에게서 뻗쳐나간 뭇 정신들과 해후되어지기 위한 것입니다."[8]

라이프니츠가 모나드 암실의 상황에서 왜 데카르트가 말하는 자연의 빛 대신에 계시의 빛으로 대치하였는지는, 왜 뉴턴의 광학실험에서 객관적 데이터 결과 대신에 '우리는 어떻게 신적인 조건 속의 예정조화로 소통하는가?'의 질문에 있다. 수많은 영혼은 모든 것을 포괄하는 조화에서 연관을 갖고 있는 모두 폐쇄된 암실의 모나드에 있다. 이 질문은 라이프니츠와 들뢰즈의 모나드는 창과 문이 없는 집에서 그 자체로 폐쇄된 통일이라는 데 있다. 이 집의 아래층에는 질료가 있고, 질료의 위층에는 영혼이 둘러싸여 있다. 모나드 집의 가장 외적인 세계는 항상 내적인 상상으로 현실화된다. 위층에서 영혼과 이성의 거주지에서 세계의 사건은 오직 현실만으로 발견되며, 현안은 명백한 현상으로 나타난다. 모나드 집의 다양성은 어둠, 명료성, 판명성에서 있으며, 일정한 영역에서는 명석 판명하게 가시적으로 나타난다. 이성적 모나드에는 근원적이고 통일적인 힘이 내재하며, 질료는 통제경계 없이 도출된 힘의 다양성을 관통한다. 아래층에는 하나의 사건으로 실현될 수 있는 외부의 열림이 있다.

모나드 집의 복층 사이에 질료의 주름, 몸과 그의 기관 사이에는 주름, 그리고 또다시 주름이 있다. 몸은 직접적으로 영혼에 속하고, 영혼은 몸을 가질 수 있고 명석한 표상으로 자신을 소유물처럼 지

---

8) G. W. Leibniz, 『철학자의 고백』, p.69.

각할 수 있다. 그러나 몸은 감각적 질료로서는 영혼 안에서 통합되지 않고, 영혼 외적으로만 머문다. 몸과 영혼은 이 주름으로 구분되고, 저마다 나아간 이 차이의 구분이 드러나는 세계의 사건은 화강암에 이미 박혀 있는 무늬처럼 주름 잡혀 있다. 질료 안에서 주름의 실현은 직접적이 아닌 잠재적 무한으로 전개되고, 현실적 무한으로 복합화된다. 외부와 상응할지라도 중재된 질료의 주름은 더 나아간 전개를 의미하고, 무한하게 나아가 이 차이가 없어질 수 없게까지 나아간다. 이 운동의 유일한 방향정립은 상이한 주름들 사이에서 다양화되고 복합화되는 주름 사이의 유사성에 있다. 이 유사성이 유기체적 원칙으로 나타날 때, 라이프니츠 철학의 구성적이고 무차별적인 바로크의 점이 탄생한다. 고전적 이성은 일탈, 양립불가능, 불일치, 불협화음으로 일격에 무너졌지만, 들뢰즈에 따르면 바로크 고전 이성은 최후의 시도로서 라이프니츠의 바로크 점을 통하여 재정립될 수 있었다.

들뢰즈는 위층과 아래층을 통틀어 화가 클레(P. Klee)에 따른 점의 주름을 말한다. 곡선을 가로지르는 무모순의 굴곡 점에는 3가지가 있다.[9] 하나는 물리적 점이며 변곡점 자체이다. 원자나 데카르트 점이 아닌 탄성이나 소조적인 주름의 점이다. 둘째는 자리, 초점, 장소, 벡터들이 회합하는 장소를 위한 관점을 제공하는 발생적 가치를 갖는 수학적 점이다. 셋째는 몸 안으로 투사된 영혼의 주체 형이상학적 점이다. 이 세 가지 점이 변곡점, 위치의 점 그리고 포함의 점을

---

9) 『주름, 라이프니츠와 바로크』 질 들뢰즈 지음, pp.46~47.

폴 클레의 1896년 '내방'	폴 클레의 1922년 '지저귀는 기계'

통하여 주름은 주어의 굴절 위치를 결정한다. 이 가운데 마지막 형이상학적 점은 영혼의 신체 안에서 시선의 점으로 투사되지만 그 자체로 상위한 점을 갖는다. 들뢰즈는 이 마지막 점을 라이프니츠가 모나드라는 이름을 부여하였다고 해석하고 있다. 라이프니츠는 여러 다양한 수열을 무한계열로 수렴하고 거기서 환원 불가능한 통일성의 개념을 정립하려고 하였기 때문에 범신론의 위험을 몰아내고 환원 불가능한 개별자의 고유한 시선을 확보할 수 있었다는 것이다. 세계는 수많은 무한곡선에 수많은 무한곡선이 접하면서 모든 계열을 수렴하면서도 유일한 변수를 갖는 곡선까지도 포함한다. 그렇지만 라이프니츠는 보편적 유일한 시선을 부정하였으며 동시에 보편정신이 개별자들의 복합화를 망가뜨린다고 비난하였다.[10]

들뢰즈는 우주에는 흄, 베르그송, 화이트헤드, 라이프니츠, 니체, 푸코 등과 같이 이들이 파악하고 주장한 여러 종류의 주름 시리즈

10) Ibid., pp.49~50.

가 있다고 본다. 이 시리즈는 서로가 삼투하면서 주어에 가담하고, 발견하는 주어는 다른 이름을 갖는다. 들뢰즈는 라이프니츠, 화이트헤드, 베르그송의 경우를 들어 보편적 사건과 개별적 사건을 구분하고, 사건구조에 선취, 포착(prehension)이라는 화이트헤드 개념을 중시한다. 화이트헤드에서 포착은 열려 있고, 창문으로 경과함이 없이 세계로 열려 있다. 양립할 수 없는 세계들 사이의 참된 경계에서 시리즈의 분기점과 상이점이 있다. 이 경우에 미분과정은 모든 다른 잠재적 조건으로 구성된 카오스의 배경에 반대로 나타난다. 만물은 전건과 수반을 붙들고, 등급에 따라 세계는 붙잡혀진다. 눈은 빛의 선취이고, 유기체는 물, 수분, 탄소를 선취한다. 포착된 벡터는 세계에서 주어로 움직이고 데이터를 표착한다. 포착된 데이터는 공적 요소가 되고 주어는 직접성과 개별성과 참신성의 내적이고 사적인 요소가 된다. 포착된 데이터 자체는 선존(preexisting) 혹은 공존(coexisting)하는 포착이다. 이러한 포착의 흔적이 모나드에 속한다.

세계는 술어의 무한한 시리즈를 통하여 주어를 풍부하게 하고, 주어는 질료의 인큐베이터로서 변화무쌍한 세계탄생을 만든다. 주어와 세계의 상호침투가 그들의 칸막이가 있을 수 있음의 불가능성을 보여준다. 이것이 전진하는 우주영혼의 춤이고, 무도학이고, 살아 있고 자기변형하고, 교차 윤택을 만드는 그물이다. 코울부룩(C. Colebrook)에 따르면, 들뢰즈에서 지각하는 자와 지각된 것, 잠재적인 것과 현실적인 것, 내부와 외부 혹은 주어와 대상 사이의 구분이 있을 수 없다. 세계는 모두 모나드 주어에 포함되어 있다. 주어는 술어의 잠재적 시리즈를 표현하고, 술어는 그것을 펼치고 실현하는 주어를 기다린다. 주어는 속성 대신에 술어의 시리즈로 질과 본질을 표현하며, 술어는 내재적 사건과 관계를 표현한다. 하나의 됨을 표현하는 주름의 관념은 존재에서 정초되어 있지 않다. 먼저 주어진 주어와 세계의 본질주의 개념을 끼어놓음이 없이는 우리는 무한 주름이 주마등같이 변형되는 것을 본다.

주어의 상태, 세계의 상태는 영원한 것이거나 항상 존재의 상태이라기보다는 항시적 됨의 상태에 있다. 세계는 빛의 입자와 파동의 특성을 갖는다. 모나드는 고정된 입자로서 표현되고, 세계의 시리즈는 파동으로 설명된다. 한 점 주변의 수렴이 모든 방향에서 다른 점들 둘레로 수렴하는 다른 시리즈로 이어진다. 세계의 시리즈는 상호 침투하고 재변환된다. 세계는 무한한 커브이다. 이 커브는 무한한 점에서 커브와 무한성을 접한다.

"그것은 주어에 따른 진리의 변동이 아니라, 변동의 진리가 주어에 나타나는 조건이다. 그것은 바로크적 관점원근법의 이념 그 자체이다."11)

주어가 포착하는 데이터가 지각이다. 이동을 속성으로 하는 지각은 그 자신의 관점에서 모나드를 표현하는 기능이 있다. 모나드는 자신의 존재방식을 결정짓는 여러 가지 활동적인 표현을 갖는다. 욕망은 하나의 지각에서 다른 지각에로의 가는 힘을 구성하는 운동이다. 지각이동을 거쳐서 욕망의 힘으로 최종적으로 됨은 큰 만족에서

■
11) 『주름, 라이프니츠와 바로크』 질 들뢰즈 지음, p.41.

통합되는 성향을 갖는 지각의 총화 없이는 완성되지 않는다. 이들은 그들에게 채워진 한 지각에서 다른 지각으로 이동한다. 예를 들어 음의 기원은 그 자체로 강도 높은 만족에서 기쁨으로 채워져 포착된 모나드에 있다. 스케일의 음표는 영원한 대상이고, 그 기원에서 보자면 현실화된 가상성이다. 바로크 연주회는 음의 두 원천으로 나누어진다. 각자의 청취자는 그들 자신의 지각으로만 듣지만 타자와 조화를 이룬다. 청취하는 세계에서는 음을 수직적으로 듣지만, 옆으로 나누는 수평적인 조화가 있다. 문도 창도 없는 두 개의 선취 단위에서 모나드는 그들의 세계와 양립할 수 없는 우주만 배격한다.

3. 본유관념과 모나드 집

바로크 모나드 집에서는 두 종류의 힘이 있다. 하나는 위층에서 오는 여기에는 오직 내재적 작용만 있는 개체, 영혼, 실체에서 오는 원초적 힘이다. 다른 하나는 아래층의 물질적 부분을 형성하는 우유적인 파생적 힘이다. 위층의 원초적, 수동적 힘은 자신 안에 있고 자신에 의하여 모나드들을 유지한다. 아래층의 파생적인 능동적 힘은 순간 안에 현상으로 있다. 몸과 마음 사이, 영혼과 물질 사이, 영혼과 몸 사이의 위, 아래에 실재적 구분이 있다.

하나는 다른 하나에 작용하지 않으면서 각각은 자신의 고유한 법칙에 따라 작동된다. 모나드 집은 정신의 고유한 건축기술로 우주를 모방하는 터전에서 마음 안에서 일어나는 이상적 원인을 물체에 국지화하고, 몸에 일어난 것의 이상적 원인을 마음으로 올려 지정하는 선험철학의 장이다. 선험철학의 활동은 영혼은 물체와 결합에서 우주의 한 장소를 국지화한다. 육체는 전체물질과 결합되고, 영혼은 전체우주를 표상하는 사유의 상하 왕복운동을 한다. 선험철학은 모나드 간에 상호포획 없이 동일하게 표현되는 세계조화를 이루고 가능세계와 공존불가능 세계의 국경을 정한다. 영혼은 모나드 집에 나타나는 주름을 통하여 장소로부터 그 자신의 전망을 찾아 그 안의 잠재성에서 현실을 전개한다.

라이프니츠는 의사 슈탈과 논쟁에서 하나가 다른 하나에 '이상적인 작용'이라고 부르는 경우를 토론하였다. 몸과 마음은 각각 자신의 방식이나 고유법칙에 따라 하나의 같은 세계를 표현한다. 영혼에 의하여 현실화되고 몸에 의하여 실재화되도록 표현되는 세계는 하나밖에 없다. 이것은 두 세계가 아니다. 이것은 천상과 지상의 예루살렘이 아니다. 같은 집의 두 복층에서 일어난다. 칸트는 위층을 거주자 없이 버려진 곳으로 만들어 두 층을 절단한 결과 두 층을 자기 방식으로 재합성한다. 그에서 두 층의 하나는 구제자의 가치 이상을 갖지 않는다. 반면 라이프니츠에게 두 층은 분리 불가능하다. 아래층이 현존하는 덕분에 위층은 아래층과 겹쳐 있고, 서로 작용은 없지만 이중 귀속이 있다. 각 영혼은 투사를 통하여 몸에 현존한다. 누군가 마음 안에서 일어나는 이상적인 원인을 몸에 지정하고, 몸에 일어난 이상적 원인을 마음에 지정한다면, 이것은 상하층의 왕복운동 때문이다. 세계는 마음 안에서 현실화와 몸 안의 실재화로 두 번 접혀 있다.

근대합리론에서 라이프니츠의 모나드 집은 데카르트의 본유관념의 구성과 스피노자의 신의 사유의 양태에서 점진적으로 구축되었음을 알 수 있다. 근대철학자에게 집이란 사유하고 글을 쓰고 언어를 관리하고 삶을 지탱하는 공간이다. 데카르트에게 철학자의 집은 본유관념을 저당하는 장소이다. 그곳은 벌이 꿀을 저장하는 밀랍과 같다. 철학자의 사유활동은 벌의 활동과 같이 지각을 통하여 사유에 의하여 외부세계에 연결된다.

데카르트는 사물의 대상이 어떻게 정서관념으로 구성되는지를 다음과 같이 설명한다. "나는 300피트 거리에 놓인 원판으로 태양을 본다."12) 이 진술은 태양이 어떻게 구성되었는가에 대한 나의 지각에 관계하기보다는, 태양에 대한 내 몸의 구성방식에 관계된다. 나는 나의 시각상태와 관련하여 태양을 지각한다. 그렇기 때문에 나는 이런 혹은 저런 방식으로 태양을 지각한다. '나는 사유한다. 고로, 존재한다'는 명제를 철학의 제1원칙으로 상정하고 있는 한, 나에게 주어진 몸의 관념조차도 사유의 양태이다. 즉, 나의 몸의 정서란 한 몸과 다른 몸의 혼합이다. 관념은 몸의 정서를 표현하는 사유의 양태이다. 내가 이러저러한 정서관념들을 갖는 것은 오직 그들의 결과에 의하여서만이 사물들을 알기 때문이다. 내 몸에 대한 다른 몸의 흔적도 정서관념이라고 말할 수 있다. 정서관념은 그들의 작용에 의하여서만이 사물을 알 수 있다. 나는 나로 향한 태양의 정서와 태양의 흔적을 느낀다. 그래서 나는 따뜻해지기도 하고 춥기도 한다. 나의 몸, 태양의 몸, 이들 사이(間)에서 하나가 다른 하나에 대하여 그 밖의 어떤 다른 것보다 특별한 효과를 산출하는 관계가 지각된다.

---

12) Meditatio III, 11. 참조, R. Descartes, Meditatione de prima philosophia, Hamburg 1977.

태양이 밀랍(蜜蠟)을 녹이고, 진흙을 굳게 할 때에도 내가 밀랍과 진흙에 관계하는 특별한 정서관념을 갖는다. 정서관념은 원인 없는 결과의 표상이다.

스피노자는 우리가 사람을 만나면, 만난 사람들에 의하여 자신에게 저당되는 관념이 어떻게 사유의 양태로 통합되는지에 관심이 있었다. 스피노자는 존재하는 나의 힘, 작용하는 나의 힘을 증가하고 개선시키는 역할을 정서관념으로 강조한다. 베드로의 관념에서 바울의 관념으로 가면 나의 작용하는 힘이 증가, 바울에서 베드로의 관념으로 가면, 나의 작용하는 힘은 감소한다. 정서는 두 몸의 혼합이다. 한 몸은 작용한다고 하고 다른 몸은 작용받는다. 그러나 모든 몸의 혼합은 하나의 유일한 정서관념인 신의 사유로 돌아간다. 그래서 스피노자 철학은 개인에서 시작하여 망망대해의 범신론으로 끝난다.

라이프니츠는 『신인간오성론』 2권 1장에서 우리가 외부사물을 대할 때 나의 내부에서 이들을 직접적으로 만나는 내부대상을 본유관념으로 규정한다. 이 내부대상은 우리에게 주어진 사물성향의 자연적 표현으로 두드러진다. 우리는 사랑, 희망, 고통, 기쁨 등의 관념이 일어날 때 이들이 의지하는 것은 그 자체가 관념은 아니라, 주어와 대상 사이의 긴장관계로 유지된다. 어떤 것을 표상하는 대로 얻거나 포획된 관념이 객관적 실재가 되기 위하여서는 이 관념들은 나의 내부의 표현과 관련하여 어떤 완전성이나 실재의 등급을 가져야 한다. 관념과 실재는 내가 표상하여 만든 사유의 양태이다. 존재하는 힘(vis existendi)이 있으면 작용하는 힘(potentia agendi)이 있는 것과 같이, 나는 영혼과 정신의 양 측면에 관계한다.[13) 영혼은 피조물 가운데 살아 있는 우주의 거울이나 모사이다. 모든 영혼은 자신에게 주어진 방식에 따라서 우주를 표상한다. 반면에 정신은 신성의 모사나 자연 자체의 창조자의 모사이다. 각 정신은 자신의 영역에서 신성을 지니기 때문에 우주체계를 알 수 있다. 정신은 어떤 범위에서는 그들 자신의 고유한 건축기술로 우주를 모방한다. 곧 라이프니츠 철학은 범신론 적 우주에서 개인으로 돌아오는 길이 있다.

모나드의 창 없음은 주름과 내용적인 동치로서 인식론적 메타포를 품고 있다. 주름의 무한성이 창문이 있으나마나 들락날락 거릴 의미론적 사태를 수반하기 때문이다. 그것은 다시 데카르트 역학시대의 결정론 시도에 빚을 진 반작용이다. 데카르트 코기토에서 몸으로 돌아갈 길이 없을 때, 들뢰즈가 던진 해결점은 영육 간의 지점의 차이로서 주름(pli)이다. 주름은 영육 간의 차이를 특징짓는다. 이 주름은 순수한 외적인 사태를 기술하고 동시에 연결을 기술한다. 모나드 집은 아래층은 질료, 위층은 영혼이 사는 데로서의 질료로서 아래층에는 열림이 있어서 이 열림으로 영혼으로서 위층에서 하나의 사건적인 외부를 실현된다. 위층에는 영혼이 거주하고 이성이 거주하며 세계의 사건은 오직 그의 실현을 발견한다. 사유의 가장자리에 있는 주어의 관념을 드러내기 위하여 대상과 겹치는 부분이 존재이다. 존재와 사유는 시간적으로 데카르트 주어가 주장하는 대로 일치한다.

들뢰즈는 라이프니츠의 몸과 마음의 이층집으로 바로크 모나드 집을 구축하였다. 데카르트 사유체계에서 정신적인 것을 가장 외적

■
13) 라이프니츠는 『모나드론』 § 83에서 영혼과 정신을 구분하고, § 88에서 자연의 물리적 영역과 은총의 도덕적 영역에 완전한 조화를 도출한다면, § 89에서 자연 자체의 길에 있는 사물을 은총으로 이끌고, 정신의 왕국에 어떤 자에게는 상, 어떤 자에게는 벌을 내리는 조화를 도출한다.

인 영향으로 환원하고, 그것을 역학에 환원시키는 결정론의 문제를 해결할 실마리는 모나드의 창문 없앰이다. 라이프니츠의 창문 없앰의 테제는 그의 급진성에서 그의 현실적 입장에 불일치를 가져오지만, 현미경적 연구로 영감을 얻은 모나드론은 새로운 희망을 얻게 된다. 모든 모나드는 세계의 모든 작품에서 지각의 역할로 신적 창조의 표현이고, 동시에 '예술과 자연의 극장'의 모델이 되기 때문이다. 라이프니츠 선험철학은 사건에 관련된 선험적 실현을 현상 배후의 현실의 이중조작으로 대치하므로 신적 조건의 전체체계의 합리적 형이상학을 예비하였다.

4. 사건존재론

"이유 없는 사물은 없다." 충족이유율은 일어난 모든 사물의 존재 이유에 대한 해명의 요청이다. 충족이유는 사건과 술어의 동일성을 의미한다. 술어개념은 주어개념 안에 포함되어 있기 때문에, 주어 안에 들어 있는 개념을 분석하는 것이 사건의 의미를 캐는 것이다. 모든 것은 주어개념을 가지며, 모든 술어작용은 사물의 본성에 토대를 갖기 때문이다. 라이프니츠는 『형이상학론』 §8에서 사건존재론을 다음과 같이 요약한다.

"만약 여러 술어들이 하나의 동일한 주어에 들어오고, 그리고 만약 이 주어 스스로가 다른 주어에 들어가지 않으면, 사람은 이를 개별실체라고 부른다는 것은 정말 맞다. 그럼에도 이것으로는 불충분하고, 그러한 설명은 단지 하나의 단어설명이다. 따라서 어떤 것이 하나의 주어에 진짜로 들어온다는 것은 무엇을 의미하는지 따져보아야 한다. 지금 모든 참된 언명은 사물의 본질에 근거를 갖는다는 것이고, 하나의 명제가 동일하지 않으며, 즉 만약 술어가 명확하게 주어 안에 포함되어 있지 않으면, 그것은 잠정적으로 주어 안에 포함되어 있어야 한다고 확정할 수 있다. 철학자들은 술어가 주어 안에 포함되어 있다고 말하는 한에서 이를 인에쎄(inesse)라고 불렀다. 그래서 주어개념은 항상 술어개념을 포괄하고 있어서, 주어개념을 완전히 이해하는 자는 그에게 이 술어가 들어온다는 것을 판단할 수 있게 하여야 한다.

이것이 그렇게 돌아가니 한 개별실체의 본질은 또는 한 충족적인 존재자의 본질은 그에게 하나의 그러한 완전한 개념이 자신의 것이고, 이 개념은 그가 찾아가는 주어의 모든 술어를 이해하고 그로부터 도출하는 데 충분하게 놓여 있다. 거기에 반해 우유는 사람이 주어에 갖다 대고 이 개념이 부과될 수 있는 모든 것을 포함하지 않는 어떤 것이라고 할 수 있다. 그래서 알렉산더 '대왕'에 오는 속성은, 만약 사람이 그 주어를 간과하면 한 개인의 규정에 충분하지 못하다. 이 간과된 속성은 동일한 주어의 다른 속성을 포함하는 것도 아니고, 왕의 개념이 포괄하는 모든 것도 포함하지 않는다.

만약 거기에 반해 신이 개별자의 개념을 혹은 알렉산더의 이것임을 바라보면, 그는 거기에 그가 예를 들어 다리우스와 포루스를 정복하게 되는 대로, 그에 대하여 현실적으로 표명할 수 있는 모든 술어들에 대한 기초와 근거를 본다. 게다가 그는 아프리오리 하게 체험에 의존하지 않고 우리가 역사로부터만 알 수 있는 것으로 그가 자연사하는지 혹은 독살되어 죽게 되는지 알게 된다. 사람이 사물의 연관을 제대로 고찰한다 할지라도, 알렉산더의 영혼에는 매순간 그에게 이전에 일어난 것 그리고 그에게 앞으로 일어나게 되는 모든 것에 대한 조짐, 게다가 이 모든 것을 인식하는 것이 오직 신에게 오는 것일지라도, 우주에서 일어나는 모든 것에 대한 흔적이 있다고 말할 수 있다."14)

들뢰즈는 『주름』 제7장 모두에서 "나는 하나의 몸을 가져야만 한다"고 요청한다. 모나드는 몸을 갖는다. 이 말은 몸이 명석한 구역을 가질 때, 몸은 주어진 사건적 의미를 수용한다는 것을 의미한다. 예를 들어 시저가 루비콘 강을 건넜다든가, 그는 브루투스에게 암살당한다든가 하는 경우에 각 모나드는 독특한 비물체적 이상적 사건을 압축하게 된다. 하지만 몸이 이 사건들을 작동시키지는 않는다. 주어진 모나드가 명석한 표현지대인 구역에서 몸을 구성하고, 원초적 술어들이 포함된 독특한 사건들은 모나드에 속하는 몸과 필연적 관계를 맺을 때, 미세지각들이 있는 곳에는 언제나, "그래, 거기에 있었어!"라고 하게 된다.15)

몸의 음영을 잴 요구로 다가온 지각에서 몸을 구성하는 단계는 애매 명석한 지각으로 진동을 모으고 물질적 수용자와 유사한 관계를 나타낸다. 정신의 메커니즘도 몸의 물리적 메커니즘과 닮는다. 수용자들은 유기적 몸이 되며, 몸 안에서 이들은 무한하게 수용하는

14) G. W. Leibniz, 『형이상학론』, § 8.
15) 『주름, 라이프니츠와 바로크』 질 들뢰즈 지음, p.159.

진동을 구성한다. 신은 유사성의 모델로 물질의 창조에 어떤 물질이 어떤 물질과 닮은 것에 일치하는지 그에 합당한 진동하는 물질을 창조하고 이 물질의 도처에 수용기관이 봉분(封墳)된다. 여기서 지각은 더 이상 세계의 표상이 아닌, 기관과 완벽하게 기계적으로 일치되는 대상의 재현이다. 신은 모나드 지각에 상응하는 기관 또는 유기체 몸을 그 모나드에 제공한다. 내가 명석하게 표현하는 것, 이것은 내 몸 안에서 일어난다. 모나드는 자신의 몸에 따라, 기관에 따라, 다른 몸들이 자신의 몸에 미치는 영향에 따라 세계를 표현한다. "영혼 안에 일어나는 것은 기관 안에서 발생하는 것을 재현한다."[16]

스땅어(I. Stengers)는 1987년 3월 10일 파리 7대학의 들뢰즈의 사건존재론 강의에 참석한 다음 권리로서 어떤 방식에 접촉되어 있거나 혹은 동일한 우주에 속하여야 할 사건의 선호도에 대한 사건철학의 참여를 요청하였다. 사건은 무한연결 시리즈에서 일어나고, 무한하게 나누어지고, 모든 의미와 질서를 방해하는 카오스를 받아들이지 않게 하는 것인데, 만약 사건의 유일연쇄가 없다면 서로 다른 시리즈들이 구분될 수 없다. 새로운 사건이 있거나 각 사건에 새로움이 있다면, 어떤 조건에서 이것이 발생할 수 있는지, 무엇으로 이 새로움은 규정하여야 하는지에 대한 해결이 있어야 한다. 만약 모든 사건의 시리즈가 연관되어 있고, 적극적으로 좋은 사건과 부정적으

---

16) G. W. Leibniz, 『모나드론 외』, § 61, § 65, pp.109~110. 케플러는 자신의 탄생을 "나는 1571년 세계의 빛을 비틀었고 벌거벗은 달로 돌렸다"라고 기술하였고, 1630년 자신의 묘비명을 "나는 천체를 측정하였다. 지금 나는 지구의 그림자를 잰다. 내 영혼은 하늘에 있을지라도, 내 몸의 그림자는 여기에 누워있다"라고 적었다. 라이프니츠도 『모나드론』에서 브루노와 더불어 케플러와 동일한 선상에서 빛의 메타포를 사용한다.

로 나쁜 사건을 구분할 수 없는 경우에는 그들을 판단할 외적 측정이 있어야 한다. 만약 그들이 상호 연결되어 있으면, 왜 하나의 시리즈에 환원될 수 없는지, 다른 시리즈의 사건이 있으면 그들은 서로 급진적으로 다르게 연결되는지에 대하여서 사건 철학적 참여가 요구된다.

사건의 이야기는 문화와 미디어의 가장 강력한 의미소이다. 사건은 개념이며, 일어난 사태의 이야기이다. 2001년 11월 11일 세계무역센터 폭발사건 같은 경우는 비상사태를 의미하며, 사건은 한 번이거나 새로운 것, 거기 있지 못한 데에 대한 것에 대한 이야기이다. 이때 이 사건이라는 단어는 아프리오리와 유사단어이다. 사건으로 묻는 것은 단어로서 개념, 카테고리, 요구, 약속 등과 관련이 있다.

이런 개념은 이론적인 지각, 계속적 체험의 요구와 관련 있다. 역사적 사건으로 나타낼 수 있는 것, 사건적 특성과 사건적 연관성을 생각할 가능성은 그 가설이 신약에 뿌리를 둔 개념에서 온다. 메시아의 옴이 그것이다. 마르크스에서는 혁명이 곧 사건을 의미하고, 칸트에서는 통제적 이념의 사용은 곧 사건의 등장을 의미한다. 하이데거의 전향 이후의 이 단어의 의미는 모든 개념, 전통, 중단이나 체험에서 카테고리를 터트리는 카테고리이다. 모든 사건의 테마에는 시간과 역사의 개념이 던져진다.

모든 사건에 가분성과 일탈성이 사건의 속성에 내재할지라도, 사건은 순수한 카오스에서 발생하지 않는다. 순수한 카오스의 관념은 카오스만이 나타나는 필연적 조건에 대하여 품는 잘못된 추상이다. 사건형이상학의 구성요소는 결코 흩어진 원소가 아니다.

사건존재론의 구성은 이미 쓰인 글씨 위를 지우고 또 쓴 글씨와 같다. 먼저 쓴 글씨를 지우고 그 위에 글을 쓴 양피지(羊皮紙) 위에 쓴 진술은 추상이다. 이러한 추상 뒤에 진실에 숨어있다. 글쓰기 패턴은 서로를 구분하게 만드는 '내재적 속성(intrinsic properties)'을 갖는다. 우리 모두가 함께 작업하고 있음에도 불구하고 그들은 흐릿한 진술의 무더기를 품고 있다. 여기에 화이트헤드의 개념에 따른다면 응집(concrescence), 선취(prehension), 그리고 연쇄(nexus) 개념이 들어 있다.

개인은 엉켜 있는 응집의 연쇄에서 선취가 많은 다른 선취 때문에 이중적이다. 비록 선취하는 사물이 공적일지라도 그것을 새로운 것으로 느끼면 사적이 된다. 전염에 대하여 싸우는 것은 나의 공적 선취이지만, 치료를 발견하는 것은 사적이다. 사건은 공적이고 사적인 측면을 함께 갖는 개별적 응집의 집합이다. 모든 사건에는 사적이든 공적이든 양 측면이 있다. 새로움은 개별적인 것을 결정하는 원칙인 동시에 좋든 나쁘든가를 결정하는 원칙이다. 새로운 단계가 있는 주어진 선취에 개인이 있다. 두 음원이 있더라도 각 음원은 자신의 고유한 지각으로 청취되나 다른 음원과 화음을 이루는 것과 마찬가지로 각 모나드는 서로 간에 상호 포획됨이 없이 동일하게 표현되는 세계를 가지면서 바로크 콘서트처럼 조화를 이룬다. 고전주의 이성과 바로크의 대립에서 고전주의 이성은 공존불가능, 불일치, 불협화음을 일격에 무너뜨린다.

그러나 바로크는 가능세계에 공존 불가능성을 세계들 간의 국경으로 만들면서 고전주의 이성을 재구축한다. 바로크 우주는 자신의 선율이 흐려짐을 목격하지만 잃은 듯 조화 안에서 조화를 통하여 다시 회복한다. 불협화음의 힘 앞에 화음의 만개를 보며, 이 화음들을 저주의 대가를 치르더라도 선택된 세계에서 해결된다.

'물 자체'는 속성이 아니라 의식적으로 모든 술어들에 주어진다. 이로써 의식에 들어가는 것은 보호막이 없이 포기되었고 '오직 현존재의 순수한 의식만이 반성으로 남겨진다. 객관적인 것은 의식에 독립적, 범주적으로 들어오는 일정한 그러한 존재가 아니다.'

술어가 주어에 포함되어 있다고 할 때, 들뢰즈는 이때 포함을 선이나 형이상학적 점 안에 다른 변곡점을 놓는 술어작용으로 규정한다. '2 더하기 2는 4'인 경우는 술어가 주어에 명시적으로 포함되어 있으나, '아담이 죄를 짓는다'는 술어가 주어에 잠재적이나 극한이 없는 무한계열에 함축적으로 포함되어 있다는 것을 의미한다. 이와는 별도로 포함에는 상호의존적이 아닌 내부극한을 갖는 무한계열의 일방적 포함도 있을 수 있다. 또한 '내 안의 갑작스런 고통'과 같이 각 모나드가 세계를 표현함에 있어서, 내가 닿은 계열의 연속, 고통의 계열 안에 다른 하나의 계열이 이어지고, 여기서 외부극한을 갖는 무한계열과 무한집합의 공존가능성을 갖는 포함이 있을 수 있다. 들뢰즈는 여기서 '① 모든 것은 언제나 같다. ② 모든 것은 정도에 따라 구분된다. ③ 모든 것은 양태에 따라 다르다'는 세 명제로 집약한다. 그리고 라이프니츠 철학을 "어떠한 철학도 단 하나의 유일한 세계의 긍정, 이 세계 안의 무한한 차이 혹은 다양함의 긍정을 이토록 멀리까지 밀고 나아가지 못했다"고 단언한다.

원초적 형상들의 무한집합은 신 안에 있기 때문에 신은 도처에서 지금 일어나는 것과 더 나아가 앞서 있었났고 일어날 것을 읽고, 과거에서 미래를 읽는다. 신은 시간과 더불어 감각될 수 있도록 전개되는 모든 이중 주름을 펼칠 수 있다. 신의 독법에 따라 '① 신은 모든 것을 앞질러 알고 있다. ② 신은 도처에 있다' 이 양자를 가정할 수 있다. 이 경우에 신이 모나드 안으로 들어간다. 라이프니츠는 1687년 4월 아르노에게 보내는 편지에서 모나드가 시간과 공간으로 들어가는 것이 아니라 시간과 공간이 모나드 안에 들어 있다는 논증을 다음 사례로 설명한다.

"마치 바다의 파도소리를 들으면 하나가 다른 하나에 영향을 주고 있더라도, 몇몇 파도감기는 소리를 구분하지 못한다. 반면에 내 몸에 어떤 특별한 변경이 일어나면, 외부세계의 변경보다 더 잘 알아차린다. 영혼은 고통을 느끼기 전에는 바늘 찔림을 모른다. 하지만 최소한 영혼은 예정조화의 바탕에서 이러한 찔림을 혼돈된 지각 방식으로나마 안다. 이 경우에 신이 모나드 안으로 들어간다."

모나드 집의 아래층에서는 몸의 물질적 우주에 운동을 소통시키고 파도를 전달하고 서로 영향을 미치는 장을 형성한다. 하지만 모나드 집의 위층의 합리적 모나드는 서로 소통하지 않고 영향을 미치지 않고 있음에도 불구하고 각 모나드는 자신과 관련된 세계를 포함한다. 이 세계의 모든 사건에는 말 없고 불안한 몫이 있다.

하지만 사건은 사건을 표현하는 영혼과 그 사건을 실현하는 몸 사이에 이미 들어온 사건들뿐이다. 이런 것으로 벗어나 몫이 없으면 몸과 마음에 들어온 사건에 대하여 말할 것이 없으며, 합리적 모나드들은 그들의 개념에 내포되듯이 세계와 관련됨을 깨닫는다. 각 모나드는 다른 것과 무관하게 유입됨이 없이 자기 나름대로 세계를 표현하지만, 몸은 다른 것의 유입을 받아들이며, 몸의 집합이자 물질적 우주를 표현한다. 몸은 마음의 특권지대에 상응하고, 다른 모든 것들의 인상을 점진적으로 맞아들인다. 각 영혼과 물질적 우주 사이에는 상응하는 조화가 있지만, 몸과 마음 사이의 상응관계에는 이미 전제된 귀속관계가 있다. 소유와 관계되는 자아 모나드는 나에게 귀속되는 것과 나에게 낯선 사물의 표시나 나 자신에 귀속되지 않는 낯선 객관적 자연을 구분한다.

들뢰즈의 라이프니츠의 바로크 기획은 새로운 문화창조에 선취와 선취된 것에 대한 사건에 존재론적 개입 권리근거를 주었다. 그러나 들뢰즈는 라이프니츠가 몸담고 있던 그의 젊은 파리시절의 위와 아래의 모나드의 바로크 주름만을 주목하였지 1687년에서 1690년 이르는 약 2년 7개월에 이르는 라이프니츠의 이탈리아 여행에서 얻은 좌우 내지 동서로 연결되는 모나드 집의 동서비교철학 기획은 묵과하였다. 라이프니츠는 1689년 여름 7월 19일 라이프니츠와 그리말디가 만나면서 그에게 30개 문항의 질문을 던지면서 두 거대한 동서 문명세계의 존재론적 주름을 예감한다. 이 30가지 질문들은 당시 중국의 원예학, 과학기술 상태, 군사학, 언어, 인종그룹 등의 광범위한 영역을 망라한다. 동서양이 서로를 알고자 호기심이 가득하였던 초기단계에 라이프니츠와 그리말디의 대화는 동아시아와 유럽의 여러 국가와 민족, 사회와 문화 전반에 적재되어온 전통이론에 커다란 파장을 가져온다. 라이프니츠는 이탈리아 여행 이후 경험적으로 겪은 지각이동 시리즈에서 동서존재론에로의 지각이동으로 전환하는 사건존재론적 사유를 하기 시작하였다.

라이프니츠는 예수회 중국선교사들과의 편지교류에서 시작하여 1695년 『자연과 실체 소통의 새로운 체계』, 1714년의 『모나드론』, 『이성에 근거한 자연과 은총의 원리』, 『중국인의 자연신학』 등의 저작활동에서는 포괄적 동서비교철학의 해석지평을 열었다. 『자연과 실체 소통의 새로운 체계』 §7, 『모나드론』 §61, 『이성에 근거한 자연과 은총의 원리』 §13에서 두 세계가 부딪치면 서로가 망하므로 우주는 우연을 허용하지 않는 엄격한 기계론적 질서가 상하로 지배되는 주름이 있다고 한다. 우리가 처한 인식이란 원자의 형태와 위치와 배열에 따른 감각적 지각에 의존하며, 최종인식이란 몸의 변화에서 생겨난 이동이다. 각각의 물체는 그의 접촉하는 이웃 물체들에 의해 영향을 받을 뿐만 아니라 어떤 측면에서는 이웃물체들에 일어나는 만사를 감지하면서 자연의 생명체의 기관들은 상이한 방식으로 다소간에 주름이 잡혀 발전되고 있다. 만물의 주름 펼침에서 우주의 아름다움을 인식할 수 있는 영혼은 오직 그 자체로 판명하게 표상되는 것만을 읽을 수 있다. 영혼은 그의 모든 주름을 한순간에 펼칠 수는 없는 이유는 주름이 무한하기 때문이다.

"여기나 거기나 다 똑같아요!"는 동서존재론의 토대에 대한 바로크 예술의 문예상의 인식이지만, 사건존재론으로 각 개인은 지리학(geography), 지도 작성법(cartography), 다이어그램을 갖는다. 한 인물에 흥미로운 것은 그들을 결정하고 창조하고 만드는 라인이다. 지도, 다이어그램은 다양하게 교접하는 라인이다. 지도 작성법은 사람이 살아가는 라인을 다양하게 구성할 수 있는 평면을 소묘하는 데 있다. 이것이 들뢰즈가 말하는 실제 지역의 가능한 미래발전이다. 지도 작성법은 인간행동의 원형적인 느낌, 사상표현의 모델이 된다.

5. 0과 1의 가상현실

칸트가 인간인식의 조건을 주관적 실현화와 선험적 현실화라는 이중조작의 프로그램을 실행하였다면, 라이프니츠의 이진법은 칸트가 노력한 인식 조건의 선험철학의 프로그램을 예비하였다. 라이프니츠는 바로크 점을 무수한 일탈을 가능한 많은 세계에 분배하고, 바로크 점으로 양립 불가능으로부터 세계의 수많은 경계선을 만들었다. 컴퓨터의 아버지, 디지털 인식의 창안자 라이프니츠는 갈릴레이, 홉스에서 '창 없는 모나드' 개념을 창출하고 모나드 암실을 유일하게 지배하는 언어로 0과 1의 수의 코드를 선택하여 세계인식을 그림과 감각지각으로 대치하였다. 그 결과 17세기의 망원경과 현미경이라는 광학도구로 세계에 대한 내적인 상상의 충동력을 얻었던 인식의 패러다임을 취한 라이프니츠의 바로크 모나드 집은 가상공간과 가상현실을 포괄하게 되었다.[17]

라이프니츠는 로크와 마찬가지로 우리의 정신은 아무것도 써지지 않은 백지와 같다는 견해에 동의한다. 라이프니츠는 인간본성을 화강암 무늬로 비유하면서 인간본성은 화강암 대리석에 잠재적으로 들어 있는 무늬처럼 존재한다고 설명한다. 화강암 대리석에서 헤라클레스의 소조상을 조각한다고 하였을 때, 라이프니츠는 이미 이 대리석에 무늬로서 소조상이 들어 있다고 진단한다. 그랬을 때 주변의

17) H. Okolowitz, *Virtualitaet bei G. W. Leibniz. Eine Retrospektive*, Dissertation der Universitaet Augusburg, 2006.

화강암을 가공하면 소조상이 저절로 나온다. 무늬가 있는 화강암은 잠재적으로 헤라클레스 소조상을 포함하고 있다는 것이다. 이와 같은 라이프니츠이 가능성 개념은 아리스토텔레스 잠정세태와 다른 것으로 오늘날 가상현실 이론에 가장 적중하여 근접하고 있다.

가능성을 현실화시킨다고 하였을 때 현실은 원래 가장 허약한 존재양식을 지칭하는 것이나, 사이버 공간은 현실과 가상이 참여하는 존재양식이다. 가상은 디지털 미디어로 산출된 가상 존재양식으로서 디지털 존재론의 꿈이다. 무엇인가 디지털화할 수 있는 것은 존재한다. 존재한다는 것은 지각되는 것이고, 컴퓨터화할 수 있다는 것이다. 만약 우리가 사이버 공간으로 로그인하면, 우리 일상세계는 단지 가상세계의 가능한 실현이다. 우리 존재 근본양태는 더 이상 세계 내 존재가 아니라 사이버 공간 내 존재이다. 여기서 컴퓨터는 가상공간을 통하여 현실을 무장해제한다. 이것은 세계상실 진단이다. 빛의 여행은 약간 논리수학 연습을 한 다음에 건너뛰어 창문에 깜빡이로 자신의 존재를 알린다. 인간은 신의 증여가 오면, 광휘의 빛은 인간에서 친절한 그의 현존이 되는 그림자의 꿈이다. 세계는 기술적으로 생산된 필름과 텔레비전의 화면이 오늘날 현실의 모사나 상상력을 규정한다. 컴퓨터는 사이버 공간의 가상성의 근거에서 현실을 무력화한다. 사이버 공간에 오면 우리의 일상세계도 하나의 가상세계의 가능한 실현이다. 우리 존재의 근본모습은 세계 내 존재가 아니라, 사이버 공간에 있음이 되었다. 사이버 공간에 있음의 세계는 기술적으로 생산된 필름과 텔레비전 화면의 세계이다. 이것이 현실의 모사나 상상력을 규정한다.

나는 생각한다	상상	의식	위층: 영혼
0과 1	가상	켬과 끔	의사소통: 깜빡이
나는 존재한다	현실	무의식	아래층: 질료

바로크주어의 모나드 사이버 언어는 문자와 숫자로서 꿈과 현실, 잠과 깸, 켬과 끔, 0과 1이다. 10이 깜빡이면 1010은 깜빡깜빡이다. 시간은 과잉의 것이며, 모든 것이 동시에 진행된다. 모든 것이 동시에 있고 없으므로 시간분배는 알려져 있지 않다. 과거의 어둠에서 남은 빛을 진짜 실재를 인식하려고 하면, 가상적인 것은 현실적이고 현실적인 것은 가상적이다. 이데아 세계는 하늘, 빛의 세계, 공간의 세계이지 시간과 과거의 세계는 아니다. 플라톤의 동굴의 비유에서 물질적인 것과 정신적인 것의 사태에서 진짜를 찾는 길이 라이프니츠 바로크 모나드 가상공간의 인식에 그 뿌리가 있다. 하나의 가능성이 잠재적인지 단순 가능성인지에 대하여, 동시비교개념은 서양사상이든 동양사상이든 완벽하게 자신의 진영 안에 포함된 잠재적 사상을 동시에 현실화할 수 있는 것을 의미한다.

NOVA METHODVS PRO MAXIMIS ET MI-
nimis, itemque tangentibus, quæ nec fractas, nec irrati-
onales quantitates moratur, & singulare pro
illis calculi genus, per G.G.L.

SIt axis AX, & curvæ plures, ut VV, WW, YY, ZZ, quarum ordi- TAB. XII.

제 6 장
동시 & 동세비교철학

& ux eodem modo in hoc calculo tractari, ut y & dy, vel aliam literam
indeterminatam cum sua differentiali.   Notandum etiam non dari
semper regressum a differentiali Æquatione, nisi cum quadam cautio-

ne, de quo alibi.   Porro *Divisio*, d —vel (posito z æqu. $\overset{v}{\text{ }}$) d z æqu. $\overset{p}{\text{ }}$

$$\frac{\dagger v\, dy \dagger y\, dv}{yy}$$

Quoad *Signa* hoc probe notandum, cum in calculo pro litera
substituitur simpliciter ejus differentialis, servari quidem eadem signa,
& pro † z scribi † dz, pro-- z scribi --dz, ut ex additione & subtra-
ctione paulo ante posita apparet; sed quando ad exegesin valorum
venitur, seu cum consideratur ipsius z relatio ad x, tunc apparere, an
valor ipsius dz sit quantitas affirmativa, an nihilo minor seu negativa:
quod posterius cum sit, tunc tangens ZE ducitur a puncto Z non ver-
sus A, sed in partes contrarias seu infra X, id est tunc cum ipsæ ordinatæ

N n n 3   z decre-

1. 모나드 표준체계

칸트는 1781년 『순수이성비판』 1판 서문에서 형이상학을 '모든 학문의 여왕'이라고 불렀다. 여기서 철학은 국가와 동일시된다. 형이상학은 학문이 통치하는 영역경계(terrain)이고 실험실이다. 형이상학은 저마다의 범위에 영역을 확정하고 서로를 넘나드는 경계에 말뚝을 박는다. 헤겔은 "철학사는 우리에게 진열되는 이성적 사고의 영웅들의 회랑이고, 고귀한 정신들의 시리즈이다"라고 하였다. 헤겔에 이르러서는 사유의 최고의 정점까지 형이상학이 발전하여 누가 이랬고 누가 저랬더라는 절대적 타자만 남는다. 그러나 철학사가 그 자체로 자의적이고 가치 없는 견해들의 단순한 집적으로 생각된다면, 아무런 가치가 없다. 철학은 견해를 포함하지 않으며, 철학적 견해라는 것도 없다. 들뢰즈는 존재라는 소유 경계에 울타리와 도메인을 고정하는 철학은 농경적 욕구에 뿌리를 갖는 데카르트에 있다고 간주한다. 농경문화는 고정된 범주를 사용하지만 유목민은 정착된 삶의 양태를 경멸한다. 들뢰즈는 철학사 연구에서 헤겔 철학사의 혐오를 유목민 지리학의 방법으로서 극복하려고 시도한다.[1] 국가철학과 유목철학의 구분은 니체로 돌아가는데, 철학을 변형시키고 임의 전선을 형성한 유목민 사상은 소수의 리더십에 의한 단결된 목축활동의 분배를 통하여 유목민 생활을 이어가게 한다.

근대철학이 태생적으로 농경철학에 머물렀지만, 라이프니츠는 유목철학의 길을 별도로 예비하고 있었다. 라이프니츠는 로크와의 논쟁으로 로크의 감각주의 인식론의 비판으로 『신인간지성론』을 집필하여 로크를 반박하려 하였지만 로크가 일찍 죽는 바람에 더 이상 반격의 공세를 퍼붓지 않음으로 맹목적 유목철학의 노선을 취하지는 않았다. 라이프니츠와 로크 사이에 덮어두었던 논쟁은 차츰 뉴턴의 고전물리학 체계와 라이프니츠의 동역학체계로 대립하면서 합리론과 경험론의 체계논쟁의 시발점이 되었던 것은 오히려 상생과 화해 철학의 소치이다. 이러한 노선의 일환으로써 들뢰즈가 제안한 해법은 바로크 몽타주 이면(裏面)에 본유관념을 주름을 통하여 드러내 해명하는 것이었다. 이성과 감성영혼과 육체, 마음과 몸의 차이를 특징짓는 주름은 외부세계 지식의 순수한 외적인 사태를 기술하고 동시에 본유관념의 존재 여부를 결정한다. 들뢰즈는 라이프니츠가 모나드의 내부벽면을 선과 수로 가득 채운 도표를 끊임없이 작성하였다는 『신인간지성론』의 암실에서 라이프니츠가 어떻게 외부세계

---

1) R. T. Tally Jr., "Nomadography: The 'Early' Deleuze and the History of Philosophy", in: *Journal of Philosophy: A Cross-Disciplinary Inquiry*, Winter 2010, Vol. 5, No. 11.

의 존재와 본유관념을 통일하였는가를 주목한다. 여기서 단일성 이론과 라이프니츠 미분독법으로 물리적 개념과 수학적 개념과의 관계규명으로 유목민철학을 열어가는 실마리를 찾을 수 있다고 본다.

단일성 이론은 17세기 최소원칙과 변주계산에 의한 무한경향을 설명하기 위하여 생겨난 것이다. 모나드 주름의 지각이동 시리즈로 이 주름의 각각 더 나아간 차이의 규정은 더 나아간 전개를 의미한다. 이 전개는 모나드 지대의 질료의 불가분적 무한성 때문에 이 차이를 없앨 수 없이 무한하게 나간다. 모나드 관점이론은 서양의 합리론과 경험론의 통합적 사고를 가능하게 할 뿐만 아니라 서양철학과 한국전통 사상, 중국철학과 한국철학과 일본철학의 관계를 재정립하는 데 이용될 수 있다. 모나드 관점이론은 중국의 동북공정이나 일본의 역사왜곡 등 한반도의 정치상황이나 역사적 전환기를 둘러싸고 주변 지역학의 지식권력에 의하여 굴절이 되어왔던 지역학 갈등을 해결하는 데 17세기 동서비교철학의 문제의식에 표준장소를 제공한다. 지식생산, 이동, 확산 및 전파를 용이하게 설명할 수 있는 지식이동의 이론의 틀로써 모나드 표준체계는 주변지역학으로 일본학과 중국학이 지금까지 누려왔던 지식독재라는 상황에 가치중립적이면서 또한 독립성을 유지하고 있다.

모나드의 단일성은 새로운 문제설정 방법이다. 변화에 따른 어떤 것의 양화의 진행과정은 무한하게 작은 양의 증감(增減)과 관련하여 측정되는 것이 미분기능이다. 단일성의 이론은 개별화와 관념의 이론화 작업에서 작동된다. 미분계산의 물리적 관념은 신의 마음에 있는 개별개념에 관련된 개인들이 가는 삶의 여정과 둘레에 존재론의 형이상학적 담론에서 주조된다. 이것을 들뢰즈는 개별적 단일성과 관련된 차이와 반복이라는 개념으로 설명한다. 라이프니츠의 조합법은 이러한 단일성을 잠재성 이론으로 실현한다. 반복은 명시적으로 모나드 지각과 관련하여 진술된다. 그러한 지각의 규칙적 구성에서 단일한 것의 구분은 그 자체에서 명쾌함의 차원의 주름이 혼돈된 것의 배경에 반한다.

모나드의 단일성은 잠재적 인과성을 향하여 진전한다. 미분계산은 변분계산의 최소원칙과 동일하다. 최단거리가 최대가능성을 양도한다. 지각 가능한 그들 상태의 진행에서 모나드의 선택성의 계산 모델은 관점의 위치의 점유와 조합을 이룬다. 모나드의 단일성이 가는 길의 선택은 판명하고 모호한 사이의 미분관계로서 예정조화에서 극대화된다. 이것이 무한오성과 유한오성의 통일을 보여준다. 그러한 선택성은 전도를 통하여, 그것이 그 경우에 그것을 포함하는 양립 불가능한 세계의 배척을 반복하는 한에서, 최상의 가능한 것의 신의 선택성의 반복이다. 부분과 전체에서 조합법은 부분에서 전체의 합을 이끌어내는 것이 아니라, 강도 높은 미분의 전도관계에서 전체의 본질을 파악하는 것이다. 미분계산방법은 변분의 변화 양의 측정을 변분 지속의 배경에 반대되는 기능에서 취급하므로, 적분된 전체의 양을 파악한다.

질료의 주름은 시간과 공간의 현상세계의 유비를 만들어내고, 시간과 공간의 쌓인 여러 저항을 풀어내며 계기에서 계기로 개별화를 단일하게 만든다. 모나드 중심은 지리학과 공존하는 논리적 질서에 따라 모나드 체계를 표준장소로 규정한다. 모나드 중심은 동서라는 공간적 장소구성을 직관적으로 해체한다. 동서라는 장소의 중심전망은 탈지구중심 상황에서 어떠한 관측자를 위하여서도 실현되지 못하기 때문이다. 그러나 질료의 주름은 모나드 표상의 혼동된 상태에서 물리적 물체로서 하나의 장소적 연관을 갖는다. 거기에 모나드 중심은 전체 모나드 체계의 합리성이 충분하고 명백하게 뚫고 들어올 수 있는 동서라는 장소적 입장을 열어준다. 모나드 표상에 대한 불충분한 상태에서 질료에는 그러한 표준장소를 선택할 기능이 있다. 그러한 모나드 개념으로서 질료는 순수가상이 아니다. 별들과 행성운동이 순수한 가상이 아닌 것은, 모나드 중심에서 이들 운동을 그들의 실재의 전제로 되돌릴 수 있기 때문이다. 코페르니쿠스 개혁은 이러한 운동의 장소적 혼란을 체계적으로 구성하는 것이었다면, 라이프니츠의 모나드 이론은 단순성과 복잡성에 기초한 지각과 통각이론으로 공간문제를 해결하는 것이었다.

라이프니츠는 1700년 이후부터 하노버, 베를린, 비인을 중심으로 모나드 지각이동의 공간적 해석에서 오늘날 사고라고 부르는 것을 이해하였다. 데카르트 의미에서 사고란 존재를 도출하기 위한 정적이지만, 라이프니츠의 사고는 정적이 아닌 동역학적이다. 근대는 지리공간과 지도를 읽는다는 고전논리학의 요구를 재정립하므로, 색깔, 수, 행성, 산, 도시 등 동시에 존재하는 공간을 새롭게 변형하기 시작하였다. 지리학이 공간에 대한 지식을 요구하지 않을지라도, 신체적 상상으로 체험할 수 있는 지구공간을 제시한다면, 고전논리학은 사고공간을 논리적 질서로 배열한다. 고대 희랍적 사유에서 공간이란 관계적 해석으로 규정되었다. 아테네에서 고린도로 가거나 고린도에서 아테네로 왕래하는 것에서 움직이는 주체에 대한 공간규정이 관계적이다. 아리스토텔레스에서 사유의 기하학적 지도는 그의 위치(genus proximum)를 고지하는 것이었고, 토픽을 하나의 보이지 않는 위상지도에서의 장소로 나타냈다. 그의 위치의 범위가 특차 (differentia specifica)로 나타나고, 거기에 사유의 피라미드가 세워지는 그곳은 올림픽 정상이다. 그곳은 일반적인 유에 도달할 때까지 좁게 올라가고 가장 포괄적인 종으로 넓게 내려오는 곳이다. 고전논리학은 지구기술과 지도제작의 역사와 관련이 되어 전체학문의 발전을 주도하였는데[2], 플라톤이 기하학적으로 생각하는 자만 아카데미의 문으로 들어올 수 있다고 한 것이 그 보기이다. 전체학문은 그의 형식에서 기하학적 공간에서 사고를 위상학적으로 닮는다. 플라톤과 아리스토텔레스에서 생각하는 사상의 눈은 정신적 공간에 놓여 있다면, 기하학은 실천적인 측정과제에서 생겨났다.[3]

라이프니츠가 부베로부터 전하는 바에 따라서 강희황제가 삼각도법으로 간단한 천문학적 사실을 추론할 수 있는 수학실력을 배양하고 있다는 소식도 17세기 바로크 지리학의 일반적 상황을 전해준다. 인간은 세계를 이성적으로 정렬하려고 할 때 지도제작자처럼 처신한다. 고대 화폐제작소나 지도제작은 이러한 사상을 물질세계에 각인하여, 경계를 정하고, 일반화하고, 연결되는 선분을 가리키고 미지의 것을 삼각도법으로 찾았다. 생각의 대상과 국지화의 대상, 생각된 것과 국지화된 것이 분리되는 것이 모순율의 국지화의 결과이다. 부베를 비롯한 다수의 예수회 중국선교사들이 선택한 지도제

■
2) 기원전 560년 아낙시만드로스가 만들었다는 첫 번째 문화 세계지도는 사유대상으로부터 얻어진 것으로 공리적으로 고전논리학과 지리학적 지도를 일치시킨다. 피라미드 방식으로 구성한 스콜라주의의 고딕 대성당 건축방식에서도 파노프스키(E. Panofsky)는 고전철학의 논리적 구성을 볼 수 있다고 말하였다.

3) D. Reichert, *Das Denken: der Raum der Geographie*, 1999, in: Institut fuer kuenstlerische Gestaltung der TU Wien.

작과 천문개혁에 활용한 지식은 결국 장소이동을 고전논리학의 도움으로 국지화하는 데 있었다.

바로크 모나드 집에서는 지각과 통각이라는 두 종류의 힘이 있는데 그중에 오늘날 지각의 이동에 의한 '사고'는 이미 '공간적'이다. 사유의 위치이동은 데카르트가 공간을 연장으로 파악한 데에서 그 근거를 찾아볼 수 있다. 데카르트가 1649년 『영혼의 정열』에 썼듯이, 연장은 이성의 부재, 혹은 사유의 부재에서 일어난다. 하지만 연장의 역학과 사유의 존재는 비공간적 장소에서 명령권자의 지시와 접수자의 명령질서에 비례한다. 기계론적 세계관의 기제에서 동물이나 감내하는 몸은 살아 있지 않은 대상일지라도, 통일적이고 일의적인 사유로서 코기토의 명령언어를 접수한다. 코기토가 글쓰기라면 연장은 명령수행에 필요한 네덜란드 군대형식이다. 라이프니츠는 루이 14세의 침략전쟁을 저지하기 위해 파리로 갔지만, 이미 떨어진 작전명령 앞에서 데카르트 의미의 사유실체는 연장실체에서 죽은 힘으로 작용하고 있다는 점을 깨달았다. 그래서 라이프니츠는 차츰 시간과 공간을 사물이 아니라, 단순한 관계로 간주한다. 시간과 공간이란 잘 정초된 현상으로 지속적이고 역동적으로 변화시킨 모나드 지각이동의 일부이다.

지리학과 고전논리학이 한계점에 이르렀을 때 장소이동으로서 문명이동이 발생한 것이라면, 동서비교철학의 이론적 근거는 사건존재론에서 동서존재론의 사유 전향이다. 동서비교철학은 이 위상을 단지 상하에만 국한시키지 않고 동시에 좌우로 변형하므로 모나드 집의 구축이 새롭게 정립된다. 성리학자들이 심통성정의 형이상학의 집에 이기불상잡(理氣不相雜) 구도를 만들어서 이기체계를 설명하는 것과 같이, 들뢰즈는 영혼과 물질, 내부와 외부의 연관관계의 근본적 차이 때문에 무한주름이 이 양자를 갈라놓는다고 말한다. 들뢰즈의 주름은 마음에서 현실화되고 몸에서 실재가 된 분리 불가능한 세계의 사유공간에서 신체적으로 체험하는 실천적, 지리적 측정과제를 갖는다. 서양근대철학도 동양철학도 17세기 모나드 주름체계에 한 지류로 자리매김할 때, 모나드 표준체계에는 서양철학 안에서 한국사유의 방향을 찾고 한국 사유 속에서 서양철학으로 들어갈 길도 있었다. 17세기 당시 선교사들이 가졌던 지도, 시계, 서양역법의 지식 등은 당시 서양의 첨단지식 수준과 비슷한 점도 있었고 차이점도 있었으며 17세기 서양선교사들의 학문체계의 오리엔테이션은 오늘날에도 타당하다. 서양에 조선이 어떻게 알려졌는지, 조선은 서양을 어떻게 알아갔는지 등은 매우 장기적이 긴 문명화 과정이다. 이를 파악하고 정리하는 작업은 단지 라이프니츠의 동서비교철학에만 한정되지 않는다. 그리말디와 연관된 천문학, 군사학, 조경학, 지리학, 수학 등 영역의 지식과 유럽철학의 독립된 전통에서 중국적 사유방식을 근접시킨 라이프니츠의 노력은 근대학문의 균형발전과 동서 문명화 과정의 이해에 중요한 단서를 제공한다. 오늘날의 지리적 경계는 중국과 러시아, 중국과 조선의 국경, 한일 독도문제까지 포함해서 17세기에 제작된 지도를 전거로 생겨났다. 새로운 지식이동이 일어나는 학문과 인접학문 간의 경계에서 동서비교철학은 간학제적 지식을 제공한다.

2. 카메라 옵스쿠라를 아는 자

카메라 옵스쿠라(camera obscura)는 어두운 방을 지칭하는 암실(暗室)을 의미한다. 카메라(camera)는 아치모양의 방 혹은 방이라는 뜻이고, 옵스쿠라(obscura)는 어둡다는 뜻이다. 암실의 의미는 빛이 어두운 작은 구멍 안의 폐쇄된 내부로 들어올 때, 전도된 이미지가 구멍의 반대 벽에 거꾸로 투영된 이미지를 갖게 하는 설비에서 유래한다. 어두운 내부공간에서 빛이 들어오므로 밝아지는 내부와 외부의 문제, 관찰자와 관찰대상 사이에 지각도구를 갖는 카메라 옵스쿠라는 플라톤의 동굴의 비유에도 서양사유의 원형적인 패턴으로 자리 잡고 있다. 빛이 외부장면에서 이 어두운 상자의 구멍으로 통과하면, 구멍 이후에 외부장면은 거꾸로 재생된다. 말하자면 어린이들이 진흙으로 사각형 상자를 만들어 그 내부에 유리를 설치하여 조망하고자 하는 바깥장면을 관찰하는 진흙 상자에서도 그러한 카메라 옵스쿠라의 버전이 나타난다.

카메라 옵스쿠라는 15~16세기 르네상스의 회화와 건축분야에서 광범위하게 사용되다가 차츰 17세기 과학기술분야에 응용되므로, 문화적 활동범위뿐만 아니라 물리적 광학의 과학모델에도 광학기술 설비로 널리 자리 잡게 되었다.[4] 르네상스 예술가, 바로크 과학자들은 세계의 관찰자로서 광학적 원칙에 입각한 카메라 옵스쿠라 원리

---

4) S. Dupre, "Kepler's Experiment and his Theory of Optical Imagery", in: *Centre for History*, Ghent University.

를 이용한 망원경과 현미경이라는 광학도구를 얻게 되었다. 망원경은 먼 곳에 있는 대상을 가까이에서 확인하여 보기 위하여 필요하고, 현미경은 지나치게 가까워 보이지 않는 대상을 크게 하여 볼 수 있게 한다. 르네상스 예술가나 17세기 과학자들은 세계에 자연의 관찰자로 부상하였지만, 관찰자로서 그들은 그들 자신의 위치를 스스로 표상의 일부로서 보지 못함에 당혹해 하였다. 이성적 공간설정을 위하여 카메라가 판톰으로 주변화하므로 해결할 수 없는 문제가 신체로 드러난 것이다. 카메라 옵스쿠라의 시각도구의 유비추론에 따르면 관찰자 스스로에게 세계의 직접지각은 전적으로 불가능하다. 바로크 시대에는 재미를 위하여 한쪽 구멍을 갖는 상자나 방으로 구성되어 설계되어 사용되었지만, 차츰 나중에는 스크린에 이미지를 투사하는 광학설비로 사진기의 발명으로 이어졌다. 카메라 옵스쿠라의 구조적, 광학적 원칙은 관찰자의 상태와 가능성을 기술하는 바로크주어의 지배적인 인식론의 패러다임이었다. 종전의 인식론적 질서가 폐기된 곳에서, 바로크주어는 카메라 옵스쿠라를 시각의 설명모델로 사용하였고, 지각하는 자와 외부세계의 관계에서 *아는 주어의 위치*를 표상하는 데 이용하였다.

17세기는 주관에서 궁극적 토대를 찾는 철학이 과학에서 객관적으로 '참'이고 형이상학적으로도 타당성을 요구할 수 있는 과학과 형이상학의 공통인식을 요구하였다. 데카르트는 1637년 그의 『성찰』에 포함된 『광학, La dioptrique』에서 그리고 그 이후에 뉴턴은 1704년 『광학』에서 그리고 로크는 1690년 『인간오성론』에서 카메라 옵스쿠라의 내부화된 이미지와 신체로부터 분리된 주어의 이미지를 취급한 텍스트를 남겼다. 데카르트는 『광학』에서 유일한 구멍으로

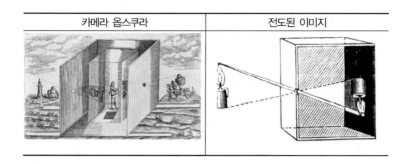

카메라 옵스쿠라	전도된 이미지

차단된 방을 상상하고, 구멍 앞에 유리렌즈를 놓고, 그 뒤에 흰 종이로 펼친 다음 눈과 카메라 옵스쿠라의 유비관계를 도출한다. 외부대상으로 오는 빛이 종이에 이미지를 형성할 때, 그것은 방이 눈을 표상한다는 것을 의미한다. 데카르트는 수술을 통하여 최근에 죽은 사람이나 황소 혹은 어떤 다른 큰 동물에서 추출된 눈을 카메라 옵스쿠라의 핀 홀의 렌즈로 사용한 예를 든다. 카메라 옵스쿠라 내에 관찰된 이미지는 해부된 거대한 눈의 수단으로 형성된다. "눈을 통하여 들어가는 것을 제외하고는 어떤 빛도 이 방으로 들어가지 않는다고 가정하고, 만약 흰 종이를 본다면, 거기에 기쁨이나 놀라움이 없이는 안 되는 모든 외부대상들의 자연적 전망 안에서 표상되는 그림을 볼 것이다."

관찰자로부터 눈의 급진적 떼어냄과 형식적, 객관적 표상도구의 설치로 죽은 자는 둔감한 눈일지라도 일종의 신격화를 경험하고 비물체적 상태로 고양된다. 데카르트의 방법이 인간 시각과 감각 혼란의 불확실성으로부터 도피하려는 것이었다면, 카메라 옵스쿠라는 순순하게 객관적 관점에서 세계에 대한 인간 지식을 발견하기 위한 요구이다. 데카르트는 외부세계를 직접감각의 시험으로 아는 것이 아니라, 그의 방 안에 있는 '명석 & 판명'한 정신적 전망으로부터 알려지는 카메라 옵스쿠라 원칙을 이용하였다. '지금 눈을 감고', '귀를 막고', '감각을 기각함으로' 지각이나 시각작용이 아니라, '유일한 마음'으로 성찰한다. 보는 눈을 갖지 않는다는 것은 카메라 옵스쿠라의 공간, 폐쇄성, 어두컴컴함, 외부로부터의 분리 사태를 의미한다.5)

관찰하는 주어의 위치와 가능성에 따라 정의된 카메라 옵스쿠라는 빛의 광선의 질서 잡히고 계산할 수 있는 집광에 대한 이성의 빛에 의한 마음의 범람에 상응하지 태양의 빛에 의한 잠재적 감각의 위험한 현혹에는 상응하지 않는다. 인테리어된 주어와 외부세계 사이의 구분을 위하여 미리 주어진 지식의 조건의 증명은 그림이다. 그의 내부는 사유주체(res cogitans)와 연장객체(res extensa), 관찰자와 세계 사이의 상호소통(interface)이다. 카메라 혹은 방은 연장된 실체 세계를 규칙적으로 투사하는 사이트로, 카메라 생산은 마음의 내성이 관찰로 통용되게 이차원 표면(surface) 지도, 지구의, 도표, 이미지의 통로를 만든다. 바로크 시대의 지리학자와 천문학자는 비가시적 외부를 관찰하는 전망으로 공간에 있는 물체의 무한존재에 대한 지적인 지배능력을 소지하였다.

뉴턴은 1704년 『광학』에서 자신의 지식을 가능하게 만들었던 카메라 옵스쿠라의 토대에서 귀납적 과정을 다음과 같이 기술한다.

■
5) Meditatio III 참조. R. Descartes, Meditatione de prima philosophia, Hamburg 1977.

"어두운 방안에 일 인치의 3분지 2의 둥근 구멍을 창문의 틈에 만들어 프리즘 유리를 갖다 대었더니 태양빛의 빔이 구멍으로 들어와서, 방의 반대 벽을 향하여 위로 굴절되었고 거기에 태양의 채색된 이미지가 형성되었다."[6]

　일인칭대명사로 자신의 버전의 조작에 관련되지 않은 물리적 활동성을 기술하는 뉴턴은 표상의 투사와 굴절 수단의 보다 덜한 관찰자이나 조직자임에 틀림없다. _그_는 분명히 평면렌즈 혹은 핀 홀로 대치되는 프리즘에서 근본적으로 조리개와 동일하다. _그_의 외부현상의 표상은 어두운 방에 제한된 직선에서 움직인다. 그러므로 _그_는 로크가 묵시적으로 지칭하고 있는 암실에 처하고 있다. 외부이미지의 이차원 평면은 오직 조리개에 의하여만 조절된 반대 벽에 걸린 화면과 관찰자에게 특별한 거리관계로 존속된다. 관찰자는 두 위치들 사이의 점과 평면에서 모호하게 자리 잡고, 비결정적 연장적 공간에서 관찰자로서 설비의 순수한 조작으로부터 이접되고 있다. 카메라 옵스쿠라는 객관적으로 질서 잡힌 표상을 대변하는 전망구성과 같지 않게, 그의 풍부한 상응과 지속을 표현하는 제한된 측면이나 영역을 이미지로 지시하지 않는다. 관찰자는 세계의 객관성의 기계적 혹은 선험적 재현에서 탈신체화되는 증거이다. 카메라 옵스쿠라의 임재는 인간 주관성과 객관적 설비가 처하는 시공간의 동시성을 함축한다. 반면에 구경꾼은 표상기계에 독립적, 주변적 임재에서

---

6) J. Wickert, _I. Newton_, Hamburg 1995, p.47

보다 자유롭게 표류하는 어둠의 거주자이다. 푸코는 이 '어둠의 거주자'를 주어와 대상 양자로서 자기표상의 능력이 결여된 주어의 문제로 입증된다고 하였다.

　로크는 『인간오성론』에서 데카르트 『성찰』 2권에서 기도한 시각의 수단으로 세계를 *아는 자*의 관념에 도전한다.[7] 로크는 뉴턴이 『광학』에서 지성의 조작을 공간적으로 시각화하는 설명을 암묵적으로 지시한다. 로크는 뉴턴은 어두컴컴한 방안에 실험하는 자기 자신을 설명수단으로 재연하는 점에서, 그러한 주어가 세계를 아는 것은 '유일하게 마음의 지각'에 의존한다고 설명한다. 주어는 외부세계에 대하여 빈 내부공간 안의 자기를 안전하게 위치시키는 인식의 선제조건을 갖추어야 한다. 로크는 『인간오성론』에서 오직 오성에 이르기까지 자기 자신만이 발견할 수 있는 지식의 통로를 외적, 내적인 감각이라고 단정한다. 로크가 발견할 수 있는 한, 이들만이 어두운 방으로 빛을 들어오게 할 수 있는 창문이다. 반면에 오성은 전적으로 빛으로부터 차단된 화장실에 비유된다. 약간 벌어져 있는 곳이긴 하지만 외적인 가시적 유사성에 있게 하거나 외부사물의 어떤 이미지를 갖는 이곳은 인간오성을 아주 잘 닮는다.[8]

　로크는 카메라 옵스쿠라의 관찰자에게 암묵적으로 부여한 법적

---

7) Meditatio II, 2 참조. R. Descartes, *Meditatione de prima philosophia*, Hamburg 1977. 데카르트는 세상에는 자기를 빼놓고 아무것도 없고, 즉 하늘도, 땅도, 사유하는 본질도, 물체도 없는 것을 상정해보라고 한다. 이런 마당에 끊임없이 자기 자신을 속이는 자기도 모르는 전능하고도 노회(老獪)한 신이 있다고 가정한다. 끝까지 신이 끝까지 자기 자신이 아무것도 아니라고 몰아붙임에도 불구하고 나는 내가 없다고 할 수 없기 때문에, "나는 있다, 나는 존재한다(ego sum, ego existo)"라고 한다는 것이다.

8) J. Locke,

인 역할과 설비의 수용적, 중립적 기능에 보다 자기 자신을 새롭게 특수화하는 권위적, 통제적 기능을 부여한다. 로크는 주어 외부세계와 내부표상 사이의 상응을 조절하기 위하여 무질서와 비실제적인 것을 배제하였다. 관찰자의 눈은 설비로부터 완전히 분리되어 있다. 설비는 관찰자에게 들여다봄을 허용하고, 그림 혹은 유사성의 정립을 허용한다. 뉴턴의 실험결과로부터 추출된 관찰자의 역할과 설비의 기능에 대한 가설에 비추어본다면, 어떤 본유관념도 태어나면서부터 마음에서 찍혀서 나오지 않았다. 따라서 마음은 본유관념을 갖지 않는다. 이로써 경험론은 뉴턴의 자연철학이 확립한 세계에서 감각이 수용할 수 있는 인식의 통로만으로 지식을 쌓아가는 입장을 취하게 되었다.

모든 관념은 본유능력에서 오는 경험의 소산이다. 마음은 본유능력으로 지각하고, 기억하고, 결합하고, 욕망하고, 의지하고, 숙고한다. 관찰은 마음의 내적 조작에 따라 외적 감각대상을 채용한다. 관찰은 그 자체로 마음이 갖는 관념에서 유래를 갖는다. 다만 오직 감각만이 모든 관념의 원천이지만, 감각인상만이 지식의 유일한 원천이 아니다. 지각에는 감각(sensation)과 반성(reflection) 두 종류가 있다. 색깔, 열, 쓴맛 등의 외부세계의 감각지각은 내부와 외부관찰을 요구한다. 자기관찰은 반성지각이다. 물질적 외부세계는 질량, 연장, 운동이라는 물질적 속성이 있다. 의식은 정신에서 일어나며 색깔은 비물질적 의식공간에 있다.

마음은 오성의 관념을 증진시킨다. 마음이 작용하면 행위의 관념이 자기 의식적이 된다. 반성은 자기의식으로서 우리 지식의 오리지널 원천이다. 감각이 없이는 마음이 조작할 것도 없고, 조작의 관념도 가질 수 없다. 만약 사람이 어떤 관념을 갖기 시작하면, 사람은 그러한 관념을 믿기 시작한다. 마음의 조작은 감각적으로 산출되지 않으나, 감각은 물질적 작업에 마음의 동참을 요구한다. 감각이 주는 관념은 단순하고 섞이지 않는 것에 의하여 지식과정에 진입한다. 그들은 복합적 통일로 들어가는 지식을 위하여 마음의 활동적 구속을 필요로 한다.

로크의 인식론은 물질과 정신의 측면에 각각 다른 기능으로 작용된다. 모든 물질적 지식은 단순관념으로 축적된다는 것이고, 조야한 물질적 지식의 변형과정에 그들 스스로 관념으로 환원되지 않는 마음의 활동성이 있다는 것이다. 감각과 반성이라는 창문을 통과함이 없이는 어떤 빛도 오성에 들어갈 수 없다. 그래서 경험이 없이는 마음의 칠판에 어떤 글씨도 써지지 않는다. 감각과 반성 이 두 가지 이외에는 어떤 다른 새로운 단순관념의 원천은 없다. 관념은 본유적이 아니다. 지식은 관계를 포함하고, 관계들은 마음의 작업으로 생긴다. 관계들은 복합관념을 요구하고, 복합관념은 정신적 변형이다. 감각으로부터 단순관념을 얻고 정신적 조작을 관찰하면, 지식이 관련하는 일반개념과 그의 실재에 도달한다.

카메라 옵스쿠라는 관찰자와 그림을 그리는 과정의 관계로부터 멀리 떨어져 있지 않다. 관찰자는 본래 대상보다는 카메라 안에 더 진짜로 바람같이 움직이는 운동의 깜빡거리는 이미지에 놀라워한다. 전망적 경험과 카메라 옵스쿠라의 투사 사이의 차이는 관찰자와 그의 경계가 그어지는 무차별의 외부 사이의 관계에 있기 때문이다. 어떻게 조리개로 잡아서 질서 잡힌 컷으로 보이는 것을 허용하는 영역 경계의 문제에서, 운동과 시간성은 명백하게도 항상 표현작용에 앞서 있다. 운동과 시간은 보일 수 있고 경험될 수 있으나 결코 대리되지는 않기 때문이다.

이 점에서 라이프니츠는 『모나드론』 §12에서 이렇게 말한다. "변화의 원칙 이외에도 스스로 변화하기 위한 범례화(un detail de ce qui change)가 필요하다. 이 범례화로 단순실체의 특수화와 가변성 작용이 일어난다." 만물은 변화하기 때문에 절대 제로의 운동은 존재하지 않는다. 그렇기 때문에 라이프니츠는 관찰자에게도 '스스로 변화하기 위한 시리즈'를 가져야 할 것을 요구한다. 동일한 모나드의 질도 매순간 달라지고, 모든 모나드 상태의 모든 변화가 일어난다. 결국 만물의 변화는 마치 무수하게 많은 카메라가 동시에 서로 다른 관점에서 같은 장면을 촬영하는 것과 같다.

현대미국 철학자 로티(R. Roty)는 로크와 데카르트가 희랍과 중세로부터는 완전하게 다른 관찰자라고 주장하였다. 하지만 라이프니츠는 희랍과 중세를 넘어서 동서를 연결하는 전혀 다른 야누스적 얼굴의 관찰자이다. 17~18세기 고전과학은 복합적 지속에서 개별 실재를 추상하여 이들 현상의 컷오프를 취급할 수 있고, 알 수 있게 만들었지만, 항상 그들을 본질로 변형하였다. 컷오프는 *돔*이라고 부를[9] 수 있는 불확실한 전망의 시간을 포함하는 곳에서 도박성 이차적이고 삼차적이고, 정적이고 혹은 비가시적 과정에 대한 변형모험을 하였다. 컷오프는 동일과정에 시간을 배재하므로 그 자체를 위한 질료의 반성적 변화를 주도하는 수단이었다. 세계는 과학적 탐구와 예술

---

9) 『모나드론 외』, p.35, p.119.

적 실습에 의한 가시적인 관찰대상의 광범위한 물리적 육화이다. 합리론과 경험론 이론가는 어떤 관찰이 세계에 대한 신빙성 있는 추론으로 이끄는가의 문제에 전념하였을 때, 라이프니츠는 자신이 살고 있는 현상의 컷오프를 가장 먼 동쪽 지구편의 동시비교에서 찾았다. 그 곳에서 서양이 필요로 하는 동시사유의 철학적 근거가 있다.

3. 동시비교철학

언제부터 동서비교철학의 사유가 시작되었는가 하는 질문은 그다지 오래지 않다. 동시비교철학은 동서비교철학을 의미한다. 동시비교철학은 동서라는 지리적 구역을 해체하므로 사물과 사람들 사이의 특별한 철학적 성찰을 불러일으킨다. 말하자면 철학의 출발부터가 자신과 세계 사이의 동시비교와 같았다. 철학적 물음의 최종종착지가 자신으로 귀착되는 한에서 자기 자신과 남 사이의 또 다른 동시비교철학의 생겼다. 근대 이전에는 동시비교철학이 없었던 이유는 플라톤의 형상은 주름이 잡혀 있지만 어느 누구도 도달하지 못하므로, 텍스처가 가변적 곡률이 원의 왕위를 대치할 때에만 발생할 수 있기 때문일 것이다.[10] 적어도 근대 이전에는 동시비교철학의 문제의식이 없었고, 르네상스 역시 고대 희랍 로마문명의 재탄생이자 고전정신의 부흥운동이지만 이러한 비교의식은 없었다. 말뷰랑

---

10) 『주름, 라이프니츠와 바로크』 질 들뢰즈 지음, p.75.

슈는 중국철학을 비판하였고 스피노자의 유물론은 동양의 유학과 도덕과의 비교는 있었지만 진정한 비교철학은 라이프니츠에서 비롯된다. 그러나 라이프니츠 이후 18세기 이래 실제로 서양철학은 종적 연계로 합리론과 경험론의 전통에서 칸트의 종합까지 발전하였고, 헤겔에 이르러서는 유럽중심주의에서 본 절대정신의 단계별 발전으로 철학사를 보아왔다. 18~19세기는 서양철학만이 인류정신의 보편주의 가치와 이념을 실현할 수 있는 기반을 지녔다는 주장을 반복하였다. 20세기에 근본시각은 변화가 없지만 뉴턴과 라이프니츠로 대변되는 과학의 패러다임이 독립적으로 인정되는 변화를 거치면서 여러 철학사의 기술은 차츰 기존의 입장에 대한 반성이 일기 시작한다. 양차 세계대전을 거치며 20세기 후반 포스트모더니즘 등의 사조에서 이러한 시각은 크게 도전받았다. 이 도전은 15세기에 코페르니쿠스 태양중심 체계가 이론적으로 정착되면서 지구상의 위치에 대한 자각과 자신의 위치를 이전과는 달리 명명할 근거를 가지면서부터 논의되었다. 대륙은 처음부터 생겨났고 지구상에 살고 있는 장소는 원래부터 있었지만, 자신이 살고 있는 장소의 자각의식에서 철학의 동서(東西)와 동시(同時)의 분화(synchronization)를 가져왔다. 지리상의 발견으로 17세기에는 누구라도 자신이 서 있는 곳에서 '어디서 왔느냐?', '당신의 철학은 무엇이요?' 등등 질문으로 자기와 타자를 인식하는 동시비교철학이 탄생한 것이다.[11]

들뢰즈가 17세기 바로크 세계는 라이프니츠의 모나드 주름으로

11) G. Guenther, *Entdeckung Amerikas*, 2003.

특징지을 수 있다고 해석할 때에는, 우리가 지각이라고 부르는 인식은 끊임없는 주름으로 이어져 이 주름 각각의 더 나아간 차이의 규정은 더 나아간 전개를 의미한다. 이 전개는 모나드 지대 질료의 불가분적 무한성 때문에 이 차이를 없앨 수 없이 무한하게 나아가므로 지각이동 시리즈를 낳는다. 중세의 지중해를 중심으로 하는 통일적 세계관을 뚫고 대서양 세계로 향하여 달려 나간 경험론과 합리론이라는 사유흐름도 영국과 대륙이라는 지리의식을 반영한 비교철학 사유의 소산이다. 17세기 새로운 유럽근대철학 운동에 비하여, 미미한 흐름이긴 하지만 16세기 이래 유럽철학의 중심으로부터 이탈한 토미즘을 위시한 스콜라 변방철학이 있었다.[12] 예수회 선교사들이 주도하였던 이들 철학은 차츰 인도나 중국으로 이동하면서 동서비교철학의 지식유형을 창조하였다.[13] 이 흐름에서 이들을 지지하고 앞서 가는 서양의 과학기술문명에서 고도의 도덕적 정신문명의 세계를 간직한 동양이 함께 나가야 한다고 읽으면서 모나드에 의한 동서통합 사상체계를 도모한 철학자는 라이프니츠였다.

라이프니츠의 동서비교철학은 동서양 서로의 공통적으로 동일한 개념구조를 전제한다. 비교철학은 양대 진영 관념 담론의 공통성을 전제하며, 동서양에서는 서로에게 관통될 수 있는 개념의 동일성을 기대한다. 이러한 비교철학의 전제가 없이는 경험론과 합리론이 대화할 수 없으며, 라이프니츠가 그들 활동에서 얻은 추후 사유체험으

---

12) 김형효, 『철학적 진리와 사유에 대하여』 2004, 2장 주자학과 토미즘, pp.83~134.
13) 마테오리치, 『천주실의』 송영배외 옮김, 2003, pp.20~21. 풍응경, 『천주실의』 초판 서문.

로 이끌어낸 유럽과 동아시아세계의 동시비교철학의 사유지평을 이 해하기 어렵다. 비교철학은 전혀 다른 사유전통과 풍토에서 만난 사 람과 사람의 만남에서 상이한 사유전통과 사유배경에 대한 규명으 로 시작될 때에 그와 같은 기초개념조차 없다면 출발 자체가 성립 하지 않기 때문이다. 동서비교철학의 출발점을 종횡으로 잡는다면, 하나의 사유전통에 집착한 철학은 자신의 고유한 사유의 시원을 지 금의 시간으로부터 거슬러 종적((縱的)으로 올라간다. 그러나 다른 하나의 사유전통을 존중하는 철학은 비교철학을 통하여 상이한 횡 적(橫的)인 사유전통에 놓인 시간의 흐름으로 삼투한다.

들뢰즈의 바로크 기획은 전자에서 출발하였기 때문에 모나드 집 의 주변을 동서로 확장하여 고찰하지 못했다. 즉, 모나드 집은 상하 구조만 가졌을 뿐 아니라 좌우로 늘여진 구조를 갖고 있다. 철학하 는 시간이 종적인 일회적 차원으로 한정되는 것이 아니라, 적대시하 는 철학의 전통과 역사 속으로 뛰어 들어가면, 동서는 서로의 길에 서 마주치는 빛의 회통으로 만난다. 다문화 철학적 관점에 서면 선 후상하로 발생하는 사건존재론이 동서좌우의 동서존재론으로 만날 수 있는 이유가 보인다.

17세기 이전까지 동아시아 세계의 우주는 하늘은 둥글며 땅은 사 방으로 펴진 곳에 중국이 중심에 있었다. 그러나 17세기 이후, 마테 오리치 세계지도와 마티니의 중국지도는 이러한 생각을 여지없이 무너뜨렸다.[14] 들뢰즈가 17세기 바로크 세계는 라이프니츠의 모나

---

14) 이수광, 『지봉유설』, 丁海廉 역주, 2000, p.61. 이수광은 마테오리치에 대하여 두 마디로 기록하였다.

드 주름으로 특징지을 수 있다고 해석한다면, 우리가 지각이라고 부르는 인식은 끊임없는 주름으로 이어져 이 주름의 각각의 더 나아간 차이의 규정은 더 나아간 전개를 의미한다. 이 전개는 모나드 지대의 질료의 불가분적 무한성 때문에 이 차이를 없앨 수 없이 무한하게 나아가므로 지각이동 시리즈를 낳는다. 이 주름은 바로크 몽타주 이면(裏面)에는 한쪽의 긍정하고 다른 한쪽의 부정하였던 본유관념의 존재 여부의 결정방식에 비교철학적 관점을 열어주었다. 말하자면 경험론과 합리론의 대립이 이미 비교철학적 담론의 싹이 되었다. 16세기에서 17세기에 유럽에서 중국으로 이동한 예수회 중국선교사들의 동서비교철학 활동은 동아시아 사회의 기존지식의 유형에 새로운 트렌드를 주었던 셈이다. 물론 이들은 활동은 유럽에서 진행되는 새로운 철학의 조류와 종합을 이루어내는 수준까지 전폭적 전송을 일으키지는 못하였다. 그것은 유럽 내에서도 르네상스 이후에 과거 중세의 스콜라철학에 대한 절연으로서 근대성을 자리매김하는 작업이 불확실하였었고, 과학혁명이 본질적으로 근대성을 계몽의 세기로 이끌기까지의 시대구획의 문지방에서 그 자체로의 정당성이 확보되지 않았기 때문이다.

유럽에서 중국으로 이동한 동서비교철학은 중국에서 확대 재생산되어 조선과 중국의 지식인들은 17세기 서양선교사들의 학문을 총칭하여 서학(西學)이라 불렀다. 여기에 '서학'으로 지칭되는 『천주실의』와『영언려작』등의 연관된 일련의 학문체계는 조선사회에서 북경을 왕래하던 서양문물을 많이 접하고 교류할 수 있었던 계층을 중심으로 실학사유체계라는 명칭으로 각인되어 있다. 조선지식인에게 끼친 서양철학의 영향이 엄연하게 존재한다. 그런데 동아시아 문명권에서 말을 건네 지칭한 서학은 유럽의 학문체계로서 르네상스 시기에 번역을 통한 고대 희랍 로마문명권에서 전승된 지식이지 아니면 실험과 논증의 지식체계로서의 근대과학 혁명과정에서의 지식체계인지에 대한 분명한 구분이 없었다. 또한 끊임없이 변화하는 학문의 동향과 발전 때문에 절대로 일괄적으로 정의할 수 없었다. 때문에 서학은 결코 유럽에서 유럽의 학문의 중심에 있지 않았으며 중국 혹은 조선에서도 그 실체가 분명한 것은 아니었다. 조선에서 성리학적 사유바탕에서 서학의 정체성 규명에 비판적으로나마 꾸준한 발전이 있어 왔지만, 서양철학 내에서는 서학은 연대 병렬적 (synchronic)으로 별개의 지식유형으로 존재하였다. 오늘날 서유럽의 학문체제상 중국, 일본, 한국, 이집트, 이슬람, 서남아시아, 문화인류, 티베트 등으로 분류되는 학문이 여기에 해당된다.

16~17세기 이래 동양세계가 서양에 문호를 개방하면서부터 탄생하였던 서학이 단지 역사 속에서 화석화된 지식으로 전락하지 않은 까닭은 라이프니츠의 동서비교 사유 지평이 무한하게 확장될 수 있었기 때문이다. 동서비교철학의 필요성은 지난 인류 철학사에 고대 희랍 로마철학에서 중세철학, 중세철학에서 르네상스철학에로의 전개과정에서 비교철학 없는 단일한 종류의 철학은 몰락하였고 더 이상 더 높은 발전으로 이어지지 않았다는 교훈에서 얻을 수 있다. 라이프니츠의 철학사 독법은 적어도 서양근대성의 정체성에 대한

자기반성과 동양의 잃어버린 근대성의 회복이라는 차원에서 동서비교철학의 모태가 되고 있다.

동서비교철학의 문제는 비교종교의 필연성 이후에 비교종교가 없고 비교철학 이후에 비교철학은 없듯이, 동서비교철학 이후에 과연 동서비교철학이 있을까 하는 것이다. 동서비교에는 과연 그럴까 저럴까 그럴 것이라는 기대가치를 수용하기 위해 가상개념을 쓰지만 실제는 어떠하였는가에 질문 앞에 실재개념으로 신속하고 동시에 텍스트로 돌아올 수밖에 없다. 동서비교철학을 전공한다고 하였을 때에도 동양철학이든 서양철학이든 어느 쪽이든 주안점을 두고 가상개념과 실재개념을 방법론의 개념 틀로 사용하여야 한다는 점이다. 데카르트는 태양을 볼 때 얼마큼 떨어져 있을 거라는 가상개념과 실제로 떨어진 거리의 실재개념을 중재하기 위하여 마음의 관념을 사용하였고, 라이프니츠도 실제 이 개념을 사용하여 르네상스 인문주의자들의 보편자와 개별자의 차이를 설명하였다.

17세기 동서비교철학은 동서지식의 기원이 지닌 다원성 때문에 다양한 분야가 묶여 있는 복합학문의 특성을 지닌다. 동서비교철학이 철학으로 남을 수 있는 최종실체는 다문화철학이면서 동시에 그때 거기는 지금 여기의 동시병렬(synchronization)의 인지구도에 부합되는 동서(同時)비교철학이다. 왜냐하면 가상세계 개념은 언제 어느 때라도 현실세계로 피드백할 수 있는 통로를 제공하기 때문이다. 비교의 출발지점으로 라이프니츠는 자신의 위치에 가만히 있으면서 돌아다니며 활동한 예수회 선교사들과 사상교환을 하였다. 가령 유럽에 있으면서, 들뢰즈와 라이프니츠에 있어서, 서양과 동양에 동시에 무엇이 일어나는지 동시비교철학이 가능할 조건으로서, 봄

(seeing)이라는 관점(point de vue)과 지각의 주름이 있다. 이런 주름은 동서 어디에서나 있으며 이 주름이 펼쳐지는 곳에 철학이 가능하다. 17세기에 지도의 경도상의 중국 위치를 보고(視) 보는(觀) 지식 역시 선택 의존적이다. 17세기 라이프니츠와 예수회 중국선교사들이 사용하던 17세기 서양지도의 독법으로 통하여 지리상의 오류를 바로 잡을 수 있었다. 비교하는 까닭, 비교철학의 까닭은 선택이다. 비교는 이모저모 검토한 다음에 결정하는 것이다. 이때 선택은 단지 더 좋은 것 더 나쁜 것을 가리는 선택이 아니라, 선택 이후를 물을 수 없는 선택이다. 동서비교와 동시비교를 한 다음 자신의 선택이 최고가 되지 않는 이유는 주름의 무한 때문이다.

　방법론적으로 다문화철학의 관점(inter-cultural viewpoint)으로 접근할 수 있다. 다문화철학이란 지구상에 존재하는 다양한 문화적 관습과 전통을 있는 그대로 인정하고 어떤 한 문화권의 철학이나 사상이 다른 한 문화권의 전통관습과 사상에 절대 우위를 인정하지 않는 철학이다. 다문화철학은 모든 문화에 그림자처럼 따라다니는 영원의 철학의 정신적, 철학적 입장의 각인으로 동양철학이나 서양철학 어느 한쪽 스스로를 절대화하지 않는다. 다문화철학은 불필요한 개념체계를 특권화하지 않으며 스스로를 해방시키는 담론이다. 다문화철학의 방법론적 접근은 각 문화영역의 철학에 동등한 권리 부여를 하는 것이다. 다문화철학은 기존의 전통유럽의 사유방법에 대하여 반기를 든다는 점에서 포스트모던 철학과 축을 같이하나, 비유럽의 문화전통과 철학에 대하여 다자간의 대화와 이해를 촉진하고 발전시킨다는 점에서 다르다. 다문화철학 관점에서 유럽과 중국의 천문학과 지리학의 상황을 비교 분석하면 중국의 전통문화와 과학은 독립적인 고유한 가치체계로서 인정되어야 한다. 당시 유럽은 갈릴레이와 함께 케플러의 천문학적 업적이 뉴턴의 지지를 받으면서 최종적으로 1687년 『프린키피아, Principia』에서 이러한 과학적 사실을 수학적 방법으로 증명하므로 고전역학이 완성되었다. 중국에도 천문개혁이 진행되었기 때문에 중국은 케플러와 그의 능력과 관련한 조언이 절실하게 필요하였다. 대부분 예수회 중국선교사들은 코페르니쿠스 혁명 이전의 천문지식을 기반으로 중국역법 개혁에 참여하였다. 그럼에도 영원의 철학은 서양과 동양의 과학기술문명의 차이, 인문지식의 차이, 이방세계와 이질적인 문화의 이해와 소통의 문맥에 다문화 철학적으로 어느 편에도 손을 들어주지 않는다. 어느 하나의 특정문화에 하나의 완전한 현실이 본유적으로 태어나는 것은 아니기 때문이다.

비교철학은 하나의 개념체계가 다른 개념체계에서도 타당성을 가질 때 성립한다. 신유학체계나 불교철학 또는 도가철학 속에서도 서양철학의 핵심개념이 적용될 수 있고, 역으로 서양철학에서도 신유학 개념이나 불교 또는 도가철학이 그대로 차용되어 체계이해를 도울 수 있다. 이 경우 동서비교철학은 하나의 사유가 다른 하나의 사유에 말을 건넸다는 시원적 사건존재론에서 가상개념체계이면서도 동시에 실재개념체계를 사용한다. 동서비교철학은 상대사유전통의 특징과 경계를 이해하고 비교하므로 자신의 고유한 철학의 전통의 특징과 장단점을 반성할 길을 열어준다. 동서비교철학은 곧 각 철학의 영역의 권리와 동등성의 인정을 스스로의 근본요청으로 받아들이지만 궁극목표는 자기 주도에 의한 자기사고의 체계화로서 끊임없이 새로운 국지화를 지향하는 데 있다. 17세기 동서비교철학은 동서지식의 기원이 지닌 다원성 때문에 다양한 분야가 묶여 있는 복합학문의 융합특성을 지니는데, 이는 21세기 변화의 요구이다. 라이프니츠와 예수회 중국선교사들이 사용하던 17세기 서양지도의 독법으로 통하여 지리상의 오류를 바로잡을 수 있다. 근대유럽이 지구상 도처의 땅을 식민화하는 데 비교철학을 필요로 하였던 것처럼 한국도 세계를 상대로 무역활로를 개척하기 위하여 17세기 비교철학의 역루트를 찾아내는 역량강화가 필요하다. 동시비교철학을 하기 위하여서는 고전논리에서 확실하게 있는 것으로 나와 너 사이에 대립으로서의 이가 논리는 한계가 있다.[15] 이가 논리의 단계에서는 나와 너의 근본적 차이를 만들 수 없기 때문에 여기에 삼가 논리가 필요하다. 나는 반성, 너는 비반성으로 나올 때, 너는 객관적 사실로 나온다. 나와 너는 교환관계에 있으며 나에서 나는 나이고, 너에게서 다른 나는 너이다. 외부와 내부는 감추어진 부분과 드러나는 부분을 뚫어보는 것을 기술하기에 적합한 개념이고 좌우는 둘러보고 훑어가는 데 필요한 개념이다.

---

15) 아리스토텔레스의 고전논리의 한계를 극복하기 위하여 선구적인 역할을 해온 곳하르트 균터의 저작을 재구성하고 해석하는 작업이 그의 제자들과 후학들에 의하여 다각도적인 차원에서 진행되었다. 다음을 참조하라. R. Kaehr, *Zur Dekonstruktion der Techno-Logik, Hinfuehrungen zur Graphematik*, 1995, pp.1~199. J. Castella, "Gotthard Guenther: Innen wie Aussen", in: *Vordenker*, Sommer-Edition 2007. H. Hrachovec, "Gotthard Guenthers Geltung, oder die Grenzen der Geduld", in: *Cybernetics, The Macy-Conferences 1946~1953*, Volume II, Band II, Essays and Dokumente, Zuerich-Berlin 2004, pp.263~275.

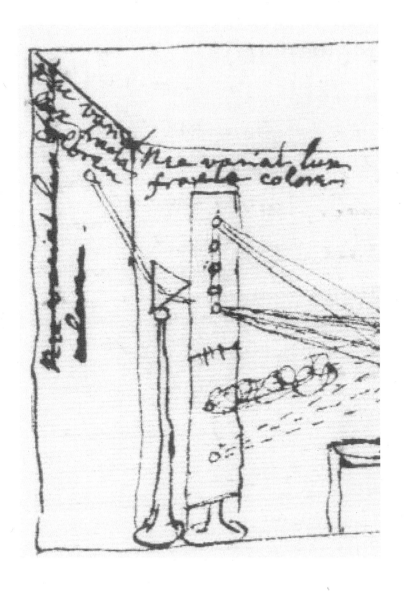

NOVA METHODVS PRO MAXIMIS ET MI-
nimis, itemque tangentibus, quæ nec fraƐas, nec irrati-
onales quantitates moratur, & singulare pro
illis calculi genus, per G.G.L.

S Iᵗ axis AX, & curvæ plures, ut VV, WW, YY, ZZ, quarum ordi- TAB. XII.

제 7 장
상호문명세계

α u eodem modo in hoc calculo traƐari, ut y & dy, vel aliam literam
indeterminatam cum sua differentiali. Notandum etiam non dari
semper regressum a differentiali Æquatione, nisi cum quadam cautio-
ne, de quo alibi. Porro *Divisio,* d—vel (posito z æqu. $\overset{v}{}$) dz æqu.

$$\frac{\dagger v \, dy \dagger y \, dv}{yy}$$

$\qquad\qquad$ y $\qquad\qquad\qquad$ y

Quoad *Signa* hoc probe notandum, cum in calculo pro litera
substituitur simpliciter ejus differentialis, servari quidem eadem signa,
& pro ✝ z scribi ✝ dz, pro--z scribi--dz, ut ex additione & subtra-
Ɛione paulo ante posita apparet; sed quando ad exegesin valorum
venitur, seu cum consideratur ipsius z relatio ad x, tunc apparere, an
valor ipsius dz sit quantitas affirmativa, an nihilo minor seu negativa:
quod posterius cum sit, tunc tangens ZE ducitur a punƐo Z non ver-
sus A, sed in partes contrarias seu infra X, id est tunc cum ipsæ ordinatæ

N nn 3 $\qquad\qquad$ z decre-

1. 상호문화철학 이정표

들뢰즈의 라이프니츠 바로크 몽타주 샤블론에 고려되지 않은 중요한 사안이 있다. 그것은 경험론과 합리론의 비교철학적 유화가 아니다. 그것은 프랑스의 패권주의와 독일의 방어정책과 선교선교를 둘러싼 선교정치의 이념적 차이이다. 라이프니츠는 1689년에서 1704년까지 예수화중국선교사들과 서신교환을 하는데 1700년대에 베를린 학술원 건립으로 국제적으로 변화하고 있던 선교정치의 기류에 휩싸인다. 1700년대 프랑스 소르본 대학의 신학부와 파리외방선교회(Société des Missions Etrangéres)가 주동이 된 예수회중국선교사들의 중국에서의 선교활동과 선교정책의 비판이 그것이다. 이러한 기류에 의하여 라이프니츠와 예수회중국선교사들과의 서신교환은 1704년 이후에는 급격하게 소멸하게 된다. 이 시기를 기점으로 마테오리치 이래 100년간 서양선교의 활동에 위기가 왔고 동서가 학문적으로 공존할 수 있는 길을 모색하기보다는 오해와 반목으로 점철

되어갔다. 라이프니츠는 반예수회 기류와 중국의 반기독교 정서를 넘어 평화와 대화, 사랑과 용서 그리고 보편조화에 기초한 동서비교철학 정신을 구현하였다.

라이프니츠의 동서비교철학의 이론적 기초는 이진법과 주역의 일치에 있었다. 라이프니츠는 그리말디에게 중국의 산법에 관심을 보인 이후로 자신의 이진법 산술체계처럼 다양한 민족들이 서로 교류하고 소통할 수 있는 보편언어의 수학적 모델로 주역의 상징언어를 염두에 두었다. 다양한 민족들의 소통을 위한 언어는 복잡한 것이 아니라 단순 간단명료해야 하는데, 0과 1만으로 모든 자연수를 표시할 수 있는 의사소통방식이 이러한 요구를 만족시킨다. 라이프니츠는 1697년 새해에 부라운슈바이히 볼펜뷰텔의 루돌프 아우구스트(R. August, 1627~1704) 공작에게 이 결과를 원형메달에 새겨 신년하례선물로 바친다. 1697년 1월의 학문적 동향과 수준을 그대로 말해주는 라이프니츠가 설계한 원형메달에는 "2, 3, 4, 5 기타 등등으로 이어지는 만물(萬物)을 무(無)로부터 창조하기 위하여서는 1이면 충분하다"는 글이 쓰여 있다. 인류의 진리는 동서양이 서로 통하고 있다는 직관에서 세계창조의 상(imago creationis)을 이진법의 배열로 설명하였다. 메달중앙에는 빛과 어두움의 조명이 있고 이 명암(明暗)을 배경으로 1에서 18에 이르는 수열과 0과 1의 이진법 수열의 대비를 적고 있다. 이 수열은 음양(陰陽)에서 사상(四象), 사상에서 팔괘(八卦)를 거쳐 순수 이론적으로 존재하는 주역의 16괘(卦)의 이진법 수리구성 방식을 보여준다. 라이프니츠는 당시 청의 학자들이 주역에 감추어진 수리적 진리를 깨닫지 못하고 있었다고 진단하였다. 진리는 새로운 해석을 통하여 밝혀져야 하며 보편적으로 논증되어야 하는데, 당대 중국인 학자들은 이러한 작업에 소홀히 하였기 때문이라는 것이다. 라이프니츠의 이진법은 컴퓨터의 원형모델의 발명과 더불어 현대 디지털문명의 원동력이 되었다. 라이프니츠가 예견한 주역의 수리적 구성의 해독은 나름대로 동서 문명세계가 공존하며 발전할 수 있는 배경지식으로 자리 잡는 데 도움이 되었다.

라이프니츠는 1697년 4월에 그리말디와의 서신교환을 바탕으로 얻어진 내용과 그 밖의 여러 서한집과 논문들을 모아『최신중국소식』을 출간한다. 이때 1685년에 신학과 철학에 능통한 수학자, 천문학자, 과학기술 설계가들인 '왕립수학자'라는 칭호를 부여받고 중국으로 떠난 파리학술원 소속의 6명 예수회 신부의 한 명인 부베가 파리에 있다가 라이프니츠의『최신중국소식』의 출간을 접한다. 강희황제의 더 많은 선교사들을 중국에 데려오라는 명을 받아 1697년 파리에 있던 부베는『최신중국소식』출간소문을 듣고 자신이 출간한『중국황제의 역사적 초상화, Potrait historique de l'Empereur de la Chine』를 보낸다. 라이프니츠는 1699년『최신중국소식』2판 출간에 부베의『중국황제의 역사적 초상화』를 라틴어로 번역하여 수록한다. 부베와 라이프니츠를 연결한 인물은 아이러니하게도 프랑스의 절대군주 루이 14세이다. 라이프니츠는 젊은 시절 절대군주 루이 14세의 팽창주의 정책을 저지하기 위하여 협상을 진행하려고 하였지만, 그는 이미 동부전선인 네덜란드로 군대를 이동시켜 자신의 외교적 사명을 와해시킨 장본인이었다. 라이프니츠의 개별 존재론적 지위에 대한 철학적 성찰에 따르면 개인은 본질로서는 인간이지만 그의 우유적 속성은 시간에 따라 왕도 되고 그렇지 않기도 하다. 그랬을 때 라이프니츠가 만나던 인간유형은 지금까지 고대, 중세, 근대라는 역사단계에서 파악되던 시대구획에서 생겨나는 인간유형과는 다른 차원을 갖는다. 인간은 하나의 새로운 문명의 생성에서 무역사적이 될 뿐 아니라, 하나의 최종목표를 향하여 최종형태로 도달하였을 때에도 무역사적이 되었다.

라이프니츠와 연관되는 근대인들 사이의 바로크 주름에 의한 만남을 체험한 인물들에게는 전혀 새로운 차원의 역사의식의 등급이 생겨났다.

그들은 비록 유럽에서 태어났지만 근대의 변방철학으로서 토미즘에 입각한 기독교철학을 배경으로 16~17세기 중국과 유럽을 왕래하며 과학기술문명 전파와 선교활동을 하였던 서양선교사들이다. 그들 가운데에는 중국에도 묻힌 인물(人物)도 많다. 이들과의 접촉을 통하여 새로운 역사의식과 현실파악으로 17~18세기를 살아간 한국인들도 새로운 인간유형이다. 그들은 토미즘체계 안에서 동양의 전통사회 사유유형들, 말하자면 성리학, 불교, 도교에 접근하였다. 중국은 오직 이들의 '과학기술'에만 관심을 가졌고, 자국의 문물을 유용하고 개혁하는 데에만 몰두하였다. 조선으로서는 이들의 새로운 인간유형에 의하여 중화사상에서 벗어나 서학의 과학적 합리주의에 신문물에 대한 개안을 얻는다. 이들의 새로운 인간유형과 이들이 만들어간 문명 간의 대화와 정신활동을 이해하고 평가하는 철학이 상호문화철학이라고 할 수 있다. 상호문화철학은 20세기 후반에 생겨난 현대철학의 한 방법론적 태도 내지 입장이다. 지구상에 존재하는 다양한 문화와 사유전통을 존중하고 특정 문화권의 철학사상이 다른 문화권의 사상에 절대 우위를 거부하는 문화는 윤리적으로 민족의 동질성과 통일성으로 외부에 배타적이기 때문에 웰쉬(W. Welsch)

는 상호문화성 대신 탈문화성(Transkulturalitaet)을 말하기도 한다. 상호 문화적 세계의 출입문에서는 항상 모방과 비판이 뒤따르며 언제나 정면 대결상황에서 일어나는 현상의 총체개념으로서 문화를 만난다. 문화현상의 매체성이기 때문이다.

문화철학의 입장을 문화관찰자에서 찾았던 카시러에 따르면, 문화관찰자의 문화세계는 모든 가능한 정신세계와 이에 연관된 자연과학도 속한다. 문화관찰세계에서 문화관찰자는 세계와 문화를 서로 극으로 호환되게 한다. 상호문화 과학적으로 인(人)은 내부의 나로, 외부대상의 물(物)로 서로 극으로 소통한다. 바깥 외부대상은 어떤 것(es)은 다른 나(alter ego)로 너의 변주이므로 문화현실 규정에서 자기를 앞세우지 않는 대상성의 우위는 무차별의 객관성을 낳는다. 소박한 의미에서 내외(內外)부가 상호 소통되지만, 그렇다고 자연과학의 해석에서 인을 물로 환원시키는 것을 따라가는 것은 아니다. 인과 물 사이(間)는 '물리학적으로 절대 환원될 수 없고, 오직 자연과학방법의 한계개념으로서만 간주될 뿐이다.'

카시러에 따르면 인간은 상징적 동물(animal symbolicum)로서 '상징적 수임(symbolische Praegnanz)' 존재이다. 메를로 뽕띠가 '감성의 육화'라고 부른 상징적 수임은 언어, 신화, 종교, 기술, 과학을 포함하는 감성현실이고 문화현실을 심는 원동력이다. 인간은 의미요구와 진리요구를 하기 때문에, 이를 위하여 인간은 a) 신체조직, b) 상징적 활동성과 상호활동성을 매체로 삼는다. 인간은 상징적 매체로 신체는 의미요구를 만들어가고, 문화는 이것을 이해가능하게 만드는 진리요구를 수임한다. 인간의 매체성이 문화를 수임하는지는 그의 고유한 시간성 연관에 있다. 신체의 시간성과 문화의 시간성에 의미가 형성되며, 인간은 자신이 만든 혹은 남긴 작품세계를 a) 문화과학과 b) 자연과학에 귀속시킨다. 전자는 인격적으로 나를 파악할 낱낱의 행위로서 인간의 매체행위가 속하고 후자는 탈인격적 (a-personal) 상호작용 영역이 속한다.

카시러의 상호 문화철학적 관점에서 근대문화를 해석하면, 근대인은 별을 바라보면서 보는 시선과 보인 시선 방향 사이의 거리를 결정하고 상이한 각에 따라 대상을 보게(viewing) 할 광학이론과 광학도구를 발전시켰다. 천동설에서 태양중심설로의 체계이동에서 문화관찰자는 관찰된 대상의 명백한 위치변경에서 기인하는 이론을 필요로 하였다. 실제로 예수회 선교사들은 지구상의 대양을 항해하고 사막을 횡단하고 문명의 오지를 탐험하면서도 종전의 아리스토텔레스의 장소이동이론이 아닌 르네상스 이래의 새로운 천문이론을 따르는 전적으로 문화관찰자의 의식범위에 속해 있었다. 라이프니츠는 예수회 중국선교사들과 대화를 시작할 때, 그 배경지식은 탈지구중심 시대에 그 배경지식은 주어와 대상 사이의 시차(parallax)문제와 운동의 주어의 무지의 문제라는 점을 누누이 지적하고 있었다. 시차이론은 이미 케플러가 별들에 대하여 우리의 시 지각 등급이 자신의 고유한 위치에 의하여 오염되어 물들지 않을 것을 요구하였을 때 삶의 구체적 현장에 이용되고 있었다.

케플러에서 문화관찰자는 자신의 지점에서 행성운동과 우주의 대상의 실재거리를 계산하고 조정하는 수학적 등식으로 시차문제를 해결하였다. 갈릴레이는 이론과 이론을 증명하려고 사용하였던 수단과 분석방법을 구분하는 것은 불가능하다고 보고, 같은 이론 내에서 가설을 반박하기 위하여 망원경이라는 도구를 사용하였다. 이는 인간이나 동물이 일종의 시차문제를 해결하기 위하여 중첩된 영역의 광학도구처럼 두 눈을 사용하는 이치와 마찬가지이다. 기하학과 광학으로 미시우주와 거시우주의 발견한 근대인은 시차문제를 해결하기 위하여 무한우주의 관념을 받아들인 것만이 아니라, ―말하자면 고전적인 과학사의 해석과는 달리― 지각 깊이(depth perception)를 얻기 위한 것이라 해석할 수 있다. 문화관찰자로서 유일하고도 특별한 위치로부터 거리와 크기의 광학적 약점을 교정할 수 있다면 객관적 우주의 지도를 기술할 수 있다. 라이프니츠와 그리말디가 만나고, 아담 샬과 소현세자가 만나 해시계와 천주성모상 등을 주고받았던 사건도 상호문화 과학적 문화관찰자의 입장에서 보면, 카시러가 진단한 인물소통이고 근대인의 광학이론과 기하학 발단의 문화철학적 여파이다.

17세기 예수회 인물들은 광학미디어로 동서 문명의 역사적 문화공간을 창출하여 새로운 경계의 문화지형도를 만들었다. 바로크 시대는 주어와 대상 사이의 관계에서 본 것과 보인 것 사이의 관계에서 항상 '내가 본 것은 확실한가?'라는 근본물음에 직면한다. 보는 사물들의 대상의 실재에 어떤 시 지각 등급이 상응하는가의 문제는 시차에 관계된 현상(appearance)의 문제이며 과학은 곧장 즉답을 준다. 대상들은 더 이상 고정되어 있지 않고 움직이고 방황하기 때문에 과학이 집중할 수 없는 문제가 연속적으로 일어난다. 17세기 광학미디어는 예수회 선교사들로 하여금 근대성을 지역성(locality)에 한정시키지 않고 보편성(global locality)으로 확장시키는 계기를 제공하였다. 광학미디어의 인식론적 발단은 포착되지 않는 가동의 대상 형식에 카메라로 고정된 대상을 한 점에 고정시켜 놓는 데 있다. 망원경과 렌즈의 통제는 봄(Sight)의 역학적 통일을 사회화하는 광학도 구이다. 봄은 실제로 무엇이 초점이 되어야 하는 렌즈의 통제로 카메라가 포착하는 시각적 우주에 가담한다. 봄이 렌즈가 포착하는 이미지의 광학적 전송이라면, 시차이론은 엄밀하게 무엇이 실제로 보일 수 있는 것을 범례로 만드는(specify) 능력이다.

라이프니츠는 르네상스에 암실(暗室)을 의미하는 카메라 옵스쿠라(camera obscura)에서 예수회 선교사들의 문화공간 창출에 기여하였음을 알고 있었다. 카메라 옵스쿠라는 선형투영법과 인쇄술에 관련된 것이며 궁극적으로는 예수회 중국선교사들이 유럽에서 중국으로 이동하는 지식배경이다. 구텐베르크의 인쇄술의 발명으로 종교개혁시기에 개신교 신앙을 순수한 문자에 정초하기 위한 필수적인 도구로서 성경 출판은 하나의 유일한 오리지널의 재생산을 가능하였는데, 출간된 책은 카메라 옵스쿠라 혹은 선형투영기하학으로 엄격한 정확성으로 가져왔다.[1] 모든 책은 같은 텍스트, 같은 페이지, 같은 탈자, 오자, 한 장에 수천이 다 닮아 있다. 화가와 살아 있는 대상 사이의 회화는 카메라 옵스쿠라를 만드는 방식으로 생기는데, 라이프니츠는 불가분의 질료의 무한성에 미학적 선형투영법을 적용하였다. 예수회 선교사들은 항해에서나 지구상의 현지에서나 자신들의 인문지식 개념에 선형투영법을 적용하였을 때, 라이프니츠는 주어와 대상 사이에 따르는 주어의 상관적 변형을 '주름'이라고 불렀

■
1) Kim H. Veltman, "Panofsky's Perspective: a Half Century Later", in: *Atti del convegno internazionale di studi: la prospettiva rinascimentale*, Milan 1977, pp.565~584.

다. 대우주와 소우주 사이의 다양한 지각 깊이를 갖는 주름은 존재자들의 층에서 질료의 불가분성처럼 무한하게 펼쳐진다. 17세기 문화관찰자도 대상이 자신에게 가까이 오고 멀어져가는 두 문화세계 현실의 인지적 차이는 문화공간 구성에 지각 깊이에 놓인 주름을 보았다. 그래서 그는 『모나드론』 §12에서 '스스로 변화하기 위한 범례'라는 말로 이러한 인식론적 상황을 설명한다. 모든 자연의 변화는 단계적이다. 급작스럽게 일어나지 않으며, 어떤 것은 먼저 변화하지만 어떤 것은 그대로 머물러 있기도 한다. 말하자면 저마다 자신의 고유한 프로그램에 따라서 움직이는 데 필요한 내적인 변화는 범례화에 의하여 특별한 변용에 이르게 된다.

전체 모나드 체계의 합리성이 충분하고 명백하게 뚫고 들어갈 수 있는 곳이 공간이다. 라이프니츠는 『모나드론』에서 주어와 대상 사이에 고정되지 않은 원자의 상태로서 모나드의 전망주의 플랫폼을 세웠다. 오늘날 사고는 모나드 지각이동 형식에 따라 '공간적'으로 규정된다. 여기서 공간적 장소의 문제는 직관적으로 시간과 더불어 해체된다. 라이프니츠는 사고의 공간을 신체적으로 체험하며 실천적, 지리적 측정에서 모나드의 위치를 '여기나 거기나 다 똑같아요?!'라고 고지하였을 때에, 이 이론을 예수회 중국선교사들에게도 적용하였다. 모나드 지각과 주름은 존재론적으로 같은 위상학적 사고를 닮아 있기 때문에, 비록 원근의 차이는 있을지언정 이들이 어느 곳 어디에 있더라도, 중국에서 서학을 수용한 중국학자들에게도 중국을 오가며 서학을 수용한 조선의 유학자들에게도 동일한 세계에 속하고 있다. 광학미디어의 빛의 플랫폼은 이러한 세계에서 소통하며 나눌 수 있는 문화관찰 공간을 만들어간다.

2. 동시비교철학의 플랫폼

모나드 위치는 동서사유 지도를 존재론적으로 고지한다. 어차피 동서가 만나는 모나드 지각과 주름은 위상학적 사고를 닮는다. 모나드 지각과 주름의 위상에는 연대기적 시간, 세계 시간, 운명처럼 다가오는 시간 등 여러 종류의 시간이 있다. 모나드 위치는 이러한 시간들을 선험적으로 규정한다. 각자 동시에 서로 겹치거나 교차하거나 넘어서는 시간은 저마다의 고유한 주어진 시간 안에서 동시비교가 가능하다. 시간이 겹치는 데에는 지금 경과되는 세계시간과 더불어 사건, 특이점 등이 뒤따라올 때 언제 어느 때라도 동시비교철학이 가능하다.

1689년에서 1715년까지 라이프니츠는 예수회 선교사들이 서신교환과 더불어 동서양문물을 주고받았다. 라이프니츠의 서신교환 상대자는 1,000명 이상이나 예수회 중국선교사들과 주고받은 인물들 범위는 20명을 넘지 않았다.[2] 이러한 정보수집을 근거로 라이프니츠는 신학, 철학, 역사, 선교, 천문, 수학, 음악, 미술, 건축, 과학기술, 인문지리학 등 다양한 간학제적 분야가 태동하던 16~17세기에 중국으로부터 오는 모든 문물의 동시비교철학 활동을 하였다. 이때에 동시비교철학이며 상호문화철학의 효시를 이루는 동서비교철학의 흐름이 생겨난다. 이는 16~17세기의 새로운 근대철학과 마테오리

---

2) 라이프니츠와 예수회 선교사들의 서신교환은 비드마이어가 1990년에 편집한 *"Leibniz Korrespondiert mit China"* 거의 수록되어 있고, 2006년에 역시 비드마이어가 편집 소개하고 발데 루돌프 바빈이 번역한 *"Der Briefwechsel mit den Jesuiten in China(1689~1714)"*가 출간되었다.

치 이래 중국과 유럽을 넘나들며 토미즘의 한 갈래의 스콜라철학이 동양의 정신세계와 삼중주로 조우한 화음의 결과이다.

최근 김형효는 토미즘을 배경으로 전개된 초기의 마테오리치의 세계관과 동양의 전통 성리학은 친화적 연관관계가 성립하며, 마테오리치의 토미즘과 중국성리학은 형이상학적 사유체계나 깊이에 있어서 놀랄 만큼 서로가 일치한다는 연구결과를 보여주었다.[3] 시기적으로도 13~14세기에 중세 토미즘이 일어난 시기와 11~12세기에 발흥한 신유학의 운동은 서로 다른 대륙에서 독립적으로 서로를 알지 못하고 발전되었다. 그럼에도 불구하고 17세기에 양대 사유 진영은 매우 유사한 사유체계를 형성하고 서로가 비교 가능하고 합일까지 이룰 수 있었다. 17세기의 상황을 본다면 당시 서양 역학은 모든 운동에 있어서 목적원인이 배제된 자연탐구를 지향하였을 때, 마테오리치는 역시 토미즘체계를 소개하지만 목적원인이 제거된 자연탐구라는 시대조류를 받아들인 근대과학 정신을 소지한 지식인이었다. 그렇기 때문에 목적원인을 강조하는 주희의 신유학체계와 목적원인을 배제한 근대역학 체계와의 연관성에서 발생한 문제점을 해결하지 못하였다. 목적을 배제한 변형된 토미즘의 체계와 유기체적 신유학 체계를 통합하려는 마테오리치 시도는 근대역학의 근본전제와 불일치하는 것으로 보이게 되었다. 라이프니츠는 목적론적 세계관을 포기하지 않으면서도 근대역학의 기계론을 포괄하는 경쟁적인 유기체 우주론을 구상하였다. 스콜라 형이상학이 디디고 섰던 목적

3) 김형효, 『철학적 사유와 진리에 대하여』, 청계출판사, 2005, p.119.

원인을 배제하지 않으면서도 근대역학을 정초하였기 때문에, 라이프니츠는 모나드 체계에 토미즘, 신유학, 근대역학 체계조차 아우르는 유기체 세계와 나아가 동서존재론을 통일하는 동시비교철학의 기반을 세울 수 있었다.

라이프니츠의 예수회 중국선교사들과 한국관련 담론은 1689년 여름 로마에서 그리말디(C. F. Grimaldi, 中國名: 閔明我, 1638~1712)를 만남으로 시작된다. 그와의 만남으로 페르비스트(F. Verbiest, 中國名: 南懷仁, 1623~1688) 이전의 조선의 소현세자를 만난 유럽인의 흠천감의 초대수장 아담 샬(A. Schall, 中國名: 湯若望 1591~1666)과의 학문적 계보로 연결된다. 아담 샬은 소현세자 이후에도 조선인 역관과의 만남으로 한국과 인연을 맺는데, 1644년 약 90일간을 아담 샬과 교류하였던 소현세자에 대하여 마티니(M. Martini, 1614~1661)는 "조선 왕이 순치제를 만나고 예수회 신부들과 친교를 맺었다"라고 기록하였다. 소현세자는 아담 샬이 명하고 이천경이 제작한 흰 대리석으로 된 310kg의 평면해시계를 선물로 받고, "우리나라에 있는 것은 수백 년 동안 하늘의 움직임과 맞지 않아서 헛된 것"이라 하므로, 정확한 천문지식에 근거한 시간측정의 동시성을 강조하였다고 할 수 있다.

실제로 유럽에서는 뢰머(O. Roemer, 1644-1710)가 처음으로 1675년 빛의 전파속도를 처음으로 307,200km/s를 규정하므로 시간의 동시적 측정이 가능해졌다. 시넬리우스(W. Snellius, 1580-1626)가 하나의 미디엄에서 다른 미디엄으로 이행될 때 빛의 굴절이 발생한다는 점을 밝힌 이래, 빛은 눈에서 출발하는 것이 아니라, 외부로부터 눈에 들어온다는 점에 도달하므로 이슬람 과학을 넘는 계기를 마련하였다. 케플러는 시간을 하나의 독립적 크기로 보았다. 천체기계는 신적인 동물 같은 것이 아니라, 하나의 시계 같다. 따라서 시간은 기계론적으로 측정이 가능하다. 뉴턴은 모든 종교적 요소를 시간에서 없앤다. 절대적 참된 수학적 시간은 그자체로 흐르고 자연의 능력에 따라 동형으로 흐르고, 어떤 외적 대상의 관련 없이 흐른다. 이것이 역학적 시계이다. 더 작은 단위로 나누고 나눈다. 이것이 새로운 세계상을 지원한다. 역학적 시간은 자연적 시간을 인간적 사건들로부터 해체하는 것이고, 수학적으로 측정가능한 후속의 자율적 세계에 대한 신앙을 만드는 것이다. 이것이 과학의 세계이다.

뉴턴은 빛이 입자로 이루어졌다는 이론을 정설로 굳혔던 반면에, 호이겐스(1629~1695)는 파동이론을 주장하므로 바로크에 세계에 대한 과학적 인식은 구역단위에서 일어나는 것이 가능하게 되었다. 세계를 변경시키는 현상이 시간의 둘레가 되었다. 내가 보는 것이 아니라 나에게 보였다. 중세유럽은 시간의 둘레가 종교적이다. 시계를 봄은 자기통제의 상징이 되고, 됨이 과학적 세계를 변화시킨다. 데카르트가 '모든 물질적 사물에 운동원인들은 인공적으로 제작된 기계들에서와 같이 동일하다'라고 하였고, 디드로가 '세계는 신이 아니다. 바퀴의, 로프의, 굴레의, 붓과 무게의 기계이다'는 말과 같다.

17세기 소현세자가 북경에서 아담 샬로부터 받은 시계와 동양의 전통기술이 접목된 작품인 신법지평일귀(新法地平日晷)의 배경지식이 어떻게 발전하고 있었는지는 당대에는 전혀 알길 없었지만 지금은 소상하게 밝혀낼 수 있다. 17세기 동서 문물의 교류를 고찰함에 한양에서 북경을 오가며 활동한 정두언, 박제가, 홍대용 등의 인물들이 서양문물을 수용한 것이 중요하였다면, 전달한 쪽이나 전달받은 쪽이나 어느 쪽을 막론하고 이러한 문물에 대한 쌍방 간의 문화적 배경지식에 대한 지식이 필요하다.

라이프니츠와 그리말디와 첫 대화를 주고받은 1689년은 정치적으로 예수회 신부들이 통역 및 제반 사안으로 강희황제를 도와서 중국과 러시아 간의 국경을 확정하는 네르친스크 조약이 체결되던 해였고, 이 조약을 계기로 1712년 백두산정계비(白頭山定界碑)가 정해지는 계기의 시기였다. 라이프니츠는 1687년 뉴턴이 갈릴레이의 지동설과 행성운동궤도에 대한 케플러의 근본가설을 토대로 태양중심 천문학의 코페르니쿠스 혁명을 수학적으로 증명한 『프린키피아, Principia』 출간을 높이 평가하면서도 비판의 각을 세우며 동서양이 함께 나가는 세계를 꿈꾸었다. 실제로 라이프니츠가 그리말디를 로마에서 만났을 때, 중국은 케플러와 그의 능력과 관련한 조언이 절실하게 필요하였다. 1634년에서 1645년까지 왕조변혁 가운데 진행된 중국의 태음력에서 태양력의 전환개혁은 문화적 차이로 매듭이 지지 않았고 지식이동이 절실한 형편이었다.

라이프니츠는 테렌쯔(J. Terrenz, 中國名: 鄧玉函, 1576~1630)가 케플러의 조언을 구한 점에 대하여 언급한 적이 있다. 중국에서 선교활동과 천문학을 보급하고 있던 테렌쯔가 1623년 자신의 친구 크루츠(A. Curtz)에게 보낸 서신을 케플러(J. Kepler, 1571~1630)가 4년이 지난 1627년에 읽고서 중국역법의 개선에 관한 테렌쯔의 질문을 조언한 적이 있다. 라이프니츠는 유럽의 중국선교의 역사가 70여 년이 지난 시기에 케플러 저작을 통하여 이 사실을 그리말디에게 회고하게 하면서 언급하고 있다. 17세기 중국에서 중국의 천문개혁에 참여하며 활약하던 예수회 선교사들의 천문학의 수준은 갈릴레이의 지동설을 감추고 천동설을 유지한 부라헤(T. Brahe, 1546~1601)의 수준에 머무르고 있었다. 하지만 라이프니츠는 유럽에서 수학의 진보, 과학활동 등을 전하면서 이러한 수준으로 발전하면 동서격차가 줄어들 것이라고 진단한다. 상이한 문화전통이 서로 겹치면서 생겨난 서양학 자료는 구체적으로 지도, 시계, 서양역법 등에 대한 중요한 토론을 하고 있으며 그때 분류된 학문의 체계는 근대유럽 학문의 토대에 있고 그때 전송된 지식의 오리엔테이션은 오늘날에도 타당하다.

라이프니츠는 1695년 3월 30일 베르쥬(A. Verjus, 1629~1706)와의 서신교환에서 그가 한국지도를 오래전에 갖고 있다가 잃어버렸다는 소식을 들은 이래, 여러 차례 한국의 지리적 위상에 대하여 언급한다. 라이프니츠는 만주어, 중국어, 일본어에 대비되는 한국어의 고유성에 대하여 관심을 표명하고, 아시아를 넘는 베링해협과 북아메리카 쪽 기후와 지리에 대한 관심도 표명한다.[4] 데카르트, 칸트, 헤겔, 하이데거 등에 이르기까지 한국에 대한 지리적 관심과 동양철학을 연구한 서양철학자는 라이프니츠 이외에는 거의 없다. 라이프니츠가 근대유럽의 변방철학이 동아시아 정신세계에 접목하던 예수회 선교사들과 나눈 서신교환의 주제는 결코 남의 이야기가 아닌 결국 우리의 동시비교의 밥상주제이고 얼굴이다. 서양선교사는 유럽과 중국을 오가며 문화교류를 하였고 조선은 중국을 통하여 서양학문

---

4) 하노버의 라이프니츠대학 도서관 비치된 〈라이프니츠 문고〉와 라이프니츠가 도서관장으로 일하였던 볼펜뷰텔 도서관을 비롯하여 라이프니츠와 예수회 선교사 관련 문헌들을 정밀 조사할 필요가 있다. 그 외에 관련 연구자료를 수집하다 보면 의외로 바둑기보를 포함한 17세기에 유럽으로 건너간 동양의 희귀자료도 찾아내어 발굴할 수도 있다.

을 접하였기 때문에 중국은 직접 관련되었고 조선은 간접적, 우회적으로 동시비교의 시간으로 연결되었다. 17세기 마테오리치의 세계지도를 보기 전까지는 우주는 하늘은 둥글며 땅은 사방으로 펴진 세계의 중심이 중국(中國)이었고, 마테오리치 세계지도와 마티니의 중국지도를 들여다본 다음부터 이러한 생각이 여지없이 무지지고 말았을 때 그 충격은 중국이나 한국도 마찬가지였다.

17세기 중국의 역사와 지리연구에 가장 공헌을 많이 한 마티니는 『신중국지도』에서 위도는 일치하나 경도와는 일치하지 않는 경도상의 독법으로 지도를 제작하였다. 하나는 북경을 다른 하나는 서유럽에 본초자오선을 사용한 지도로 중국이 세계의 중심(中心)이라는 중국인의 견해를 존중하였기 때문이다. 마티니의 별들을 관찰하므로 위도를 결정하는 방법은 갈릴레이가 1636년 망원경으로 금성 둘레의 4개의 위성의 운동을 관찰하므로 위도를 계산하는 방법에 의하여 갈릴레이 이후에도 계속 발전하고 있었다. 로마의 로나눔 대학에서 키르허에게서 수학을 배웠던 마티니가 갈릴레이의 제안을 알고 이를 바탕으로 지도제작의 배경지식으로 반영하였을 개연성이 높다. 갈릴레이가 제안한 지동설은 유럽지성인 사회와 과학계에 급속도로 전파되었기 때문에 고급지식을 소지하였던 해외를 오가는 예수회선교사들이 이러한 지적인 방향정립이 없이 지도를 제작하여 출간하지는 않았을 것이기 때문이다. 마테오리치는 1630년 갈릴레이의 종교회의에 지동설을 옹호한 클라비우스의 로마눔대학에서 클라비우스의 제자였으며, 아담 샬 역시 클라비우스를 19세에 만났던 것으로 알려진다. 거기에 키르허는 합스부르크 황실의 케플러 후임으로 가려다가 로마눔대학에서 활동하였던 정황을 보면 중국 흠천

감의 학문적 수준과 마티니의 천문학 지식은 정상급으로 보아도 될 것 같다. 라이프니츠는 16~17세기 키르허를 아리스토텔레스에 버금가는 학자로 평가하였을 만큼 뛰어난 지식인이었는데 그는 당대 중국 관련 최고의 연구자였다. 문명과 문명이 만나는 표면(表面)구조 해석에는 상호문화 철학적으로 접근되어야 그 이면(裏面)에는 인물과 인물이 소통하고 교류한 과학 문화적 접근과 해석방법도 필요하다.

라이프니츠의 이야기는 우리가 어디에 살고, 어떤 언어를 사용하고, 천문학과 수학의 진보는 어떻고, 의학 수준은 어떠하며, 인삼차는 어떻게 재배하는지 등 너무나도 우리 사정의 정곡을 찌르고 들어온다. 여기서 조선의 사신과 서양선교사와의 접촉 및 서학(西學)의 교류에 관한 연구에 한문자료만이 중요한 것이 아니라, 서학동향의 자료도 국학(國學)자료와 동급으로 대우하여야 한다. 서양선교사들은 지도제작기술을 익혀 실지로 중국여행을 통하여 만든 지도제작 자료를 갖고 유럽의 암스테르담 등지의 네덜란드의 출판업자를 만나 출간하였다. 어떻게 유라시아지역 지도가 만들어졌고 국경통과 각국언어의 학습, 여행비 조달 등이 이루어졌는지에 대한 배경지식이 설명되어야 한다.

20세기 초반에 카시러나 퍼스가 보여준 인문학적 문화철학적 해석학과 20세기 후반에 등장한 상호문화철학의 접근방법으로 심도 높은 문화철학의 개념은 학문적 인식의 단계에서 동서양의 동등한 상호 빛의 소통(Commercia inquam doctrinae et mutuae lucis) 원칙에서 도출된다. 서양이 지구상의 땅을 식민화하고 16~17세기에 동양세계로 접근한 진로를 추적하는 연구는 세계와 소통하는 해외한국학 진흥에도 기여하고 지구상 도처에 필요로 하는 상호문화 철학적 사유역량을 키우게 한다.

  라이프니츠 모나드 철학으로부터 동서존재론의 동시비교 철학적 근거를 도출할 수 있는 계기는 세 단계로 특징지을 수 있다. 그 첫 시기는 1689년 8월 이탈리아 여행에서 당시 중국 청의 흠천감의 예수회 중국선교사 그리말디를 만나면서 비롯된다. 라이프니츠는 1697년 1~2월 그리말디에게 보내는 편지에서 주역의 64괘에 합당한 십진법의 63수열을 이진법 수리구성으로 재배열하므로 동서존재론의 동일한 사유모델을 찾았다. 그의 생각은 볼펜뷰텔의 루돌프 아우구스트 백작(Rudolph August Duke)에게 헌정한 신년하례서한 및 메달에서 그 결실을 맺는다. 둘째 시기는 『최신중국소식』을 편집하여 출간하던 같은 해인 1697년 4월에서부터 당시 파리학술원 소속으로 루이 14세기 중국에 파송하였던 예수회 중국교사 부베와의 교류를 통하여 자신의 생각을 파리학술원에 공개적으로 발표하던 1704년에 이르는 기간이다. 라이프니츠는 『최신중국소식』에서 이제 까지의 동서 문물교섭의 역사는 단순한 물품교역의 차원에 머물렀지만 지금부터는 더 높은 학문적 단계로 접어들 것을 제안한다. 셋째 시기는 라이프니츠가 주변인물에 자신의 고유한 철학체계를 해명할 것을 시도하였던 1714년에서 1716년까지에 해당된다. 라이프니츠는 2년에 걸친 『라이프니츠와 클라크의 편지』로 뉴턴역학과 논쟁하면서 『중국인 자연신학론, Discours sur la Théologie naturelle des Chinois』을 집필하였다. 라이프니츠는 『모나드론』에서는 동서사유에 친화적인 유기체적 물리학 패러다임을 제시하고 이진법과 주역의 상징체계의 동일성의 근거에서 동서사상체계의 동일한 근원과 동일한 형이상학적 토대를 전개한다. 특별히 『모나드론』에서는 이진수학과 주역의 세계상에 대한 라이프니츠 사상의 마지막 목표인 일즉다와 다즉일의 모나드 형이상학을 완성하므로 동서사상 통합의 토대를 제시하였다.

3. 3단계 서신교환

라이프니츠는 1689년에서 1697년까지 그리말디, 1697년에서 1706년까지는 부베(J. Bouvet, 中國名: 白進, 白晉, 1656~1730)를 중심으로 서신교환을 하였고 그 후 10여 년이 지난 1715년에는 학자 장관인 르몽에게 전하는『중국철학에 관한 서한』으로 동서 문명 간의 대화를 열었다. 1700년을 기점으로 소르본대학의 신학부와 파리외방선교회(Société des Missions Etrangéres)에서 시작된 예수회 선교사들의 선교정책에 대한 집중적인 비판과 검열로 변화를 겪는다. 일차 시기는 1698년 여름 로마에서의 그리말디와의 첫 만남에서 시작하여 1697년『최신중국소식』편집과 출간이 등장하기까지이고, 이차 시기는 파리학술원 소속 예수회 중국선교사 부베와 나눈 학문적 서신교환에 초점이 놓여 있다. 마지막 시기에는 1715년경에 중국철학에 대한 학술적 저술로서『중국철학에 관한 서한』이 있다.

첫 단계는 1689년 여름 로마 라이프니츠와 그리말디와의 만남으로 시작된다. 당시 정치적으로 중국과 러시아는 네르친스키 평화조약(1689)을 체결하고 있었고, 라이프니츠는 하노버 공국의 왕가의 고적지를 탐방하며 역사편찬기록의 검증작업을 위하여 이탈리아 전역을 여행 중이었다. 그리말디는 청의 강희황제의 위임을 받아 프랑스, 독일, 폴란드, 러시아를 통하여 중국으로 입국하려는 계획을 진행 중이었다. 라이프니츠는 1689년 7월 19일 루이 14세의 예수회 선교사의 수학자들이 북경에 도착하기 10일 전인 1688년 2월 7일에 야담 샬 후계자로 페르비스트가 사망하면서 부재중에 그의 후계자로 지명되고 있었던 그리말디에게 30여 가지의 질문을 조회하였다. 당시 쿠풀레의 『중국철학자 공자, Confucius Sinarum philosophus』 작품의 유럽어로 번역된 중국의 경전에 대하여 어느 정도의 부분적 지식을 숙지한 라이프니츠가 던진 30가지 질문들은 간학제적 질문으로서 중국의 원예학, 과학기술 상태, 군사학, 언어, 민족과 인종그룹 등의 광범위한 영역을 망라한다. 그리말디는 황제가 하루에 3~4시간을 수학공부를 하고 있고, 유클리드 기하학을 알고 삼각법을 이용하여 천체의 운동현상을 계산할 정도라고 전하며, 이미 키르허(A. Kircher, 1601~1680)의 1667년 『중국 해설, China illustrata』과 멘쩰(C. Mentzel, 1622~1701)의 『인삼의 효능에 대하여, De Radice Chinesoium Gin-Sen』에도 언급되는 고려인삼(高麗人蔘, Gin Sen)의 건강상의 효능과 복용방법에 관한 질문도 등장한다. 실제로 인삼은 유럽에 인기 있는 차(茶)로 알려져 있어서 사교계에 각광을 받고 있어서 그리말디는 피렌체의 대공을 알현한 선물로 인삼을 내놓았다고 한다. 라이프니츠는 그 후의 서신교환에서 상대방 여행의 안위와 동아시아 각국의 언어, 문화, 이진법 수학 등을 논의하였고, 러시아 국경통과 승인을 얻고자 하였지만, 육로를 포기하고 해로를 통하여 페르시아를 거쳐서 중국으로 가게 된 경로 등에 대한 이야기를 주고받고 있다.

이 시기에 라이프니츠는 중국 산법(算法)에 관심을 보이면서 다양한 민족들이 서로 교류하고 소통할 수 있는 보편언어(universal language)에 대한 요구에서 1679년부터 시작된 이진법 연구를 재개한다. 이 언어는 아주 단순하면서도 간단명료한 의사소통방식처럼 산수에서 모든 자연수의 흐름을 0과 1만으로 표시하는 체계이다. 라이프니츠는 1697년 새해에 부라운슈바이히 볼펜뷰텔의 루돌프 아우구스트(R. August, 1627~1704) 공작에게 이 연구결과를 원형메달에 새겨 신년 하례선물로 바친다. 이 메달에는 무로부터의 세계창조(creatio ex nihilo)라는 기독교 우주창조의 관념을 주역의 태극에서 나온 양의에 의한 세계창조의 관념이 회화적으로 각인되어 있다. 어두움과 빛을 배경으로 물위로 배회하는 정신이 우주의 시초와 세계창조의 모델이다. 라이프니츠가 이진 수학에 기초하여 해석하여 볼펜뷰텔 대공에 헌정한 이 메달의 그림은 동서세계의 동시 존재론적 근원과 철학적 배경 및 존재론적 통합이 어떻게 가능한지를 상징적으로 보여준다. 기독교에서 무에서 만유를 창조함은 이진 수학이 0에서 1의 근본원소를 바탕으로 모든 수를 표현하고 주역에서 태극에서 음과 양을 낳는 유비와 같다. 여기에서 근대동서 세계인의 공통된 학문적 관심이라 할 수 있는 근대동서철학의 상호 공통근거와 배경으로서 세계창조의 상(imagio creationis mundi)이 등장한다.

세계창조의 상(imago creationis)을 설명한 이 원형메달의 전면에는 아우구스트 공작의 초상화가 있고 후면의 상단둘레에는 "1이면 2, 3, 4, 5 기타 등등으로 만물(萬物)을 무(無)에서부터 창조하기 위하여서는 충분하다"는 글이 적혀 있다. 메달의 하단의 둘레에는 메달 설계자 루도비치(C. G. Ludovici)라는 이름과 1697년이라는 제작연도가 새겨져 있다. 메달의 중앙에는 빛과 어두움의 대비가 있고 이를 배경으로 1에서 18에 이르는 십진법 수열과 0과 1만의 이진법 수열을 나란히 병렬시켜 놓고 있다. 이 이진법 수열은 음양(陰陽)에서 사상 (四象), 사상에서 팔괘(八卦)를 거쳐 이론적으로 존재하는 주역의 16 괘(卦)의 수리적 구성을 보여준다. 라이프니츠는 0과 1의 이진법의 체계가 고대중국에서 전래되어온 주역체계처럼 실제생활에 그 실용 성을 거둘 수 있다고 확신한 듯하다. 그 때문에 자신이 제작한 계산 기 모델을 목조에서 금속으로 바꾸어 대량생산하려는 목적을 추진 하려하였던 적이 있다. 라이프니츠는 그리말디와의 서신교환을 바 탕으로 그 밖의 여러 서한과 논문들을 모아 1697년 4월에는 『최신 중국학』이라는 제목으로 책을 편집 출간한다.

라이프니츠는 1687년에서 1689년의 2년 6개월에 걸친 남유럽 여 행길에서 데카르트, 뉴턴 역학의 대안인 유기체적 역학의 세계관 논 의를 구상하였다. 이 기간에 라이프니츠는 1689년 여름 로마에서 예 수회 중국선교사 그리말디를 만남으로서 동서정신세계를 하나로 결 합하려는 사유지평을 개척하게 된다. 라이프니츠와 그리말디의 해 후야말로 라이프니츠가 말년에 이르기까지 이진법 논리형이상학의 토대에서 동서사상 통합을 향한 형이상학체계를 구상하게 된 계기 가 되었다. 라이프니츠는 그리말디와의 첫 만남에서 30개 문항의 질 문을 던지면서 동양세계에서 온 지식체계를 자신의 수학체계와 접 목시킨다.[5]

라이프니츠 이진법 수학의 연구는 1679년부터 나타나지만, 주역의 상징체계의 이진법에 의한 수리구성에 대한 구체적인 독해시도는

5) G. W. Leibniz, Widmaier, *Leibniz korrespondiert mit China*.

1696년 그리말디에게 보낸 편지와 당시 볼펜뷰텔 군주에게 보내는 글에서 본격적으로 나타났다. 그리말디를 해후한 지 거의 8년이 지난 1697년에 라이프니츠는 주역의 64괘의 수리구조의 이진법 구성에 관한 시론을 볼펜뷰텔 대공에게 제시한다. 0과 1의 수의 증식으로 자연수에서 일어나는 사칙연산 과정을 보여줄 수 있다는 것은 한마디로 놀랄 만한 수의 표현(numerum omnium expressio per 1 et 0)의 힘이다. 라이프니츠는 이와 같은 만물의 생성근거를 가리켜 필연적 존재자(Ens Necessarium), 곧 신이라고 불렀다. 다른 표현으로는 하나는 무로부터 만물을 선하게 창조하였다(unus ex nihilo omnia bene fecit)는 문구로 나타내었다.

라이프니츠는 "창조의 비밀은 이성에 정초되어 있지만 세계에 대한 지혜는 모든 이방종족에게는 무지한 채로 남아 있었다"라고 지적한다. 그리고 이방종족은 어떻게 일(一)에서만 다(多)가 도출되는지를 파악하지 못했기 때문에 신을 마치 물질과 동일하게 보았다는 시각을 비판한다. 17~18세기 동아시아 세계에서 보는 '이방종족'의 개념은 유럽인을 17세기 서유럽인의 맥락에서 '이방종족'이란 곧 동아시아인을 총체적으로 지칭하는 개념이다. 그렇기 때문에 오늘날의 관점에서 '이방종족'이란 포괄적 의미의 동서 세계인으로 지시될 수 있다. 이방민족은 사물의 본질 내지 본유가 수와 비교될 수 있다는 점을 인식하게 되었고, 이러한 방향에서 탁월하게도 모든 수들은 0과 1로 적을 수 있는지를 가리키게 되었다. 라이프니츠가 이 메달을 대공에서 헌정할 때에는 그는 이미 모든 이방인들에 대하여 기독교의 무에 의한 창조개념과 역에 제시된 음양소식이 동일한 바탕이라는 점을 확신하고 있었다.

둘째 단계는 루이 14세가 파견한 프랑스학술원의 '왕립수학자들 (Mathematiciens du Roy)'과의 서신교환이다. 1600년 이래 거의 1세기 가까이 끌어온 중국선교사에서 새로운 중국이해의 결정적 계기는 쿠플레(von P. Couplet)의 1686년 『중국철학자 공자』의 중국경전의 공동번역이다. 이 책의 출간은 동방에 대한 무한한 흥미와 호기심 (Curiositas)을 불러일으켰고 이 책을 헌정 받은 루이 14세로 하여금 프랑스가 왕립수학자들을 중국 파견결정을 이끌어낸다. 페르비스트 는 수차례 유럽에 서신으로 '제대로 된 올바른 선교사'를 보내줄 것 을 요청하던 터이고, 강희도 서양의 선진 과학기술문명을 전수할 더 많은 선교사들을 원했다. 유럽에도 중국선교와 무역에 관한 관심이 증가하였기 때문에 루이 14세는 선교사 파송조치로 포르투갈의 독 점적 지위를 부수고 프랑스의 영향을 강화하는 수단으로 이용하였 다. 퐁따네(J. de Fontaney, 1643~1710)를 수장으로 하는 루이 14세의 파리학술원 소속의 예수회 선교사들은 부베, 제르비용(J. F. Gerbillon, 1647~1707), 꽁뜨(L. D. Le Comte, 1655~1728), 따샤르(G. Tachard, 1648~1712), 비스들루(C. de Visdelou, 1656~1737) 6명이 1685년 3월에 출발하였는데, 그들 중 따샤르만 태국에 남고 나머지 5명이 북경에 도착한 날은 1688년 2월 7일이었다. 북경에 도착한 5 명의 선교사들 가운데 부베와 제르비용만이 강희제의 궁정에서 수 학, 화학 등 과학을 가르치고 나머지는 지방에서 활동한다. 북경에 서 5년간을 체류하던 부베는 그리말디와 마찬가지로 더 많은 선교 사들을 중국에 데려오라는 강희의 명을 받아 1693년 7월 8일에 중 국을 떠나 1694년 마카오를 거쳐 1697년 3월 1일에야 파리에 돌아 온다. 부베는 라이프니츠의 『최신중국학, Novissima Sinica』 발간소식을 접하면서, 더 많은 논평과 뉴스거리가 있다며 자신이 출간한『중국황제의 역사적 초상화, Potrait historique de l'Empereur de la Chine』를 보낸다. 라이프니츠는 부베가 베르쥬에게 전한 편지뭉치와 수학, 물리학 및 과학 관찰기구 등이 포함된 선물보따리를 받고 보타(C. M. Vota, 1629~1715)로부터 1674년 이래의 중국소식을 듣는다. 라이프니츠는 부베의『중국황제의 역사적 초상화』를 라틴어로 번역하여 1699년에『최신중국학』의 2판 서문에 수록한다. 1700년 3월 19일 베를린에 자연과학관찰 실험실 설치가 승인되면서 라이프니츠는 최종적으로는 중국선교를 목표로 설립된 베를린학술원의 초대원장으로 취임하여 같은 해 4월에 파리학술원 기관지에 이진법에 관한 논문을 보낸다. 이 서신교환은 라이프니츠의 이진법체계와 주역의 수리적 구성에 대한 심도 높은 내용을 담고 있다. 오늘날 이진법에 의한 주역의 수리구성의 비밀의 해독(解讀)은 디지털 문명시대에 매우 중요하다. 어차피 석기시대에 원형적으로 자리 잡고 있었던 이진 수학의 기원이 근대의 라이프니츠에 의하여 재발견되고 평가되므로 동서 문명이 하나의 길로 들어설 수 있는 계기를 마련하였기 때문이다.

셋째 단계에『중국철학서한』이 탄생하는 데에는 여러 가지 복합적이고 종합적 배경이 작용한다. 지금까지 예수회 중국선교사들과의 편지교환을 바탕으로 연구활동의 결과물이 나왔다면 이 저작은 라이프니츠의 말년의 죽기 직전의 연구결과로 그의『모나드론』에 버금가는 중요도를 지닌다. 1685년 3월에 출발한 5명의 프랑스의 왕립수학자들이 거의 3년이 지난 후 북경에 도착하지만 지방에서 활약하던 선교사들은 포르투갈 상인들로부터 책과 돈을 약탈당해 이들 선교조직은 거의 와해지경에 이른다. 상황이 이렇게 되자 3년 반의 중국체류 끝에 유럽에 이 사실을 보고하려 프랑스로 돌아간 꽁뜨는 1696년 파리에서 『중국 현재상황의 새로운 보고서, Nouveaux mémoires sur l'etat présent de la chine』를 출간한다. 꽁뜨는 비록 3년 반의 중국체류였지만 남경과 북경까지 강의 운하체계와 영파(寧波)에서 북경(北京) 그리고 북경에서 광주(廣州)를 연결하는 도로 가이드를 조사한 보고서를 썼고 『중국 현재상황의 새로운 보고서』에서 중국의 지리, 기후, 왕조, 역사, 문화, 언어, 종교, 기독교 등에 관한 자료와 내용을 기록하였다. 이 책은 영어, 독일어, 이태리어로도 번역된 10쇄를 거듭한 베스트셀러였지만 출간이 4년이 지난 후에 파리의 소르본대학의 검열대상에 오르게 된다. 동시에 중국에 결코 간적이 없던 고비엥(C. Le Gobien, 1653~1708)도 1698년 파리에서 『기독교종교에 대한 중국 칙령의 역사, Histoire de l'edit de la chine en faveur de la religion chrestienne』를 출간한다. 이 두 저작은 1700년 파리의 중국 전례논쟁의 정점을 이루는 문제작이 된다. 이 책들의 대중적 인기에도 불구하고 파리의 외방선교회는 1700년 4월 20일에 르 꽁뜨와 르 고비엥의 두 작품을 탄핵한다. 탄핵대상은 (1) 중국인은 거의 2,000년 동안 진짜 신에 대한 지식을 가졌고, (2) 창조자에게 중국으로는 문제될 것 없고, (3) 성령은 이천 년 이상을 중국인에게 보존되어 왔으며, (4) 지구상의 민족 가운데 주님이 중국보다 더 끔찍하게 사랑하셨던 민족은 없으며, (5) 최초의 중국황제들과 성인들이 고백하였던 신은 기독교인들이 천지의 주제자로서 경배하고 인정한 신과 같다는 5명제들이다.

라이프니츠는 1700년 1월 1일 하노버에서 베르쥬에게 보낸 『공자

제사, De cultu Confucii civili』에서 중국의 고대신학(prisca theologia)을 논의를 통하여 당대 중국인들이 문헌비평과 철학을 충분하게 발전시키지 못한 점을 지적하고, 예수회 중국선교사들에 반대되는 주장을 펼친 논의도 자신을 전혀 '설득시키지 못했다(tamen nondum sum persuasus)'고 밝히고 있다. 라이프니츠가 1714년 중국철학에 대한 논의를 전개하는 근인(近因)은 꽁뜨와 고르비엥의 작품에 대한 파리 소르본대학 및 파리 외방선교회의 공개적인 검열과 비판에 있지만, 원인(遠因)은 이미 중국 내에서 오랫동안 잠재적으로 배태하고 있던 마테오리치의 보유론적 입장에 대한 그의 후계자들인 도미니칸 수도원의 롱고바르디와 쌍뜨 마리의 비판적인 입장에 있다. 이 두 선교사들은 마테오리치와 예수회 선교사들의 기독교와 유교의 보유론적 선교입장을 비판하는 글들을 각각 집필하였다. 롱고바르디는 1622년과 1625년 사이에『공자와 그의 교의에 대한 논문, De Confucio Ejusque Doctrina Tractatus』을 집필한다. 도미니카 수도사 나바레테(F. Navarette)는 1701년 롱고바르디의 라틴어 저작을 스페인어로 번역하고, 드 시세(M. de Cice)는『중국인의 종교적 관점에 대한 논문, Traité sur quelques points de la religion des Chinois』라는 제목으로 프랑스어로 번역 출간한다. 롱고바르디는 이 책에서 기독교교리를 중국고전과 연관시키는 해석을 경계하고 중국인들이 "우주의 물리적 법칙을 인간적 도덕성 혹은 인간정신과 동일시하는 것"을 거부한다. 1637년 예수회 선교사들의 선교방식을 비판하는 보고서를 올린 바 있는 쌍뜨 마리는 자신의 30년간의 중국경험을 바탕으로 1668년 12월에 한 권의 스페인어 책을 완성하였는데, 1701년에『중국선교의 중요관점에 대한 논문, Traité sur quelques points importants de la

Mission de la Chine』라는 제목으로 프랑스어로 번역 출간된다. 쌍뜨 마리의 예수회 선교사들에 대한 입장은 자신과 함께 중국으로 건너 간 모랄레스(J. B. de Morales)와 연관이 있다. 모랄레스는 예수회의 보유론적 선교방식이 기독교 교의를 미신적인 이야기로 더럽히고 기독교 의식을 중국 제례와 뒤섞어 놓았다는 맹비난을 하여 중국에 서 추방된다. 모랄레스는 로마교황청에서 이 사실을 보고하였고, 예 수회 선교회는 마티니를 로마교황청에 보내어 중국의 전례문제를 해명하려 하였다. 쌍뜨 마리는『중국선교의 중요관점에 대한 논문』 에서 마티니가 옹호하려고 한 입장을 논박하면서, 롱고바르디와 더 불어 중국인들은 처음부터 무신론자였다고 주장한다. 고대중국인들 은 유물론적 입장을 지녔으며 당대의 중국인들은 그들의 정신적 사 고를 결여하였다는 것이다. 라이프니츠는 마테오리치의 입장을 지 지하면서 그에 반대하는 도미니크 선교사들의 입장이 그릇된 선입 견에 빠진 것은 경전을 잘못 해석한 탓으로 보고 이들 입장을 반박 한다.

1715년『중국철학서한』에서는 자신의 철학체계와 중국의 신유학 체계와의 대합일을 시도한 라이프니츠의 의중이 있다. 중국에서 20 년을 보내다가 프랑스에 돌아와 드 리옹(de Lion) 주교의 권고로 집 필된 말뷰량슈의 1707년의『신의 존재와 본질에 관한 기독교 철학 자와 유교 철학자 사이의 대화, Entretien d'un philosophe chrétien et d'un philosophe chinois sur l'existence et la nature de Dieu』도『중국철학 서한』집필동기가 되어 있다. 라이프니츠는 이 저작을 읽고 난 후 이 두 저작을 대본으로 양자의 고대중국 사상을 무신론적이고 유물 론적으로 보는 해석을 반박하고 있다. 라이프니츠는 1715년 뉴턴과의 논쟁에서도 영국에서 유물론에 의한 자연신학의 퇴락을 경고한 바 있듯이 중국에서의 자연신학의 요소들을 유물론적 관점에서 보는 것을 경계하였다. 라이프니츠 말년의 이러한 정황에서 『중국철학서한』은 『모나드론』과 『라이프니츠와 클라크의 서신교환』과 더불어 예수회 선교사들과의 서신교환 대화의 총결산 의미가 강하다.

4. 고전번역과 광학미디어

라이프니츠는 서양의 과학기술과 동양의 정신문화가 함께 세계가 발전할 것이라는 이념과 전망을 내어놓았다. 서양은 수학과 과학에서 앞서나가지만 동양에는 높은 도덕이 있기 때문에 양자가 조화를 이루면 나갈 때 문명이 함께 발전한다는 것이다. 라이프니츠의 동도서기(東道西器)라는 원조적인 개념에도 불구하고, 서양사상이 반성적인 사유로 접어든 것은 포스트모던 사유법이 등장하고 나서이다. 17세기 예수회 중국선교사들이 들여온 유클리드 기하학, 천체현상의 수학적 이해와 규정, 일식예견에 대한 기술, 망원경 제작에 관한 기술 등은 동아시아 문명에 큰 영향을 미친다. 그들은 과학기술 분야의 영향에 평가와 연구보고, 자료 분석에 따르면 동서양문명의 경계의 지형도가 드러난다. 여기서 서양에서 중국을 보는 시각, 우리 자신이 중국의 일부로 생각해오던 유래, 서양을 통하여 우리 자신이 달라진 점에 대한 이해와 평가가 생겨나기 때문이다. 상호문화철학의 입장에서 일본학과 중국학이 지금까지 누려 왔던 지식독재라는 문제상황에 주변지역학으로 서양관련 한국학이 갖는 헤게모니 투쟁보다는 고유성, 지속성, 독립성의 시각이 필요하다. 상호문화철학은 동북공정이나 일본의 역사왜곡 등 한반도의 정치상황이나 역사적 전환기를 둘러싸고 언제나 주변지역학의 지식권력에 의하여 굴절이 되어 왔던 지역학과의 갈등을 해결하는 방법론적 근거를 제공할 수 있다.

주변과 중심에 대한 지식생산, 이동, 확산 및 전파가 용이하게 설명할 수 있는 상호문화철학의 개념은 서양의 과학기술문명과 중국의 과학기술문명의 비교연구의 전망을 열어간다. 서양이 동양에 대하여 본격적으로 알기 위하여서는 동양의 고전을 이해하고 아는 일이다. 서양에서는 동양고전의 번역이 누구누구에 이르기까지 거의 1세기에 걸쳐서 이루어져 갔다.

17세기에는 유럽에서는 유클리드 원론을 비롯한 각종 서양고전이 중국어로 번역되게 되었고, 중국에서는 중요한 경전이 서양의 라틴어로 번역되는 계기가 일어났다. 동서양은 서로 간의 문물교류를 통하여 서로의 이미지를 형성하면서 동양은 서양과학기술에 대한 찬사를 보냈고, 서양은 동양의 도덕을 평가하므로 문화의 혼합과 문화의 융합에 대한 상호 철학적 대화를 열어나갈 수 있었다. 1687년 파리에서 출간된 『중국철학자 공자』는 사서(四書) 가운데 『논어, 論語』, 『중용, 中庸』, 『대학, 大學』의 번역과 주석을 포함하고 있다. 이 경전의 번역과 주석에 참여한 사람은 17명의 예수회 선교사 회원들과 중국인 공동협력자들이었다. 번역의 역사는 리치와 루지에리(M. Ruggieri, 1543~1607)로 거슬러 올라간다. 『대학』 번역은 1634년 이래 예수회 중국선교사 코스타(I. da Costa, 1603~1666)였다. 『논어』 번역자는 알려지지 않았는데 『중국의 지혜, Sapientia Sinica』의 편집

자는 시칠리아 예수회 중국선교사 인토르세타(P. Intorcetta, 1625~1696)이다. 인토르세타는『중용』번역에도 중요한 기여를 하였다.

서양 피타고라스 수의 신비는 17세기 과학혁명의 발전에 중요한 요소가 된 것은 케플러가 우주의 외적인 현상의 다양성을 수학적 단순한 등식으로 정식화하므로 아름다운 우주의 조화를 발견하였기 때문이다. 라이프니츠는 0과 1 두 수만 사용하여 0, 1, 2, 3, 4, 5, 6, 7, 8, 9의 10진법 수를 대신하여 0=0, 1=1, 2=10, 3=11, 4=100, 그리고 10=1010, 32=100000, 62=111110, 64=111111로 자리수의 주기에 따른 2진법의 표기로 무한한 우주의 아름다운 조화를 나타내었다. 0과 1을 복희의 괘로 나타내면 --과 ━이고, 팔괘도 이진법으로 적으면 000☷001☶010☵011☴100☳101☲110☱111☰이다. 부베는 라이프니츠의 서신에서 자신의 회화주의 입장과 라이프니츠의 이진법의 체계가 고대중국의 참된 철학의 신비를 해명할 수 있을 것이라고 생각한다.

17세기의 배경지식으로는 광학미디어와 선형원근법의 역할이 크다. 인간의 눈의 능력은 점차로 관찰하고 결과를 측정하고, 실험한 데이터를 재생산 가능한 지식으로 변형하는 데에 필요한 렌즈로 대치되었다. 많은 중국선교사들은 그들의 지도제작물을 들고 16세기에서 17세기 초에 이르면서 미시광학과 의학에서 선진과학국가로 고도의 기술력을 확보하고 유명 지도제작 출판업체와 출판업자들이 있었던 네덜란드를 찾았다. 광학연구가 가져온 결과는 미디어 영역이며 일차적 미디어로 종이는 지식전달 수단이었다. 종이가 만든 책은 수학, 과학, 예술, 종교 등의 분야에 결과를 출간하기 위한 도구로서 지식전파의 혁신을 일으켰다. 책은 하나의 유일한 오리지널의 재생산 가능하였고, 개신교 신앙을 순수한 문자에 정초하기 위하여 필수적인 도구였다. 선형원근법의 고도의 엄밀한 기하학적 논증의 힘에 의존한다.

라이프니츠는 1~2년 혹은 그 이상 걸리며 도착한 예수회 선교사들의 빛바랜 편지를 받아들고 거실로 들어온 빛은 비가시적 대상의 윤곽을 보여주고 곧바로 종이 위로 빛을 투사하므로 종이 위에 쓰인 글을 비추어 읽었다. 들뢰즈는 라이프니츠가 두 거울을 통과하게 하는 두 종류의 빛의 매질이 바로크의 영광과 역량을 드러내는 암실에서 쓰고 작업하고 연구하였다고 해석하였다. 프랑스학술원은 17세기 말에 이미 남아메리카의 북쪽에 위치한 프랑스령 국가 같은 곳에서 별을 관찰하였을 때 생기는 시차문제에 관한 실험활동에서 라이프니츠가 발견한 미적분 계산법의 적용으로 새로운 과학적 이론의 발견과 학문의 발전에 뒤처지지 않았다고 라이프니츠에게 격려와 칭송의 편지를 한 바 있으며, 라이프니츠도 이에 부응하여, 로마에서 만난 그리말디가 고아 섬을 거쳐서 중국으로 돌아가는 길에 밤하늘의 별들을 바라볼 때 지리적 위치의 편차에서 발생하는 시차문제 해법으로 베를린에서 관측되는 별이 프랑스에서도 관측될 수 있는지를 탐문하기도 하였다.

그래서 1683년에 초연되었고 라이프니츠가 1690년에 관람하였다는 빠삐뚜예 희곡 <알레꼉, 달의 황제>에 나오는 "여기나 거기나 모두 것이 똑같아요"라는 유명한 연극대사가 등장한다. 그러나 들뢰즈가 간과한 부분이 있다. 알레꼉이 입고 있는 포개진 옷처럼 부분에서 부분, 안에서 밖으로 접혀지는 주름처럼 연속적으로 무한하게 이어지는 바로크 문화지형도는 포스트모던적 독단적 해체가 아

니라 곳하르트 균터가 언급한 바 있는 '문화형이상학적 고원지대'의
재발견과 이에 대한 해석학 지평이다.

17세기 마티니의 세계지도에 따라 인도거점과 동남아시아 일대
의 활동무대를 교두보로 중국과 일본으로 진출하였던 예수회 중국
선교사들의 족적의 루트는 잠재적이든 현실적이든 과거와 현재를
소통 가능한 동서 문명의 문화공간이었고 역 루트 역시 마찬가지로
상호문화 철학적 고원지대이다. 라이프니츠는 일찍부터 세계화의
철학적 사유를 해왔기 때문에, 그의 사유는 새로운 지식의 이동이 일
어나는 학문과 인접학문 사이 경계의 자리에 들뢰즈의 포스트모더니
즘에 따라서가 아니라 상호문화철학적으로 해석되어야 할 것이다.

5. 이진법과 주역

라이프니츠의 0과 1의 이진 수학은 무에 의한 세계창조를 설명하
는 형이상학이다. 음과 양은 주역의 세계구성의 논리이다. 이 양자는
존재론적으로 다르지 않다. 본고는 17세기말 라이프니츠의 이진법과
주역의 상징적 수리체계가 동일한 존재론적 근원을 갖는다는 동일성
논의는 근대의 역사적 시원에 관한 논의이다. 이 논의를 굳건하게 하
면 라이프니츠 동서비교철학 하기는 동시비교철학하기와 같다는 논
증을 지지하게 된다. 그렇다면 라이프니츠의 동시비교철학 하기에서
근대동서철학이 새로운 출발을 한다는 가설이 가능하다.

동서양을 하나로 동시비교하기 시작한 시점은 어차피 하나의 지
구의 표피에서 살고 있으므로, 르네상스시기에 아리스토텔레스-프

톨레마이오스 천동설이 뒤집히면서 비롯되었다. 갈릴레이, 케플러를 통하여 17세기의 뉴턴에 의하여 완성된 과학혁명의 초석을 제시한 16세기 코페르니쿠스 태양중심설은 종래의 인간이 살고 있는 우주의 지리적 위치의 우위성에 더 이상 선험적 의미를 부여할 수 없었다. 따라서 기원전 6세기 이래 탈레스가 우주의 시초를 물로 보면서 철학이란 무엇인가에 대한 근원적인 사유패턴을 제공한 서양철학의 근원적인 사유법 역시 새로운 도전에 직면하였다. 라이프니츠는 17세기 말 이진 수학으로 주역의 상징체계를 새롭게 해석하면서부터 근대동서철학을 근원적으로 하나로 묶는 동일한 존재론적 사유모델에서 새로운 동시비교철학의 패러다임을 찾았다.

라이프니츠는 17세기의 전환점에 파리학술원에 일련의 연구논문을 제출하면서 동서사상을 통합하는 이론적 근거로서 이진 수학과 주역이 갖는 동일한 논리 형이상학적 근거를 구체적으로 제시하였다. 당시 중국에서 활동하던 예수회 중국선교사 부베(J. Bouvet)는 주역의 상징언어를 라이프니츠의 이진법으로 해석하면 양자는 수리적으로 동일한 구조를 지닌다고 북경에서 라이프니츠에게 편지로 브리핑하였다. 라이프니츠 역시 자신의 이진 수학과 주역의 수학언어가 하나의 동일한 세계를 이해하고 기술하기 위한 수단임에는 추호도 의심하지 않았다. 라이프니츠의 철학하기는 서양근대철학의 탄생시기에 동서철학사가 존재론적으로 동일한 근원에서 출발할 수 있다는 동시비교사유의 패러다임을 세운 것이다. 라이프니츠의 철학하기의 모델은 새로운 근대철학의 길을 창시한 데카르트 합리론과 뉴턴 로크의 경험론으로 이어지는 기존의 정통 서양근대철학의 흐름과는 다른 것이다. 다시 말하자면 탈레스 이후 2,000여 년을 줄

기차게 이어온 희랍사유전통이 코페르니쿠스 세계관을 통하여 패러다임 이동의 문제에 직면하였을 때, 라이프니츠는 추후사고를 수직적으로 거슬러 올라가지 않고 동서라는 지리적 수평으로 사유지평을 확장한 것이다. 전통적 동아시아 사유양식 역시 이러한 세계관에 부응하면서 새로운 근대적 사유자각으로 나아갔다. 이때 라이프니츠는 이진 수학 형이상학과 주역의 세계와의 결합으로 동서철학의 공통된 사유좌표를 확립하였다. 라이프니츠는 자신의 철학적 시야를 서양에만 한정시키지 아니하고 동아시아 사유지평을 향하여 더 깊이 더 멀리 동서세계를 내다보므로, 근대동서세계를 하나로 이끌어가는 사유법의 선구자가 되었다.

주역은 모두 64괘로 구성된다. 주역의 체계는 처음에는 이진수, 즉 음(--)과 양(—)이라는 한 자릿수를 갖는 양의에서 출발한다. 그 다음에는 두 자릿수를 갖는 사상(四象) 건==감==리==곤==이 생겨난다. 사상에서 다시 생겨난 세 자릿수의 위상이 건☰진☳뢰☲감☵태☱리☲택☱곤☷라는 8괘의 기본적인 틀이 형성된다.

음양의 이진 가치의 조합은 필연적으로 네 가지 사상을 낳는다. 이 사상의 더 하나의 조합은 팔괘를 낳는다. 팔괘의 중첩이 곧 64괘이다. 전설상의 고대중국의 황제인 복희씨가 팔괘를 창조함으로써 주역의 근본구성을 완성하였다고 본다. 주역의 탄생의 배경을 그에게 돌리는 이유는 64괘의 생성은 단지 세 자릿수의 팔괘의 중첩에서 발원하기 때문이다. 주역체계가 유럽에 소개된 것은 1687년 쿠풀레에 의한 중국고전 번역에서이다. 쿠풀레는 이 중국고전 번역에서 음양의 두 원칙(Duo rerum principia), 사상(Quatuor imagines), 팔괘(Octo Figurae)의 상징으로 소개하고 동시에 복희씨의 팔괘의 선천도의 도식과 아울러 주문왕의 후천도 도식도 제시하였다.

그렇기 때문에 라이프니츠가 이러한 쿠플레의 연구결과를 모르고 있었다고 추측하기는 어렵다. 최소한 그가 남유럽 여행을 떠나면서 이러한 사실을 접하였으리라 본다. 라이프니츠는 궁극적으로 무로부터 신에 의한 세계창조 관념이나 태극에서 양의를 낳는 창조과정에도 동일한 수리질서와 유비가 존재한다고 해석하였다. 세기의 전환점인 1700년경에 누차에 걸쳐 주역의 64괘의 상징체계가 이진법의 수열에 의한 독법으로 풀려질 수 있음을 설명할 때에, 마침 루이 14세에 의하여 중국에 파송된 프랑스학술원의 부베는 북경에서 라이프니츠에게 보내는 편지에서 이 사실을 입증하고 있었다.

중국에 관한 일반적 지식을 편집한 라이프니츠의 『최신중국소식』은 당시 잠시 파리에 체류하고 있던 부베의 학문적 관심을 불러일으켰다. 라이프니츠는 1701년 2월 15일 『신수학체계론, Essay d'une nouvelle science des nombres』이라는 논문을 파리학술원에 보내고 동시에 같은 해 4월 같은 내용의 편지를 부베에게 보낸다. 전자의 논문에서는 주역의 64괘의 수리배열이 알파벳 a, b, c, d, e, f라는 여섯 자리(sedes) 수의 배열에 합당하게 구성될 수 있음을 보여준다. 만약 00000=0, 000001=1, 000010=2에서 계속 이어나가면 111111=63이 되는데, 이는 a, b, c, d, e, f의 여섯 자리로 주역의 전 괘를 나타낼 수 있다. 3자리를 갖는 8괘가 중첩되면 모두 6자리를 갖는 64괘가 완성되는데 이 6문자는 각각의 자릿수를 대표한다.

후자의 편지는 0에서 15까지에 해당되는 십진법의 수열을 이진법으로 변환한 다음 직접 주역의 16괘의 상을 그려내고 있다. 이번에는 0은 불완전성을 드러내는 무, 1은 완전성을 표현하는 신의 상징과 동일하게 유추하고 있다. 라이프니츠는 이 편지에서 만물은 '신과 무(Dieu et le Rien)'부터 두 원칙에서 나온다고 단언한다. 그리고 십진법의 1에서 8까지의 이진 배열과 0에서 31까지의 이진 배열을 통하여 주역의 상징체계에 수리적 해명을 찾고자 하였다. 이 와중에 제시된 16괘는 주역의 수리체계에서 실제로 존재하지 않는 괘이나 음양차서도의 관점에서는 매우 중요한 의미를 지닌다. 라이프니츠는 0--, 1—, 10==, 11☰, 100☳, 111☰ 이렇게 계속하여 1111☰에 이어 10000을 —·까지로 16괘를 나타내었다. 라이프니츠는 16괘에서 우주창조의 수리적 유추를 찾고자 하였다. 실제 1697년 세계창조의 상에 나타난 16괘까지의 그림은 비트겐슈타인에서 볼 수 있듯이 현대명제논리학의 체계가 모두 16가지인 점과도 무관하지 않다. 현대명제논리학에서 거짓과 참을 표현하는 부호를 0과 1로 정하면, 주어진 체계의 한 명제 p가 취할 수 있는 값은 2가지이고, 다른 명제 q가 취하는 값 역시 2가지이다. p와 q가 가질 수 있는 진리근거는 모두 4가지로서 각각 11, 10, 01, 00을 갖는데 이는 곧 주역에서의 4상에 해당되는 개념체계이다. 그런데 이 두 명제 p와 q가 취할 수 있는 전체명제의 진리근거는 0000인 모순에서 1111인 항진 명제에 이르기까지 모두 16가지이다.

이 시기에 라이프니츠는 1701년 11월 4일 베이징의 부베로부터 고대중국의 현인이 발견하였다는 변화의 원리로서 원형과 사각형으로 구성된 주역의 도식을 접하면서 동시에 자신이 세운 수의 이가원칙은 주역의 수리구성 원칙과 일치한다고 주장을 담은 편지를 받는다. 이 편지의 부록에는 송대의 소강절(邵雍, 1011~1077)이 고안한 것으로 알려진 이 원형 사각형에 팔괘의 중첩으로 구성된 주역의 64

괘의 전체체계가 첨가되어 있었다. 64괘의 일정한 수리구성을 원형으로도 배열하고 사각형으로도 배열하였기 때문에 여기에서는 일정한 수리체계의 구성을 어떻게 읽을 것인가 하는 독법이 매우 중요하다.

1700년부터 파리대학에서부터 촉발된 예수회 중국선교사의 선교정책에 대한 전례논쟁은 동은 동, 서는 서로 동서는 서로가 돌이킬수 없는 불일치의 방향으로 치닫고 있었다. 이러한 정황은 라이프니츠로 하여금 1704년 이후 더 이상 예수회 중국선교사들과의 공개적이고도 객관적인 서신교류를 어렵게 하였다. 따라서 라이프니츠는 대부분 예수회 중국선교사들과의 토론을 통하여 생겨난 이진법과주역의 상징체계의 일치논의의 구체적 결실은 기대하기 어렵게 되었다. 그러나 라이프니츠는 동서통합 사유모델을 그의 말년의 저작활동에서 추구하였다. 라이프니츠는 뉴턴을 대리한 클라크와 2년에 가까운 논쟁에서 『라이프니츠와 클라크의 편지』라는 기록물을 남기는 동시에 자신의 형이상학의 결정판인 『모나드론』을 집필하였으며 동시에 『중국인 자연신학론』을 완성하였다. 이 시기에 라이프니츠는 한편으로는 뉴턴역학과 데카르트체계 다른 한편으로는 성리학과 불교에 대하여 주역과 이진법의 일치를 근거로 모나드 형이상학체계를 완성하였다.

라이프니츠는 1714년에서 1716년에 이르는 기간 뉴턴과의 논쟁에서 '무위의 유위(agendo nihilo agere)'라는 소위 유기체적 관점을 제시한다. 세계는 읽어가고 동시에 읽히는 것으로 결코 인위적 작위로 해서는 안 된다. 이점에서 라이프니츠는 창조질서에 이미 각인된 데이터의 정보를 주목한다. 글쓰기는 이미 예정조화의 질서에 따라 정해져 있다. 그러므로 자연의 과정에 개입하여 간섭해서도 안 되며 무위의 유위를 따라야 한다. 이러한 무위의 유위는 동양의 노자의 무위자연의 개념과도 일치하는데 라이프니츠는 이러한 개념을 『모나드론』 §69에서 담고 있다. 라이프니츠는 뉴턴이 『광학』에서 신이 자연의 과정에 개입하여 불완전한 우주의 상태를 개선하기 위하여 물리학이 필요하다는 제안도 무위의 유위에 의한 예정조화에 근거하여 반대한다. 만약 신에 의한 자연의 개입을 인정한다면, 이러한 개입은 신의 작품을 마치 자신의 일을 불성실하게 수행한 수공업자의 솜씨에 비유될 수 있기 때문에 거부된다. 이러한 개입은 신이 창조한 세계 그 자체가 모순을 드러내는 일과 같다. 라이프니츠는 같은 맥락에서 1716년 『중국인 자연신학론』 §18에서 몇몇의 극소의 공리적 원칙에서 도출된 데카르트 '현재의 세계체계(le systeme present du monde)'의 난맥을 지적한다. 이 공리적 원칙이란 정신과 물질, 마음과 몸의 관계를 해명한 사유와 연장을 의미한다.

라이프니츠는 데카르트 이원론 세계체계나 성리학의 이기이원론 사유체계란 대동소이한 것으로 접근한다. 데카르트가 이원론의 구도에서 세계를 해석하였듯이, 고대중국인의 사유체계가 리(理)에서 기(氣)를 도출하는 사유패턴이 이상할 리 없다는 것이다. 사유체계의 원칙이란 마치 탈레스가 만물의 근원이 무엇인가라고 물었을 때, 근원적 단초 혹은 처음이란 더 이상의 설명을 필요로 하지 않는 원칙과 같다. 사유와 연장, 이와 기는 철학체계를 설명하는 원칙으로서 그 자체로서는 더 이상의 설명을 필요로 하지 않는 개념적 틀이었다. 그렇기 때문에 라이프니츠는 신유학체계에서 무극이 태극을 낳고 태극에서 음양이 생기고 음양에서 사상을 생겨나는 과정을 설명할 때에도 데카르트 철학체계에 동일한 철학적 공리개념을 이용되고 있음에 주목하고 있었던 것이다.

라이프니츠는 데카르트 이원론을 넘는 원칙으로『모나드론』§1에서 단순하면서도 부분을 갖지 않는 복잡하다는 모나드 규정은 주역의 이진 수학에 의한 세계구성 원리를 그대로 반영한다. 모나드 집이 이중으로 되었듯이 주역도 8괘의 중첩을 닮고 있다. 모나드 집을 이진법으로 구성되고 주역을 8괘의 중첩으로 구성되는 점이 구조적으로 동일하다고 할 만한 이유는, 양자가 보편적으로 써지는 언어를 대상으로 하기 때문이다.

이는 한편으로는 아프리오리하게 구성되는 일 즉 다의 구성주의 형이상학과 다른 한편으로는 아포스테리오리하게 해체되는 다 즉 일의 해체주의 형이상학을 지향했다는 것을 의미한다. 모나드가 창문이 없고 질을 통하여 구분되어야 하는 것도 0과 1을 통하여 음양에서 사상으로 분화되는 과정을 닮는다. 라이프니츠는 모나드를 통하여 데카르트 몸과 마음의 이분법을 단순한 것에서 복합적인 구도로 다원화하므로 신유학의 이기이원구도를 이기일원론으로 이동할 수 있는 사상적 통합의 근거를 제시한 것이다.

라이프니츠는『모나드론』§8-11에서 모나드의 질적인 차이의 인식을 0과 1로 받아들이고 0은 질료의 수동성, 1은 신의 활동성으로 모나드의 자연적 변화를 설명한다. 주역이 음양에서 사상에 의한 변화의 원리를 담듯이, 모나드도 변화의 원리를 담는다. 라이프니츠는 1695년『역학체계, Specimen dynamicum』에서 제안한 근원적 수동적 힘과 근원적 활동적 힘으로부터 파생적 수동적 힘과 파생적 활동적 힘으로 대응하게 하는 힘의 원리를『모나드론』§10에서 모든 피조

모나드의 변화의 원리로서, 곧 태음, 소양, 소음, 태양에 의한 사상의 변화원리로 채택한다.

"나는 모든 피조존재자와 모든 피조모나드가 변화를 따르며, 이 변화는 각 모나드에 지속적으로 이어진다는 널리 알려진 견해를 받아들인다."[6]

'창 없는 모나드' 전망주의를 고려하면, 그림과 감각지각이 라이프니츠의 중심동기이다. 컴퓨터의 아버지, 디지털 인식의 창안자, 0과 1의 이진법의 창안자 라이프니츠의 예정조화 전망주의에서 보자면 신이 중심전망을 취하지만, 인간이 고찰하는 관점의 상대성에 만족한다. 들뢰즈는 0과 1이라는 명암은 두 방향으로 움직일 수 있는 모나드를 채운다고 말한다. 들뢰즈는 마치 한쪽 극단에는 어두운 바탕이 있을 때, 또 다른 한 극단에는 못 나가게 싸맨 봉인된 빛이 있어서 후자를 나가게 쏠 때, 전용구역 안은 밝아지지만 점차로 밝은 흰색은 그늘이 늘어가고 어둠과 그늘에 자리를 내어준다고 표현한다. 들뢰즈의 이러한 문학적 표현은 바로크 라이프니츠의 지각이동 시리즈에 그대로 적용된다. 라이프니츠는 17세기의 전환기에 2년 가까운 이탈리아 여행길에 당대의 데카르트 뉴턴 역학의 대안으로 유기체적 세계관을 모색하였을 때, 당시 어두운 바로크 바탕에 새롭게 봉인된 빛을 찾기 위하여 이탈리아로 이동하였다. 이 시기에 예

---

6) 『모나드론』 §10.

수회 중국선교사 그리말디와의 만남은 유기체적 역학의 모색과 맞물리면서 라이프니츠로 하여금 동서세계관의 통합적 전망으로 발전하게 되는 계기가 되었다. 들뢰즈의 철학적 상상력은 바로크 주름의 사유역량과 정치권력을 위한 라이프니츠의 모나드 주름의 패러다임을 어렴풋이나마 그려냈다.

라이프니츠가 추구한 동서사상의 통합의 길은 이진법의 수학을 통한 주역의 수리적 상징체계의 수리적 구조의 해명에 있었다. 라이프니츠는 파리학술원에 보내는 논문과 부베와의 편지교환을 통하여 동서존재론의 동일한 동시 근원을 해명하고자 시도하였다. 이와 같은 라이프니츠의 동시비교 철학하기는 서양근대철학의 역사의 중심을 넘어, 동아시아 정신세계와 함께 동반자적 출발을 이끌어내는 결과를 낳았다.

현대세계의 형성은 서양철학의 정신에서만 오는 것이 아니라 함께 숨 쉬며 공존하면서 형성된 동양적 세계의 존재론적 배경에서도 오고 있었다. 동서세계의 공통된 존재론적 근원의 시원은 물이라는 실체에서부터가 아니라 라이프니츠의 이진법의 0과 1과 복희씨 주역의 陰(--)과 陽(—)이라는 상호 상보성의 원리에서 출발한다. 라이프니츠는 이진 수학에 기초한 무로부터의 세계창조관념과 주역의 음양의 상징과의 연관성을 통하여 모나드 예정조화철학을 구축하는 동시에 뉴턴역학에 대비되는 유기체철학을 제안하므로 동서형이상학의 통합적 전망을 제시하였다.

참고문헌

김형호, 『철학적 사유와 진리에 대하여』, 청계, 2004

박종홍, 열암기념사업회 엮음, 『박종홍 철학의 재조명』, 천지, 2003.

배선복, 『지중해 철학-문명이동모델-』, 한국학술정보(주), 2011.

이정우, 『이정우 교수 강의록, 접힘과 펼쳐짐, 라이프니츠』, 현대과학 역, 거름, 2000.

젤르 들뢰즈, 펠릭스 가따리 지음, 최명관 옮김, 『앙띠 오이디푸스 자본주의 정신분열증』, 민음사, 1994.

질 들뢰즈, 이찬웅 옮김, 『주름, 라이프니츠와 바로크』, 문학과 지성사 2004.

최명관, 『생각하며 산다』, 숭실대학교출판부, 2001.

최명관, 『현실의 구조』, 숭실대학교출판부, 2001.

K. Albert, *Descartes und die Philosophie der Moderne, Betrachtungen zur Geschichte der Philosophie Teil III*, Wupertal, 2000.

T. von Aquinas, *Summa contra gentiles*, lat./dt., hrsg. und uebersetzt von K. Albert, K. Allgeier, P. Engelhardt und M. Woerner, 4. Bde., Darmstadt 1974.

H. Blumenberg, *Die Genesis der kopernikanischen Welt*, Frankfurt am Main, 1996.

M. Bischoff, *Die Postmoderne, im Fach Theologiegeschichte*, Uni. Basel, 2005.

Henri Bergson, *Matter and Memory(1896)*, trans. N. M. Paul and W. S. Palmer, New York, 1988.

J. MARZO, "FROM P ARALLAX TOTHESP ECTACLE", BY Read at the Parallax
Conference, at the Saint-Norbert Arts and Cultural Centre in Winnipeg,
Canada, Sept. 1996. Published by the SNACC in 1998.

C. Baeumker, *Studien und Charakteristiken zur Geschichte der Philiosophie insbesondere des
Mittelalters. Gesammelte Vortraege und Aufsaetze*, Muenster 1927.

J. P. Beckmann, *Wilhelm von Ockham*, Muenchen 1995.

W. Bierwlaters, *Denken des Einen. Studien zur neuplatonischen Philosophie und ihrer
Wirkungsgeschichte*, Frankfurt am Main 1985.

H. Blumenberg, *The Legitimacy of the Modern Age*, "The Lowith-Blumenberg Debate
in Light of Recent Scholarship", trans. Robert M. Wallace, Cambridge: MIT
Press, 1986.

Lebenszeit und Weltzeit, Frankfurt am Main 1986.

Die Arbeit am Mythos, Frankfurt am Main 1986.

Die Genesis der kopernikanischen Welt, Frankfurt am Main 1975.

Die Lesbarkeit der Welt, Frankfurt am Main 1983.

Die Legitimitaet der Neuzeit, Frankfurt am Main 1988.

Die kopernikanische Wende, Frankfurt am Main 1965.

Hoehlenausgaenge, Frankfurt am Main 1989.

Ph. Boehner, "The Metaphysics of William Ockham", in: *Collected Articles on Ockham*,
ed. by E. M. Buytaert, St. Bonaventure-New York/Louvain/Paderborn 1958.

E. Cassirer, *Individuum und Kosmos in der Philosophie der Renaissance*, Darmstadt 1987.

Philosophie der symbolischen Formen, 3 Bde., Darmstadt 1990.

Versuch ueber den Menschen. Einfuehrung in eine Philosophie der Kultur, Frankfurt
am Main 1990.

D. Cohnitz, "Ray of Light? Dietrich von Freiberg und die Geschichte von der
mittelalterlichen Wissenschaft", in: *Studia Humaniora tartuensia vol 4.* 2003.

R. Descartes, *Discours de la méthode*, Franzoesisch-Deutsch, uebersetzt und hrsg. von
L. Gaebem Hamburg 1990.

Meditatione de Prima Philosophia, Lateinisch-Deutsch, Aufgrund der Ausgabe
von A. Buchenau neu hrsg. von L. Gaebe, durchgesehen von H. G. Zekl,
Hamburg 1977.

H. Ebeling, *Das Subjekt in der Moderne, Rekonstruktion der Philosophie im Zeitalter der
Zerstoerung*, Hamburg 1993.

K. Flasch, *Aufklaerung im Mittelalter? Die Verurteilung von 1277*, uebersetzt und
erklaert von K. Flasch, Mainz 1989.

D. Garber and M. Ayers, *The Cambridge History of seventeenth-Century Philosophy*, Vol. 1, Edited by D. Garber and M. Ayers, Cambridge University.

J. Goldstein, *Nominalismus und Moderne, Zur Konstruktion neuzeitlicher Subjektivitaet bei Hans Blumenberg und Wilhelm Ockham*, Freiburg/Menchen Press 1998.

É, Gilson, *L'être et l'essence*, Paris 1948.

F. Hartmann, *Medienphilosphie*, Wien 2000.

F. Heidenreich, *Mensch und Moderne bei Hans Blumenberg*, Muenchen 2005.

E. Hochstetter, *Studien zur Metaphysik und Erkenntnistheorie Wilhelms von Ockham*, Berlin/Leipzig 1927.

L. Honnefelder, *Scientia transcendens. Die formale Bestimmung der Seiendheit und Realitaet in der Metaphysik des Mittelalters und der Neuzeit(Duns Scotus-Suarez-Wolff-Kant-Peirce)*, Hamburg 1990.

J. Huizinga, *Herbst der Mittelalters. Studien ueber Lebens-und Geistesformen des 14. und 15. Jahrhunderts in Frankreich und in den Nierderlanden*, Muenchen 1925.

Ockham, ihre Bedeutung fuer die Ursachen der Reformation, Wiesbaden 1956.

E. Husserl, *Cartesianische Meditationen(Husserliana 1)*, Den Haag 1963.

E. Iserloh, *Gnade uns Eucharistie in der philosophischen Teologie des Wilhelm von Ockham, ihre Bedeutung fuer die Ureschen der Reformation*, Wiebaden 1956.

H. Junghans, *Ockham im Lichte der neueren Forschung*, Berlin/Hamburg 1968.

M. Kaufmann, *Begriffe, Saetze, Dinge. Referenz und Wahreit bei Wilhelm Ockham*, Leiden/New York/Koeln 1994.

J. Kepler, *Mysterium Cosmographicum*, Georgius Gruppenbachius 1596.

Opera Omnia, ed. C. H. Frisch, Frankfurt am Main, Heyder & Zimmer, 7 Vols., 1868.

A. Kenny, *The Rise of Modern Philosophy, A New History of Western Philosophy*, Vol.3, Oxford University Press 2006.

A. Kircher, *China monumentis qua sacris qua profanis, nec non variis naturae et artis spectaculis, aliarumque rerum momorabilium argumentis illustrata*, Amsterdam 1667.

K. Loewith, Weltgeschichte und Heilsgeschehen. Die theolgischen Voraussetzungen der Geschichtsphilosophie, in: *Saemtlichen Scriften*, Bd. 2, Stattgart 1983.

A. Maier, Das Problem der Evidenz in der Philosophie des 14. Jahrhunderts, in: *Ausgehendes Mittelalter. Gesammelte Aufsaetze zur Geistesgeschichte des 14. Jahrhunderts,* Bd. II, Rom 1967.

G. Martin, Ist Ockhams Relationstheorie Nominalismus?, in: *Franziskanische Studien*

32, 1950.

Wilhelm von Ockham zur Ontologie der Ordnungen, Berlin 1949.

JL Marzo, From Parallax to the Spectacle, Read at the Parallax Conference, Canada Sept. 1996, published by the SNACC in 1998.

S. Mueller, *Naturgemaessige Ortsbewegung, Aristotles' Physik und Ihre Rezeption bis Newton*, Tuebingen 2006.

Guillemus de Ockham, *Opera philosophica*, hrsg. unter der Leitung des Institutum Franciscanum, St. Bonaventure, 7. Bde., St. Bonaventure-New York, 1967 ~ 1986.

R. Paqué, *Das Pariser Nominalistenstatut. Zur Entstehung des Realitaetsbegriffs der neuzeitlichen Naturwissenschaft*, Berlin 1970.

C. S. Peirce, *Collected Papers*, Vol. IV, ed. by Ch. Hartshorn and P. Weiss, Cambridge/Massachusetts 1960.

G. Pico della Mirandola, *De hominis digitate/Ueber die Wuerde des Menschen*, lat./dt. herausgegeben und eingeleitet von A. Buck, uebersetzt von N. Baumgarten, Hamburg 1990.

J. Pieper, *Scholastik. Gestalten und Probleme der Mittelalter*, Muenster 1967.

J. Pinborg, *Die Entwicklung der Sprachtheorie im Mittelalter*, Muenster 1967.
Logik und Semantik im Mittelalter, Stuttgart-Bad Cannstatt 1972.

U. Ruh, *Saekularisierung als Interpretationskategorie. Zur Bedeutung des christlichen Erbes in der modernen Geistesgeschichte*, Freiburg/Basel/Wien 1980.

C. Schmitt, *Legalitaet und Legitimitaet*, Muenchen, Leipzig 1932.
Politische Theologie II. Die Legende von der Erledigung jeder Politischen Theologie, Berlin 1970.

A. Schopenhauer, Die Welt als Wille und Vorstellung, in: *Werke in zehn Baenden*, Zuerich 1977.

M. M. Schönberg, *Von der Unmöglichkeit einer Orientierung in der, Fernseh-und Internet-Gesellschaft, Dissertationsschrift der Universität Flensburg*, Nordfriesland 2003.

M. Sommer, *Die Selbsterhaltung der Vernunft*, Stuttgart-Bad Cannstatt 1977.

K. Specht, *Innovation und Folgelast. Beispiele aus der neueren Philosophie-und Wissenschaftgeschichte*, Stuttgart-Bad Cannstatt 1972.

E. Iserloh, Gnade und Eucharistie in der philosophischen Tehologie des Wilhem von K. H. Veltman, *Leonardo da Vinci, Untersuchungen zum menschlichen Koerper und Prinzipien der Anatomie, in: Gepeinigt, begehrt, vergessern. Symbolik und Sozialbezug des Koerpers im spaeten Mittelalter und in der fruehen Neuzeit*, ed. K. Steiner, Bad Homburg, 1992.

"Panofsky's Perspective: a Half Century later", in: *Atti del convegno internazionale de studi: la prospecttiva rinascimentale*, Milan 1977, ed. Marisa Dalai-Emiliani, Florence 1980.

"Computers and Renaissance Perspective, Leonardo's Method", *Ricerche Leonardiance*, 1993.

W. Vossenkuhl, "Ockham on the Cognition of Non-Existents", in: *Franciscan Studies* 45, 1985.

C. F. Weizsaecker, *Die Einheit der Natur*, Muenchen 1982.

H. U. Woehler, *Texte zum Universalienstreit, 1: Vom Ausgang der Antike bis zur Fruescholastik*, Berlin 1994.

A. Zimmermann, *Ontologie oder Metaphysik. Die Diskussion ueber den Gegenstand der Metaphysik im 13. und 14. Jahrhundert*, Leiden/Koeln 1965.

J. Flax, "Postmoderne und Geschlechter-Beziehungen in der feministischen Theorie", in: *Der Mensch als soziales Wesen. Sozialpsychologisches Denken im 20. Jahrhundert.* Hg. v. Heiner Keupp. 2. A. München: Piper, 1998.

R. M. Wallace, *The Legitimacy of the Modern Age: The Lowith-Blumenberg Debate in Light of Recent Scholarship, The Legitimacy of the Modern Age.* By Hans Blumenberg, trans. Robert M. Wallace. Cambridge: MIT Press, 1986.

S. Günzel, Immanenz, Zum Philosophiebegriff von Gilles Deleuze, in: Textidentische Ausgabe der Publikation im Verlag "Die Blaue Eule", Reihe Philosophie, Band 35, Essen 1998.

G. Guenther, Entdeckung Amerikas(Apokalypse Amerikas), zusammengefasst von G. Brehm/korrigiert und ueberarbeitet im August 2009.

K. DOBLHAMMER, *Das Sprechen der Sprache Frühkindlicher Spracherwerb im Lichte der Psychoanalyse Jacques Lacans*, Dissertation an der Universität Wien, Wien 1998.

O. E. Röossler, *Ist unsere Welt eine virtuelle Realiäat?*, Berlin, 2004.

A. P. Colombat, "November 4, 1995: Deleuze's death as an event", in: *Man and World 29*.

A. Mueller, "Wahrnehmung und Medien", in: *Seminarvortrag im Seminar, "Kultureller Wandel und Medientechnologie"*, Johann Wolfgang Goethe-Universit☐at, Frankfurt am Main, 2000.

H. Okolowitz, *Virtualität bei G. W. Leibniz, Eine Retrospektive*, 2006.

H. Lindahl, "Collective Self-Legislation as an Actus Impurus: A Response to Heidegger's Critique of European Nihilism", in: *Continental Philosophy Review* 3, 2008.

A. Kenny, *The Rise of Modern Philosophy*, Oxford University Press 2006.

H. Huelsmann, *Die Technologische Formation*, Berlin 1985.

C. Seymour, Jr., "Dark Chamber and Light-Filled room: Vermeer and the Camera Obscura", in: *Art Bulletin 46, no. 3*, September 1964.

D. A. Fink. "Vermeer's Use of the Camera Obscura: A Comparative Study", in: *Art Bulletin 53, no. 4*, December 1971.

A H. Mayor, "The Photographic Eye," in: *Metropolitan Museum of Art Bulletin 5, no. 1*, Summer 1946.

H. Schwarz, "Vermeer and the Camera Obscura", in: *Pantheon 24*, 1966.

A. K. Wheelock, "Perspective, Optics, and Delft Artists Around 1650", New York, 1977.

J. Snyder, "Picturing Vision", in: *Critical inquiry 6*, 1980.

C. M. Turbayne, *The Myth of Metaphor*, New Haven 1962.

A. Danto, "The Representational Character of Ideas and the Problem of the External World," in *Descartes: Critical and Interpretative Essays*, Ed. Michael Hooker, Baltimore 1978.

K, Marx, *The German Ideology*, Ed. C. J. Arthur, New York 1970.

S. Freud, *The Interpretation of Dreams*, trans. James Strachey, New York.

R. Smith, *Compleat System of Opticks*, Cambridge 1738.

B. Joerissen, *Identitaet und Selbst, Systematische, begriffsgeschichtliche und kritische Aspekte*, Berlin 2000.

S. Guenzel, Immanenz Zum Philosophiebegriff von Gilles Deleuze, 1998.

W. Metz, *Unterwegs zum HÖHLENAUSGANG der Moderne, Wider die letzte Ideologie der Postmoderne dargestellt in den Vorlesungen über die Philosophien und Ideologien der nachhegelschen Moderne unter dem Titel "Existenzphilosophie im Kontext der Moderne(Kierkegaard, Heidegger, Sartre)" Wintersemester 2009/2010 an der Universitaet Freiburg*, Freiburg 2010.

Thomas M. Scheerer, "Postmoderne Identität? Bemerkungen zu Mario", in: *Vargas Llosa Vervuert 2000*, Bibliotheca Ibero-Augsburg, im März 2001.

E. Landgraf, "Beobachter der Postmoderne", in: *parapluie no. 6*, Sommer 1999.

D. Karr, *Franciscus Mercurius van Helmont's Cabbalistical Dialogue*, Transcribed, edited, & introduced by D. Karr, © Don Karr, 2004~2007.

A. Fischel, "Bildtechiniken. Mikroskopie in populaerwissenschaftlichen Buechern des 17. und 18. Jahrhunderts", in: *Sichtbarkeit und Medium, Austausch, Verknuepfung und Differenz urwissenschaftlicher und aesthetischer Bildstrategien*, A, Zimmermann(Hg.), Hamburg University Press, 2005.

H. Okolowitz, *Virtualitaet bei G. W. Leibniz. Eine Retrospektive*, Dissertation der Universitaet Augusburg, 2006.

R. Braidotti, "Normadism with a difference: Deleuze's legacy in a feminist perspective", in: *Man and World* 29, 1996.

배선복

강원도 삼척 출생
숭실대학교 철학과 졸업
독일 뮌스터대학교 철학과 석사
독일 오스나부르트대학교 철학과 박사
현) 숭실대학교, 서경대학교 강사

라이프니츠의
바로크 기획과 동서비교철학

초판인쇄 | 2012년 4월 28일
초판발행 | 2012년 4월 28일

지 은 이 | 배선복
펴 낸 이 | 채종준
펴 낸 곳 | 한국학술정보㈜
주   소 | 경기도 파주시 문발동 파주출판문화정보산업단지 513-5
전   화 | 031) 908-3181(대표)
팩   스 | 031) 908-3189
홈페이지 | http://ebook.kstudy.com
E-mail | 출판사업부 publish@kstudy.com
등   록 | 제일산-115호(2000. 6. 19)

ISBN   978-89-268-3315-5 93160 (Paper Book)
        978-89-268-3316-2 98160 (e-Book)

내일을여는지식 은 시대와 시대의 지식을 이어 갑니다.